转型
与
升级

制造业
高质量发展之路

范伟军　张国平　著

Transformation
and
Upgrade

The road to
high-quality development of
manufacturing industry

社会科学文献出版社
SOCIAL SCIENCES ACADEMIC PRESS (CHINA)

作者简介

范伟军，深圳市社会科学院党组成员、副院长，清华大学创新领军工程博士，长期从事改革、创新和城市发展与治理政策研究。参与制定《深圳建设国际科技产业创新中心规划》等各类政策文件 70 余项，主持完成《深圳营商环境改革研究》《迪拜、旧金山等城市发展情况对深圳建设先行示范区的启示研究》等课题 60 余项，研究成果多次转化为特区改革创新实践。主编《世界湾区发展指数研究报告》《深圳社会治理与发展报告》《改革开放的尖兵——深圳经济特区新探索》等著作 7 部，参与编撰 "一带一路"沿线国家研究丛书 5 部。

张国平，英国利物浦大学地理与城市系经济地理学博士，主要从事区域经济、城市化与城市治理、产业与创新、全球化与粤港澳大湾区等研究，主持或参与完成包括制造业与区域发展、宏观经济研究等近百项课题，参与完成《迈向高质量发展之路——新时代大都市城市品质建设》《中国开放报告褐皮书》《中国城市化和特大城市问题再思考》《 "一带一路"合作项目落地与战略对接》等专著的撰写工作。在经济等社科领域的核心期刊发表关于制造业、新质生产力、贸易等方面的论文几十篇。在中国新闻网、澎湃新闻等主流媒体平台上发表科技创新与制造业发展、RCEP、"一带一路"、粤港澳大湾区、城市治理等方面的文章百余篇。

目　录

第一章　全球制造业的发展趋势

随着科技的飞速进步与全球化的深入发展，全球制造业正经历着前所未有的变革。从自动化、智能化生产线的广泛应用，到工业互联网、大数据等新一代信息技术的深度融合，制造业正逐步迈向数字化、网络化、智能化的新时代。同时，绿色环保、可持续发展等理念也逐渐深入人心，推动着制造业向更加环保、高效的方向发展。在这样的背景下，全球制造业正迎来新的挑战与机遇，各大企业纷纷加快创新步伐，以适应不断变化的市场需求，抢占制造业发展的制高点。

一　全球制造业格局演变

在全球经济版图中，制造业正在经历一场影响深远的变革。近年来，逆全球化浪潮的兴起和贸易保护主义的抬头，以及国际经贸规则的深刻变革，都在重塑全球制造业的结构。联合国工业发展组织数据显示，2022年全球制造业增加值稳健攀升，其中，中国大陆以强大的制造实力，占全球制造业增加值的30.7%，跃居全球首位。美国、日本、德国、韩国等传统制造业强国，同样在全球制造业中发挥着举足轻重的作用，它们的制造业增加值分别占据全球总值的16.1%、6.0%、4.8%和3.1%。[1] 尽管全球制造业增加值整体呈现稳健增长态势，但其发展道路上充满了挑战与不确定性。新一轮科技革命的浪潮席卷而来，为制造业带来了前所未有的变革。数字化技术的广泛应用，正在深刻改变着传统制造业的生产方式、供应链管理等方面。与此同时，逆全球化趋势的加剧、贸易保护主义的抬头以及地缘政治等多重因素，也在全球范围内对制造业供应链造成了严重冲击。这些变革推动着制造业产业链加速向区域化、本土化、多元化和数字化方向

---

① 联合国工业发展组织（UNIDO）：《国际工业统计年鉴2023版》，2024，第122~124页。

调整。

在这场制造业的大调整中，全球供应链将变得更加灵活和多样。各个国家和地区将更加注重本土化生产和供应，以确保产业链、供应链的韧性和稳定性。数字化技术的深入应用，将极大提升生产效率，推动制造业向智能化、自动化方向迈进。更为重要的是，这种调整将深刻影响全球经济格局，为各国带来新的发展机遇和挑战。面对这样的形势，各国需要加强合作、互学互鉴，共同应对挑战。我们需要把握新一轮科技和产业革命的机遇，推动制造业高质量发展。在这个过程中，我们需要不断创新、不断探索，以更加开放、包容的心态，迎接制造业的美好未来。

（一）制造业格局演化对世界经济有重要影响

自 19 世纪第二次工业革命以来，全球制造业的格局历经数次变化，在英国、美国刮起的这股"工业风"，逐渐吹至日本、德国的经济高地。20 世纪七八十年代，这股工业发展浪潮最终"潜入"中国这片热土。在这一漫长的历史进程中，全球逐渐形成了三大供应链网络：以美国为引擎的北美供应链，以德国为轴心的欧洲供应链，以及以中国、日本与韩国为核心的亚洲供应链。这些供应链网络的形成，不仅是制造业地理布局的自然演变，更是全球经济一体化深入发展的生动写照。它们犹如一条条巨龙，穿越国界，连接世界，共同推动着全球制造业的繁荣发展。

在这个过程中，每一个国家和地区都扮演着不可或缺的角色。英国、美国作为两次工业革命的发源地，为制造业的兴起奠定了坚实的基础；日本、德国则凭借精湛的技艺和高效的管理，将制造业发展推向了新的高度；而中国则凭借低廉的成本和庞大的市场，成为全球制造业的新宠。如今，这些供应链网络已经覆盖全球各个角落，它们不仅影响着各个国家和地区的经济发展，更塑造着未来世界的格局。然而，随着全球经济的不断变化和科学技术的飞速发展，制造业正面临着前所未有的挑战和机遇。

1. 18 世纪 60 年代到 20 世纪 30 年代"欧美—全球"制造业体系

自 18 世纪 60 年代到 20 世纪 30 年代，欧美地区，通过两次工业革命的推动，确立了自己在全球制造业领域的核心地位。这两次工业革命不仅使制造业技术得到巨大飞跃，也推动了全球经济格局的深刻变革。在此期间，欧美跨国公司如雨后春笋般涌现，它们凭借先进的技术和管理经验，迅速在全球范围内建立起庞大的供应链体系。这些跨国公司不仅在欧洲和美国本土拥有强大的制造能力，还通过投资、贸易和技术合作等方式，将全球各地的资源纳入自己的供应链体系中。在第一次世界大战前，欧洲地区的跨国公司数量已经超过 300 家，涵盖了石油、化工、电子、机械等多个领域。其中，荷兰的壳牌石油，德国的西门子、拜耳化学以及瑞士的雀巢等公司都是当时的行业翘楚。同时，美国也诞生了超过 100 家跨国公司，如埃森克美孚、福特等公司，它们的全球经营规模在当时已经相当可观。

在这一阶段，欧美跨国公司根据自身业务需要，在全球范围内布局供应链。欧洲和美国成为全球制造业的中心，而其他国家则主要提供农产品、能源及其他原材料，并成为欧美企业的海外销售市场。这种"欧美—全球"的制造业体系不仅促进了欧美地区的经济发展，也推动了全球经济的繁荣。然而，这种格局并非一成不变。随着全球经济的不断发展和变化，新的制造业中心逐渐崛起，全球供应链体系也在不断调整和优化。但无论如何，欧美地区在全球制造业和供应链体系中的地位仍然不可忽视，它们将继续在全球经济中发挥重要作用。

2. 20 世纪 40 年代到 20 世纪 80 年代"欧美日—亚洲四小龙—全球"制造业体系

从 20 世纪 40 年代到 20 世纪 80 年代，全球经济格局经历了深刻的变化，特别是在制造业领域。这一时期，欧美爆发了第三次科技革命，产业结构迅速升级，为全球制造业的发展注入了新的动力。与此同时，有"亚洲四小龙"之称的新加坡、韩国、中国台湾地区和中国香港地区抓住了美欧劳动密集型产业向外转移的机遇，迅速崛起为全球制造业的新核心。在这一阶段，全球的制造业中心开始出现分化。大量制造业从美国向日本、德国等国家转移，这些国家凭借先进的技术和管理经验，逐渐成为全球制造业的重要力量。与此同时，部分中低端制造业开始向亚洲国家和地区转移，这些国家和地区利用低成本优势和灵活的生产方式，迅速在全球制造业市场中占据了一席之地。

随着制造业中心的分化，全球供应链体系也发生了相应的调整。欧洲、美国和日本，以及紧随其后的"亚洲四小龙"成为全球制造业的中心，原材料从全球各地流向这些制造业中心，经过加工制造后再流向全球市场。这种"欧美日—亚洲四小龙—全球"的制造业体系，不仅促进了全球经济的繁荣，也加强了各地区之间的经济联系和合作。在这一时期，跨国公司的数量和规模也呈现出明显的上升态势。许多中小企业也开始跨国经营，全球跨国公司总数从 1970 年的近 1 万家增长到 1988 年的超过 2 万家，设立的各类跨国经营实体数量也大幅增加。① 这些跨国公司在全球范围内进行资源配置和产业链整合，推动了全球制造业体系的形成和发展。

总的来说，20 世纪 40 年代到 20 世纪 80 年代的"欧美日—亚洲四小龙—全球"制造业体系是全球经济格局变化的重要体现。这一体系不仅推动了各国和地区经济的发展和繁荣，也为全球经济的未来发展奠定了坚实的基础。

3. 20 世纪 90 年代至今"发达经济体—中国—全球"全球制造业"三大中心"体系

自 20 世纪 90 年代起，欧洲、美国、日本及曾经的"亚洲四小龙"地区的制造业已臻成熟，稳固占据了研发、设计、核心技术、关键零部件制造及品牌营销等高附加值环节，进而主导了全球制造业供应链。随着中国改革开放步伐的日益加快，其制度红利、劳动力成本优势及庞大的消费市场，吸引着发达经济体制造业纷纷涌入。在此阶段，中国制造业蓬勃兴起，构建了门类齐全、规模庞大的产业体系，不仅成为全球供应链中不可或缺的一环，更与发达经济体共同构筑了"发达经济体—中国—全球"的供应链新格局。20 世纪 90 年代至 21 世纪初，美国和德国更是跃升为全球供应链的核心枢纽。然而，2008 年国际金融危机的爆发，使得全球供应链进入深度调整期。部分产业的高端制造业开始回流至欧美发达国家，而低端制造业则流向了劳动力成本更具优势的东盟等发展中国家和地区。特别是美国为振兴本土制造业，采取了一系列措施，如减税、投资成本抵扣及海外利润回流税收优惠等，旨在"让就业重回美国"。此举得到了美国福特、日本丰田、韩国 LG 等企业的积极响应，它们纷纷加大在美国本土的投资力度。但我们必须要清醒地认识到，尽管全球制造业格局在变，但核心技术及关键价值链环节仍牢牢掌握在发达国家手中。这种"核心—边缘"的格局并未因时间的推移而有所改变，反而使得高端制造业在发达国家与发展中国家间的差距愈发凸显。当前，全球制造业以大国为中心，在大国与周

---

① 全球价值链研究院：《后疫情时代的全球供应链革命——迈向智能、韧性的转型之路》，原创力文档官网，https://max.book118.com/html/2025/0105/7066126016010020.shtm。

边国家和地区的产业链、供应链深度融合后，形成了各具特色与优势的全球制造业"三大中心"。

北美制造业中心，以美国为核心，加拿大和墨西哥为辅，它们共同构建了一个庞大的制造业体系。美国作为全球最发达的工业国家之一，其制造业实力不容小觑。2023 年，美国制造业增加值高达 2.80 万亿美元，约占其国内生产总值的 11%；占全球制造业增加值的 18%，也让其稳坐全球第二名的宝座。美国的制造业布局广泛而深入，东北部、南部和太平洋沿岸地区都涌现出了一大批制造业的明星区域。这些地区集聚了钢铁、汽车、航空、石油、计算机、芯片等多个领域的制造业巨头，它们相互依存、相互促进，产生了强大的制造业集群效应。而在北美制造业体系中，加拿大和墨西哥同样扮演着不可或缺的角色。美国与这两个邻国之间的产业链、供应链融合紧密无间，它们共同构建了一个高效、稳定的制造业产业链、供应链体系。美国经济分析局统计数据显示，美国从加拿大和墨西哥进口的货物占其全球进口总额的近 1/4，而其对这两个国家的货物出口额更是占到了其全球出口总额的 1/3。这一数据不仅凸显了北美制造业中心与全球制造业的关系，更展现了三个国家在制造业领域的深度合作与共赢。这种合作模式不仅有利于三个国家自身制造业的发展，更为整个北美地区乃至全球制造业的繁荣稳定提供了有力支撑。可以说，北美制造业中心以其强大的制造业实力和紧密的产业链、供应链合作，成为全球制造业的重要一极。在未来，随着科技的不断进步和全球市场的不断扩张，北美制造业中心有望继续保持其领先地位，引领全球制造业的发展潮流。

欧洲制造业中心，以德国为心脏，法国、英国等老牌工业强国为其重要支柱，它们共同构筑了一个历史底蕴深厚、充满创新活力的制造业体系。这一制造业中心，不仅是近代工业诞生的摇篮，更是现代制造业发展的重要引擎。德国作为欧洲重要的经济体之一，其制造业实力在全球范围内享有盛誉。2023 年，德国制造业增加值占全球制造业增加值的比重约 5%，位列全球第四，展现了其制造业的雄厚实力。[①] 德国在汽车、机械、化工等领域拥有众多世界知名企业，其产品质量和技术水平均居世界前

---

① 《2023 年德国 GDP、人均 GDP、产业增加值及人均国民总收支统计》，华经情报，https：//www.huaon.com/channel/globaldata/1019579.html。

列。除了德国，法国和英国也是欧洲制造业中心的重要组成部分。法国在航空航天、核电等领域具有显著优势，而英国则在制药、生物科技等方面处于全球领先地位。这些国家的制造业增加值均在全球制造业增加值中有较大占比，共同推动着欧洲制造业的发展。值得一提的是，欧洲制造业中心还拥有一大批充满活力的中小型企业。这些企业数量众多，创新能力强，为欧洲制造业的创新发展提供了源源不断的动力。它们专注于细分市场，通过技术创新和产品质量提升，不断推动欧洲制造业向更高水平迈进。此外，欧盟作为一个整体，在制造业领域的实力也不容小觑。2023年，欧盟制造业增加值的全球占比约为 16%，与美国实力相当。[①] 这表明欧洲制造业中心在全球范围内具有强大的竞争力和影响力。因此，欧洲制造业中心以其深厚的历史底蕴、强大的制造业实力和充沛的创新活力，在全球制造业格局中占据重要地位。未来，随着全球经济的不断发展和科技的不断进步，欧洲制造业中心有望继续保持其领先地位，为全球制造业的繁荣发展作出更大贡献。

亚洲制造业中心，以中日韩三国为核心，它们犹如一颗颗璀璨的明珠，在全球制造业的王冠上熠熠生辉。这一制造业中心不仅汇聚了亚洲最强大的制造业力量，还通过其强大的辐射效应，带动了东南亚、南亚等周边国家和地区的制造业发展。近年来，亚洲制造业中心凭借得天独厚的人口红利、快速崛起的消费市场和蓬勃的经济活力，逐渐形成了全球最完整的产业链、供应链。从原材料供应到零部件制造，再到最终产品的组装和销售，亚洲制造业中心几乎涵盖了所有制造环节，为全球市场提供了丰富多样的产品。同时，亚洲制造业中心也在逐步向中高端制造业领域迈进。凭借在技术创新、品质提升和成本控制等方面的优势，亚洲制造业中心在多个领域已经对欧美等国家形成了竞争优势。特别是在汽车、电子、机械等领域，亚洲制造的产品已经赢得了全球消费者的广泛认可。中国作为亚洲制造业中心的核心国家之一，自 2001 年加入世界贸易组织以来，制造业实力得到了快速提升。中国制造业增加值占全球的比重逐年攀升，连续 12 年成为全球最大的制造业国家。2023

---

① 《新质生产力与全球产业链重构：价值链、空间链、供应链三维驱动》，银河证券，https://www.vzkoo.com/document/20250110f416ca1f70dc8d1656a5b695.html。

年，中国制造业增加值更是达到了惊人的 39.9 万亿元，增加值占全球的比重超过 1/3，连续 14 年位列全球第一。① 日本和韩国也是亚洲制造业中心的重要成员。这两个国家在制造业领域同样具有雄厚的实力和丰富的生产管理经验。日本在汽车、电子、精密机械等领域保持着领先地位，而韩国则在半导体、造船、汽车等领域取得了显著成就。除了中日韩，东南亚和南亚地区的制造业也在快速发展。越南凭借劳动力成本优势，积极承接产业转移，其制造业增加值实现了快速增长。印度则凭借其庞大的市场和不断完善的产业链，制造业增加值也在稳步提升。然而，尽管亚洲制造业中心在全球制造业中占据了举足轻重的地位，但仍面临着诸多挑战。未来，亚洲各国需要进一步加强合作，推动制造业的转型升级和高质量发展，以应对全球制造业格局的深刻变化。总之，亚洲制造业中心以其完整的产业链、强大的制造实力和不断向中高端领域迈进的趋势，正在成为全球制造业的重要引擎。未来，随着技术的不断进步和市场的不断扩大，亚洲制造业中心有望继续保持其领先地位，为全球制造业的繁荣发展作出更大的贡献。

（二）近年来世界制造业格局演变的新特点

自 2017 年以来，全球制造业增加值和出口格局经历了深刻的变化，中等收入国家、东亚和太平洋沿岸国家的崛起成为这一变化的显著特征。这些国家在全球制造业中的地位不断提升，对全球价值链的塑造产生了深远影响。中等收入国家凭借国内供给能力的显著增强和市场的快速扩大，在全球制造业中的份额逐渐增加。这些国家通过加大基础设施建设和人才培养力度，不断提升制造业的技术水平和生产效率，逐步在全球制造业分工体系中占据重要地位。同时，随着国内市场的不断扩大，中等收入国家对制造业产品的需求也在不断增加，从侧面进一步推动了制造业的发展。然而，"逆全球化"趋势的出现对全球制造业格局产生了新的挑战。在"逆全球化"的影响下，一些国家开始寻求更加独立的经济发展路径，减少对外贸的依赖，这导致全球价值链在一定程度上呈现出"缩短"的趋势。一些企业开始将生产线迁回本国或转移到其他成本更低、风险更小的地区，以

---

① 《我国制造业总体规模连续 14 年位居全球第一》，中国政府网，https：//www.gov.cn/lianbo/bumen/202401/content_6927104.htm。

应对贸易壁垒和不确定性增加的风险。在这种背景下，东亚（包括东北亚）及东南亚国家和地区凭借在制造业领域的优势和地理位置的便利，快速崛起为全球制造业的重要力量。这些国家和地区通过积极参与全球分工和合作，不断提升制造业的技术水平和竞争力，成为全球制造业增加值和出口的重要来源地。全球制造业增加值和出口格局的变化也对全球价值链产生了深远的影响。一方面，全球价值链的"缩短"趋势使得全球制造业的分工和合作更加紧密，企业之间的依存度增加；另一方面，这也为各个国家和地区提供了新的发展机遇和挑战，需要各个国家和地区积极适应全球制造业格局的变化，加强合作与创新，提升制造业的竞争力，以共同推动全球制造业的繁荣发展。

1. 世界制造业区域分布：东亚和太平洋沿岸国家开始明显占优

进入 21 世纪以来，全球制造业格局发生了深刻变革，其中最为显著的现象便是新兴市场国家的快速崛起以及发达国家的相对衰落。这一变化不仅重塑了全球制造业的竞争格局，也为世界经济的未来发展注入了新的活力。根据世界银行数据库的统计，2005 年，高收入国家的制造业在全球制造业中占据绝对优势，其制造业增加值占全球总值的比重高达 74.5%。相比之下，中等收入国家的比重仅为 25.3%，其中，中等偏上收入国家的比重占 20.8%，中等偏下收入国家的比重占 4.5%。而低收入国家由于工业化水平极低，其制造业增加值仅占全球比重的 0.2%。然而，此后的十余年间，全球制造业的格局发生了翻天覆地的变化。高收入国家的制造业增加值占全球制造业增加值的比重持续下滑，到 2018 年已降至 53.8%。与此同时，中等收入国家制造业的比重则稳步上升，至 2019 年已达到 46.7%。值得注意的是，中等偏上收入国家制造业的增加值增长尤为显著，其全球比重提升了近 20 个百分点，成为推动全球制造业格局变化的重要力量。①

从制造业的地域分布来看，全球格局发生了显著的变化。这种变化不仅反映了新兴市场国家的崛起，也体现了传统制造业强国的相对衰落。在 2005 年，北美、欧盟和东亚（包括东北亚）及东南亚地区在制造业领域呈现三足鼎立的态势。其中，北美地区制造业增加值占全球的比重为 23.8%，欧盟为

① 李晓华：《制造业全球产业格局演变趋势与中国的应对策略》，《财经问题研究》2021 年第 1 期，第 52~61 页。

24.3%，而东亚及太平洋沿岸地区为 31.5%。这三大地区以其强大的制造业实力，共同主导着全球制造业的发展。然而，随着时间的推移，这种格局逐渐发生了改变。到 2017 年，北美地区的制造业增加值占全球的比重下降到 17.8%，欧盟的比重也在逐年下滑，到 2019 年已降至 16.8%。与此同时，东亚（包括东北亚）及东南亚地区的制造业增加值比重却在稳步上升，2017 年已经提升至 45.6%，显示出其在全球制造业中的领先地位。在东亚（包括东北亚）及东南亚地区内部，高收入国家以外的国家和地区的制造业发展尤为明显。这些国家和地区的制造业增加值占全球的比重从 2005 年的 12.2% 大幅提高到 2019 年的 32.4%。这一变化充分表明，新兴市场国家在制造业领域的崛起已经成为全球制造业发展的重要趋势。

与此同时，世界其他地区的制造业发展也呈现出不同的特点。南亚地区的制造业增加值占比有所上升，从 2005 年的 2.1% 提高到 2019 年的 3.7%，显示出该地区在制造业领域的潜力。中东和北非地区的制造业增加值占比基本保持稳定，而中南美地区虽然在某一时期实现了制造业的快速增长，但长期来看并未能持续这一趋势，2019 年的制造业占比相较于 2005 年还有所下降。撒哈拉以南非洲地区的制造业也有所发展，但增速相对较慢。未来，随着全球经济的进一步发展和技术的不断进步，这种趋势有望继续保持，东亚（包括东北亚）及东南亚地区在全球制造业中的地位将进一步得到巩固和提升。

2. 东亚（包括东北亚）及东南亚地区：制成品出口份额日益凸显

东亚（包括东北亚）及东南亚地区在全球制成品出口中的占比日益凸显，而欧美地区的份额则呈现下降趋势。这一变化反映了制造业在全球范围内的重新布局和各国制造业竞争优势的动态演变。

从不同收入分组国家来看，2005~2018 年，高收入国家在全球制造业制成品出口中的占比从 77.13% 下降到 68.01%，这显示出高收入国家在制造业出口上的相对衰落。与此同时，中等收入国家在全球制造业制成品出口中的占比则从 23.31% 提高到 31.47%，其中，中等偏上收入国家的占比提升尤为显著，从 19.64% 提高到 26.93%。这一变化揭示了新兴市场国家，特别是中等偏上收入国家，在制造业出口方面的强劲增长势头。①

---

① 李晓华：《世界制造业格局演变史》，《中国工业和信息化》2021 年第 12 期，第 76~81 页。

在地区分布上，2018 年东亚（包括东北亚）及东南亚在全球制造业制成品出口中的占比达到 39.74%，相比 2005 年提高了 7.37 个百分点。这一增长趋势不仅显示了该地区制造业的快速发展，也反映了其在全球制造业制成品出口中的重要地位。与此同时，欧洲和中亚地区的占比从 2005 年的高点波动下降，2018 年的占比比 2005 年的占比下降了 4.96 个百分点。北美地区的占比也整体呈现下降趋势，2018 年的占比比 2005 年的占比下降了 2.96 个百分点（见表 1）。

值得注意的是，尽管东亚（包括东北亚）及东南亚在全球制造业制成品出口中的占比近年来有所上升，但与 2015 年相比变化并不大。这可能意味着全球制造业制成品出口格局的调整在近年来已经趋于稳定，各个国家和地区的制造业竞争优势也逐渐显现。然而，这并不意味着全球制造业制成品出口格局将一成不变。随着新技术的不断涌现和全球市场的不断变化，各个国家和地区需要不断调整和优化自身的制造业结构，以适应新的市场需求和竞争态势。同时，各个国家和地区也需要加强合作，共同推动全球制造业的可持续发展，实现共赢局面。

表 1 2005~2018 年不同地区全球制造业制成品出口占比

单位：%

地区	2005 年	2008 年	2010 年	2015 年	2016 年	2017 年	2018 年
东亚（包括东北亚）及东南亚	32.37	32.82	37.48	39.73	39.60	40.56	39.74
欧洲和中亚	46.96	46.13	42.78	41.00	42.32	41.91	42.00
中南美	4.17	4.04	4.06	4.37	4.37	4.26	4.11
中东和北非	1.44	1.75	1.97	1.89	1.86	1.90	2.12
北美	11.91	10.79	10.13	10.32	10.26	9.53	8.95
南亚	1.32	1.44	1.81	2.14	2.21	2.15	2.09
撒哈拉以南非洲	—	0.88	0.81	0.00	0.58	0.58	0.60

资料来源：笔者根据 World Bank 数据库数据计算而得。

从产品类型和地区分布的角度来看，全球贸易的格局在近年来确实发生了一些显著的变化。首先，制造业制成品（包括资本品、消费品和中间品）的出口主要集中在东亚（包括东北亚）及东南亚地区以及欧洲和中亚地区。这两个地区在全球制造业中占据重要地位，拥有成熟的产业链和强大的生产能力，因此其制造业制成品出口量较大。相比之下，北美虽然也是制造业制成品的重要出口地区，但其地位已经逐渐被东亚（包括东北亚）及东南亚地区以及欧洲和中亚地区超越。其次，原材料出口的地区分布则相对较为平均。欧洲和中亚地区在原材料出口方面占据领先地位，全球占比超过 30%。而东亚（包括东北亚）及东南亚、中南美、北美等地区在原材料出口方面也有一定占比，但分布相对较为分散。2015～2018 年，东亚（包括东北亚）及东南亚地区的资本品、消费品、中间品和原材料出口占全球的比重均有所下降。这可能是由于该地区在制造业转型升级过程中，逐渐从生产低附加值产品转向生产高附加值产品，这导致部分传统产品出口量减少。同时，欧洲和中亚地区在上述四类产品出口方面的全球占比均有明显提高，显示出该地区在全球制造业中的地位逐渐上升。此外，中南美地区、北美地区以及撒哈拉以南非洲地区在原材料出口方面的全球占比也有所提高。这可能是由于这些地区在资源开发和加工方面具有优势，同时全球原材料需求的增长也推动了其出口量的增加（见表 2）。

表 2 2015 年和 2018 年不同地区不同类型产品出口占比

单位：%

地区	资本品		消费品		中间品		原材料	
	2015 年	2018 年	2015 年	2018 年	2015 年	2018 年	2015 年	2018 年
东亚（包括东北亚）及东南亚	46.80	45.95	31.63	29.76	29.90	28.74	16.41	16.29
欧洲和中亚	34.77	36.32	45.74	49.35	43.76	45.89	30.79	34.04
中南美	4.52	4.51	4.12	3.85	5.68	5.06	13.87	15.18
中东和北非	1.14	1.43	4.88	3.64	4.06	4.01	18.82	9.80
北美	11.71	10.65	9.75	9.76	12.16	11.52	13.74	15.74
南亚	0.75	0.84	3.25	2.82	2.87	2.94	1.54	1.41
撒哈拉以南非洲	0.31	0.30	0.62	0.82	1.56	1.84	4.83	7.53

注：全球出口总额由五大区域加总。

资料来源：WITS 数据库（https：//wits. worldbank. org）。

3. 全球制造业：呈现出价值链"缩短"的趋势

近年来，全球制造业的价值链确实展现出"缩短"的趋势，这一变化的背后反映了全球制造业生产和贸易模式的深刻调整。麦肯锡全球研究院的研究为我们提供了有力的数据支持，揭示了价值链"缩短"现象的广泛性和深刻性。从全球范围来看，几乎所有商品生产价值链中的贸易强度都有所下降。这意味着商品在生产过程中，其跨境贸易的比例在减少，更多的生产环节可能在本国或本地区完成。全球跨境贸易占全球产出的比例从 2007 年的 28.1% 降至 2017 年的 22.5%，这一数据的变化直观地反映了价值链"缩短"的趋势。① 进一步观察具体产业，我们可以发现，在那些最复杂和交易量最大的价值链中，其贸易强度的下降尤为明显。例如，计算机、运输设备、汽车、机械设备、电气设备等产业，这些产业通常需要高度的技术集成和全球协作，但近年来，它们的贸易强度却普遍出现了下降趋势。这一变化可能意味着这些产业的生产环节正在向更为集中和本地化的方向发展。

此外，创新型复杂产品的贸易强度下降幅度相对更为明显。这可能是技术创新和产业升级使得某些复杂产品的生产更加高效和本地化，减少了对跨境贸易的依赖。同时，这也能反映出全球制造业竞争格局的变化，一些新兴经济体和地区在技术创新和产业升级方面取得了显著进展，使得原本由发达国家主导的创新型复杂产品生产逐渐转向这些地区。价值链"缩短"的趋势对全球制造业和贸易格局产生了深远的影响。一方面，它使得制造业产品更加接近消费市场，降低了运输成本和时间，提高了生产效率；另一方面，它也促进了各个国家和地区在制造业领域的合作与竞争，推动了全球制造业的转型升级和结构调整。然而，价值链"缩短"也带来了一些挑战和问题。例如，它可能导致某些国家或地区的制造业过度集中，从而增加了供应链的风险和不确定性。同时，对于那些依赖跨境贸易的国家来说，价值链"缩短"可能意味着出口市场的减少和贸易收入的下降。

全球价值链的"缩短"确实是多重因素交织作用的结果，这些因素涉及技术创新、市场需求、政策导向以及全球经济格局的变化等多个方面。首先，发展中国家创新能力的显著提高，特别是中国，是推动全球价值链"缩短"的重要因素之一。随着技术的不断进步和创新能力的增强，中国等

---

① 李晓华：《世界制造业格局演变史》，《中国工业和信息化》2021 年第 12 期，第 76~81 页。

发展中国家能够生产出更多高质量的中间投入品，从而减少对国际市场的依赖。这不仅提高了本国的自给自足能力，也促进了全球价值链的本地化趋势。其次，发展中国家本土市场规模的扩大也对全球价值链的"缩短"产生了影响。随着经济增长和收入水平的提高，发展中国家的消费市场不断扩大，这为本国制造业提供了更多的发展机遇。更多本国制造的商品在本土销售，减少了出口的需求，进一步推动了价值链的本地化。此外，机器人、人工智能以及工业互联网、智能制造等技术的不断成熟也为全球价值链的"缩短"提供了技术支持。这些技术的应用使得生产过程更加自动化和智能化，提高了生产效率和响应速度。同时，随着产业的资本密集度和知识密集度的提升，原本容易实现全球劳动力成本套利的产业链布局在一国内部也变得有利可图，这也进一步推动了价值链的本地化进程。另外，美国等国家在国际金融危机之后推动的制造业回流政策也对全球价值链的"缩短"产生了一定影响。这些政策旨在通过提供税收优惠、改善投资环境等措施吸引制造业企业回国投资，从而推动本国制造业的发展。虽然这些政策的效果存在争议，但它们确实在一定程度上改变了全球制造业的布局和价值链的走向。最后，生产靠近市场带来的供应链响应速度的提高、美国发起的一系列贸易摩擦、购买本国货的"溢价"、价值链本地化对供应链韧性的改善等因素也在全球价值链"缩短"中发挥了重要作用。这些因素共同促进了制造业生产的本地化，使得企业能够更快速地响应市场需求，降低贸易风险，提高供应链的韧性。

4. 全球制造业发展新特点

近年来，全球制造业发展经历了深度的调整与变革。首先，制造业在全球经济格局中的地位进一步稳固提升。根据 2015 年的不变价格计算，2022 年全球人均制造业增加值显著增长，达到了 1879 美元，相较于 2015 年增长了 14.2%。更值得一提的是，全球制造业增加值占 GDP 的比重也有所上升，从 2015 年的 16.2% 增至 2022 年的 16.8%。① 这一数据的跃升，凸显了制造业在推动全球经济复苏与增长中的核心作用。尤其是在亚洲和大洋洲地区，制造业的发展势头更为强劲，这些地区已成为全球制造业的重要集聚地，其制造业增加值占全球的比重在 2022 年已高达 55%。这不仅反

---

① 李晓华：《世界制造业格局演变史》，《中国工业和信息化》2021 年第 12 期，第 76~81 页。

映了这些地区制造业的强劲增长，也预示着未来全球制造业的竞争格局将更加多元化。

其次，近年来，全球制造业的出口格局也经历了显著的变化，呈现出令人瞩目的增长趋势，并刷新了历史新高。据 2022 年的统计数据，全球制造业的出口总额一举攀升至惊人的 19 万亿美元，这标志着出口规模在短短几年间实现了显著的增长。① 这一增长不仅反映了全球经济的复苏势头，更凸显了制造业在全球贸易中的重要地位。值得注意的是，中等收入工业经济体在全球制造业出口增长中扮演了举足轻重的角色。据统计，中等收入工业经济体制造业出口对全球制造业出口的贡献比重，从过去的 15% 显著增加至 32%，这一变化凸显了这些经济体在全球制造业贸易中的崛起和影响力的不断增强。从区域分布的角度来看，亚洲和大洋洲地区的合计制造业出口量占了全球制造业总出口量的 48%，相较于 2000 年的 34% 有了大幅提升。这一增长主要得益于这两个地区制造业的快速发展和出口竞争力的提升。与此同时，北美洲和欧洲地区占全球出口总量的比重则有所下降，从 2000 年的 60% 降至 2022 年的 46%。② 这种变化反映了全球制造业生产布局的调整以及新兴市场的崛起。在进口方面，美国作为全球最大的经济体之一，连续多年保持着全球最大的制造业进口国地位。其庞大的市场需求推动了全球贸易的繁荣。此外，中国大陆地区和德国等也在全球制造业进口市场中占据重要地位，也是重要的进口力量。

然而，值得注意的是，尽管制造业产值和出口量呈现出积极的增长趋势，但制造业就业人数却没有同步增加，甚至有所下降。这可能反映了制造业自动化和技术进步带来的生产效率提高，以及部分就业岗位的转移或替代。相关数据显示，全球制造业就业者占总就业人数的比重已从 2015 年的 14.2% 下降到 2021 年的 13.6%，而从绝对数量上看，制造业就业人数也略有下降，从 2015 年的 4.44 亿人减少至 2021 年的 4.42 亿人。③ 这表明尽管制造业规模扩大，但制造业就业市场却面临着一些挑战，尤其是随着技

① 美国国家科学基金会：《美国知识和技术密集型产业发展趋势与国际对比分析》，百度网，https://baijiahao.baidu.com/s? id=1808716167775722181&wfr=spider&for=pc。
② 李晓华：《制造业全球产业格局演变趋势与中国的应对策略》，《财经问题研究》2021 年第 1 期，第 52~61 页。
③ 李晓华：《世界制造业格局演变史》，《中国工业和信息化》2021 年第 12 期，第 76~81 页。

术的进步，制造业企业对高技能工人的需求可能会增加，而对低技能工人的需求可能会减少。

最后，尽管全球制造业产值持续增长，但其二氧化碳排放保持相对稳定，甚至在某些情况下有所降低。这一趋势的出现，不仅显示了全球制造业在追求经济效益的同时，也在积极探索可持续发展道路，以降低环境负荷，推动制造业绿色转型。根据统计数据，2000～2021年，全球制造业的增加值实现了超过一倍的增长，然而，全球制造业的二氧化碳排放增长率仅为60%。这意味着全球制造业的发展并未带来同比例的碳排放增加，这在全球气候变化的背景下无疑是一个积极的信号。自2010年以来，制造业发展与二氧化碳排放之间的关系逐渐趋稳，这一变化更是凸显了制造业在环保领域的努力与成果。这背后既包括制造业企业对于清洁生产技术的积极投入和应用，也反映出世界各个国家和地区对于环保政策的重视和执行。制造业作为全球经济的重要支柱，其绿色转型对于全球环境保护具有重大意义。越来越多的制造业企业开始注重环保，通过采用先进的生产工艺和设备，减少能源消耗和污染排放，以实现可持续发展。同时，各国政府也在推动制造业的绿色转型，通过制定相关政策和标准，鼓励企业采用环保技术和生产方式。然而，我们也必须认识到，制造业的绿色转型仍面临着诸多挑战，如技术瓶颈、资金压力、市场接受度低等。因此，未来我们需要进一步加强国际合作，共同研发和推广环保技术，推动制造业的绿色转型进程。

（三）全球制造业格局加速调整

全球制造业正经历着前所未有的变革，其格局正在加速调整。这一调整不仅反映了行业内部的深刻变化，也预示着未来制造业的发展方向和关键挑战。首先，中高科技产业的崛起已成为全球制造业增长的新引擎。在过去的20年中，中高科技产业在全球制造业中的比重逐渐攀升，截至2021年，它们为全球制造业增加值的增长做出了近50%的卓越贡献。特别是计算机与电子产品行业，其增加值所占比重显著增长，成为引领全球制造业发展的重要力量。其次，产业转移正为新兴工业经济体注入新的活力。新兴工业经济体，包括一系列中低收入和中等收入国家和地区，它们正逐渐成为全球制造业的重要基地。这些国家和地区通过承接产业转移，积极发展自身制造业，为全球制造业的发展贡献了新的动力。同时，这种产业转移也加速了全球制造业的供应链重构，使得制造业的生产和分布更加多元和灵活。最后，产品和生产流程的创新正在深刻改变着全球制造业的格局。数字化和自动化生产方式的推广，使得制造业的生产效率和产品质量得到了显著提升。同时，绿色生产技术的研发和应用，也在推动制造业向更加环保和可持续发展的方向前进。这些创新不仅提高了制造业的竞争力，也为全球制造业的未来发展开辟了新的道路。

1. 中美博弈影响全球制造业

随着中国制造业的崛起，中国不仅成为全球第二大经济体，更稳坐制造业第一大国的宝座，对美国的制造业形成了显著的竞争压力。为了捍卫本国制造业的荣光与霸权地位，美国开始在经贸、高科技以及制造业产业链等多个领域发起挑战，通过推动在华美企回流、施加意识形态压力等手段，妄图构建一条"去中国化"的产业链、供应链。这一博弈不仅将重塑全球经济政治格局，更将引发全球制造业产业链、供应链的深刻调整与重新配置。在这场中美战略博弈中，制造业及其产业链、供应链无疑成为焦点。早在数年前，美国就开始通过发布一系列行政法令与政策，对其制造业、国防工业等领域的产业链、供应链安全进行深入评估，旨在明确其制造业对外国的依赖程度，并制定出应对激烈国际竞争的具体策略。近年来，美国对供应链安全的重视达到了前所未有的高度，其战略核心不断调整，力图构建以自身为核心的全新供应链体系。

2022 年 5 月，备受瞩目的"印太经济框架"应运而生，美国携手日本、澳大利亚、韩国、印度等多个国家，共同致力于供应链的深度合作。该框架计划打造一个先进的供应链预警系统，以增强原材料、半导体、关键矿物以及清洁能源技术等关键领域供应链的可追溯性，并与参与国家携手推进生产的多元化布局。其背后的实质，正是追求一种"有限全球化"的供应链模式，力求在制造业的各个环节中避免对特定国家的过度依赖。在全球局势复杂多变的今天，经济、贸易等方面的国家利益与国家安全等更高层面的国家利益之间的界限愈发模糊。美国正试图通过重塑自由贸易的价值观，选择与那些"可以依赖的国家"进行贸易合作。在这种背景下，价值观和供应链的脆弱性逐渐成为发达国家重构国际贸易格局的重要考量因素。这不仅可能对多边贸易体系带来根本性的冲击，更可能加剧全球供应链的风险与不确定性。

2. 国际经贸规则重构推动区域化布局

在逆全球化思潮和贸易保护主义抬头的背景下，国际经贸规则正经历着深刻的重构过程。与此同时，发达国家推动产业链回迁、新一轮科技革命加速推进以及跨国公司寻求效率与安全平衡等多重因素交织影响，全球制造业的产业链、供应链格局正朝着区域化、本土化、多元化、数字化的方向加速调整和重塑。

自 2008 年国际金融危机以来，经济全球化进程明显放缓，格局分化加剧，规则体系亟待重塑。随着《区域全面经济伙伴关系协议》（RCEP）、《全面与进步跨太平洋伙伴关系协定》（CPTPP）、《美墨加协定》（USMCA）等大型区域自由贸易协定的签署与实施，各区域间的经济贸易合作日益紧密。这些自由贸易协定不仅通过降低关税甚至实现零关税来推动区域内贸易和投资的蓬勃发展，还通过一系列高标准、排他性的措施构建起对区域外贸易和投资的壁垒，形成了具有排他性的供应链联盟。

以美国为例，为在高科技领域维持其产业链优势，美国积极构建关键产业联盟，加大对中国高科技出口的封锁力度。同时，通过召集西方国家组建高精尖领域出口管制联盟，美国妄图将中国排除在核心产业链之外。这些举措不仅加剧了全球供应链的紧张局势，也推动了制造业生产的区域化集中。在原产地规则方面，USMCA 和 CPTPP 等协定均对纺织服装产品设定了严格的"从纱开始"的原产地标准。例如，CPTPP 要求非原产纤维和纱线重量在使用该原料部件中的占比不得超过 10%，而非传统贸易协定中规定的货物总重量的 10%。USMCA 更是将享受零关税的汽车及其零部件产品的本地价值最低比重标准由 62.5% 提升至 75%。[1] 这些高标准的原产地规则将进一步推动关键生产环节向北美、欧洲和亚洲的主要生产基地集中，使得以美国为中心的北美地区、以德国为中心的欧洲地区以及以中日韩为中心的亚洲地区的产业链、供应链网络联系更加紧密。在这一背景下，全球制造业的转型与升级变得尤为重要。制造业企业需要密切关注国际经贸规则的变化，调整自身发展战略，以适应新的区域化布局趋势。同时，政府应加强政策引导和支持，推动制造业向高质量发展迈进，实现制造业的

---

① 赵亮、周朔：《USMCA 协定下的变局与应对》，《中国外汇》2018 年第 23 期，第 50~53 页。

转型升级和可持续发展。

3. 产业链供应链本土化趋势凸显

自 2008 年国际金融危机以来，全球经济发展重心逐渐回归实体经济，发达国家纷纷启动"再工业化"战略，而新兴经济体也通过优惠政策积极优化投资环境，全球制造业的竞争格局由此发生了深刻变革。

在这一背景下，美国、日本、欧盟等发达国家和地区为重塑本国和本区域制造业的辉煌，积极鼓励企业回流本土。但错综复杂的国际安全局势，使得供应链安全的重要性愈发凸显。出于对应急安全、基本保障、经济发展以及社会稳定的深刻考量，这些发达国家和地区通过法律手段、经济补贴及政治引导，促使本国和本区域企业加大对本土的投资力度，从而推动全球产业链、供应链朝着本土化或本国化的方向发展。以美国为例，其在《2021 年战略竞争法案》中明确提出，从 2022 年至 2027 年，每个财政年度将拨款 1500 万美元，旨在支持供应链从中国迁出的计划，并寻求中国境外的生产或采购替代市场。日本政府亦在 2020 年拨款 2200 亿日元，以支持日本企业的回流或国际转移。在《经济财政运营与改革基本方针 2021》中，日本政府更是强调了对半导体等战略物资的投资，力求重建国内生产体系，并鼓励企业将生产基地进行多元化和分散化布局。

另外，一些东南亚与南亚国家，特别是越南和印度，凭借劳动力成本优势和一系列优惠引资政策，成功吸引了大量外商投资，并紧跟承接国际产业转移的浪潮。这一趋势导致部分在华外资企业选择将工厂从中国迁往越南、印度等国家。近年来，越南以其开放的市场环境、得天独厚的地理位置以及丰富的廉价劳动力资源，成为跨国企业投资的热土。从 2012 年至 2021 年，越南制造业吸引外资的金额持续攀升，从 54.6 亿美元增长到 181 亿美元。更值得注意的是，越南拥有庞大的劳动力人口，其中 15 岁至 64 岁的劳动力占比高达 70% 左右，这使得其劳动力成本相对较低。数据显示，2020 年越南的平均时薪为 2.99 美元，而同期中国则为 6.5 美元，越南的劳动力成本仅为中国的 46%。[①] 为了进一步提升其吸引力，越南政府还推出了

---

① 彼得·潘、伊文：《美媒：2020 年中国廉价劳动力终结将不再是"世界工厂"》，《中国职工教育》2016 年第 3 期，第 24~24 页。

一系列优惠政策，如"四免九减半"和特殊投资优惠等，这些政策为跨国企业提供了更加优越的投资环境。在这些优惠政策的吸引下，一些跨国企业纷纷选择将生产线从中国转移到越南，以寻求更低的成本和更高的效率。与此同时，印度也在积极推动制造业的发展。近五年来，印度政府通过实施"印度制造"和"印度技能"等政策，致力于将印度打造成为全球制造业的中心。为了吸引更多的国际投资，印度政府还降低了制造企业的税率，从25%下调至15%，并提高了手机及零部件的进口关税，以鼓励相关厂商在印度建厂生产。在这些政策的推动下，印度的制造业得到了快速发展。在汽车行业，印度已经吸引了众多外资企业入驻，其中日本铃木和韩国现代等企业占据了显著的市场份额。在手机行业，印度也成为外资企业的主要投资目的地之一，2021年印度前五大手机厂商均是外资企业，其中，中国企业生产的产品的市场占有率达67%。

　　4. 跨国公司战略调整推动多元化发展

在经济全球化的进程中，跨国公司以其敏锐的商业嗅觉和深远的战略眼光，通过国际投资引领了生产国际化的进程，成为全球生产网络中的核心组织者。它们以全球化的视角，精心构筑起一条条紧密相连的价值链、产业链和供应链，将世界各地的资源、技术和市场紧密地联系在一起。跨国公司的全球投资行为，本质上是对成本和效率的精准把控，旨在实现利润的最大化。它们在全球范围内寻找最佳的生产基地、采购渠道和销售市场，以降低成本、提高效率，从而在全球竞争中占据优势地位。然而，近年来全球经济环境发生了深刻变化。贸易保护主义的抬头以及地缘政治冲突的加剧，使得全球供应链的风险不断攀升。跨国公司过去那种主要以成本为基础来规划和调整供应链的方式，已经难以应对当前复杂多变的全球经济形势。

从短期来看，跨国公司的全球布局虽然不会出现大规模的剧变，但确实可能呈现出一种收缩的趋势。近年来，跨国投资已经显露出疲软的迹象，这一趋势似乎在数据上得到了验证。据联合国贸易和发展会议（UNCTAD）的统计数据，全球制造业吸收外国直接投资（FDI）的规模正呈现波动下降的趋势，从2018年的7752.0亿美元的高点滑落至2021年的5354.8亿美元，降幅高达30.9%。同时，制造业在全球吸收FDI中的比重也从2017年的48.5%高位滑落至2021年的38.6%，显示出跨国投资在全球经济中的角色正在发生变化。① 随着世界经济增长陷入低迷，跨国企业在全球范围的投资布局可能变得更加谨慎，跨国投资活动将进一步承受压力。在这样的背景下，多数跨国公司可能会持观望的态度，在全球范围内的投资步伐可能会暂时放缓。特别是对于那些需要大量资金投入的大项目，跨国公司可能会更加审慎，显著减少此类投资。同时，由于资金链承受着巨大压力，跨国公司总部将会更加注重现金流动和盈利能力，部分跨国公司可能会暂停部分前景不明朗的海外业务，加快剥离不良资产，以缓解资金压力。因此，从短期来看跨国公司的全球化供应链布局可能会在一定程度上出现收缩态势。

从长期来看，跨国公司的产业链、供应链布局调整将呈现出更为复杂多变的态势。这一调整不仅基于安全和效率的考量，更受到全球经济格局、政治因素以及市场变化等多重因素的影响。安全和效率成为当前跨国公司进行供应链布局调整的核心驱动力。例如，苹果公司作为全球知名的科技企业，为了降低风险，苹果公司开始调整其供应链布局，将部分生产环节转移到多个地区和国家，以减少对单一供应链的依赖。同时，苹果公司还加强了与关键供应商的战略合作关系，确保供应链的稳定性和韧性。除了安全和效率的考量外，跨国公司还需要在拓展海外市场的同时，迎合本国政府的诉求。在全球政治经济格局不断调整的背景下，一些发达国家开始重构自主完整的产业体系，鼓励本国企业回流。例如，美国政府通过税收优惠、投资补贴等措施，吸引本国企业回国投资建厂。美国商务部数据显示，近年来美国制造业的回流趋势明显，不少跨国公司开始将生产线迁回美国本土。然而，跨国公司在调整供应链布局时，并非完全遵循本国政府的意愿。利润最大化的驱动使得它们需要在全球范围内寻求最佳的资源配置和成本效益。以德国汽车巨头宝马为例，尽管面临本国政府的压力，宝马仍坚持在全球范围内进行供应链布局，以确保其生产的高效性和成本优化。宝马在全球多个地区建立了生产基地和研发中心，利用各地的资源和优势，实现了供应链的多元化和灵活性。此外，一些新兴市场和发展中国家也为跨国公司的供应链布

---

① 联合国贸易和发展会议（UNCTAD）：《2023年世界投资报告》，联合国贸易和发展会议官网，https：//www.unctad.org。

局调整提供了机遇。这些国家拥有较为低廉的劳动力成本和丰富的资源，为跨国公司的生产布局提供了成本优势。同时，这些国家还在不断改善基础设施和营商环境，吸引更多的外资进入。例如，东南亚国家越南近年来通过一系列改革措施，吸引了大量跨国公司的投资。根据越南统计局的数据，近年来越南吸引的外资额持续增长，其中制造业领域的外资投入增长尤为显著。

5. 新一轮科技革命加速数字化转型

在新一轮科技革命和产业变革的浪潮中，大数据、物联网、人工智能及 3D 打印等技术正在逐步渗透产业链、供应链的每一个环节，它们将深刻地改变我们传统的研发、制造、贸易以及产业组织方式，为制造业的高质量发展开辟全新道路。

这场科技革命不仅推动着生产方式的变革，更引领着产业链、供应链向更短、更智能的方向演进。一方面，互联网技术与制造业的深度融合，使得研发设计、产品生产、销售管理等全流程实现了网络化，生产布局日趋分散，工厂规模趋向小型化，产品交付周期大幅缩短，从而促使产业链、供应链更加紧凑高效。特别是 3D 打印技术的广泛应用，使得本地化生产成为可能，进一步缩短了产业链的长度。另一方面，智能制造模式的兴起，尤其是人机共融的先进制造方式，以及智能材料与 3D 打印结合形成的 4D 打印技术，正在推动制造业从过去大批量、标准化的生产方式，逐步转向以互联网为支撑的智能化大规模定制生产方式。在这种模式下，原料采购、产品加工和市场销售都将实现本地化，企业的供应链体系将发生翻天覆地的变化，更加灵活、高效和智能。

科技革命正以前所未有的速度推动着机器换人的进程，这一变革不仅正在重塑全球产业链、供应链的分工格局，更可能在未来固化这一格局。根据国际机器人联合会（IFR）发布的数据，全球机器人市场正迎来爆发式增长。2021 年，全球机器人销量高达 48.68 万台，同比激增 27%，显示出强劲的增长势头。其中，亚洲和大洋洲地区的增长幅度尤为显著，均达到 33%，共计销售 35.45 万台机器人，凸显出这些地区对机器换人技术的热切需求。从应用领域来看，制造业无疑是工业机器人需求最为旺盛的领域。电子行业、汽车行业等作为制造业的支柱行业，对工业机器人的需求量最大。电子行业以 13.2 万台的销量领跑，汽车行业紧随其后，销量为

10.9万台。① 此外，金属和机械行业、塑料和化学行业、食品和饮料行业等也均有不同程度的增长，显示出工业机器人正逐渐渗透制造业的各个环节。各国纷纷通过使用工业机器人来降低成本、提高效率并加快生产速度。这种趋势不仅体现在发达国家，新兴市场国家也在积极推动这一进程。

在这一背景下，发达国家和新兴市场国家在科技和数字经济领域的优势逐渐凸显。通过推动机器换人，这些国家可能改变过去产业向劳动力成本较低的国家转移的规律，而使得产业链供应链的布局更加倾向于具有技术优势的地区。同时，数据作为新的生产要素，其重要性日益凸显。不同经济体之间在数据资源、数据处理能力等方面的差异，将导致要素禀赋优劣势发生根本性变化。这将直接影响跨国公司的投资决策，驱使产业链、供应链布局向拥有丰富数据资源和先进数据处理技术的发达经济体或发展中国家倾斜。

先进技术带来的新产品和服务正改变全球产业链、供应链的布局。数字技术的迅猛发展与应用，不仅催生了众多新兴行业，更深刻改造了传统产品和服务，引领产业形态不断演变。这一变革趋势正在逐步重塑全球贸易格局，深刻影响贸易流量的内容和数量。以电动汽车行业为例，数字技术、新能源技术以及政策补贴等多重因素的叠加效应，推动了全球电动汽车市场的爆发式增长。2021年，全球纯电动汽车新车销量飙升至约460万辆，同比增长率高达220%，远超过混合动力汽车33%的同比增幅。② 这一增长态势不仅展示了电动汽车市场的巨大潜力，更预示着汽车产业正经历着一场深刻的技术和产业革命。

随着电动汽车销量的持续上涨，其对传统汽车零部件贸易的替代效应也日益显现。电动汽车的普及将减少人们对传统汽车零部件的需求，进而对相关产业的进出口贸易和供应链产生较大影响。同时，电动汽车的普及还将抑制石油进口，对石油产业及其相关国家的贸易和经济造成冲击。然而，这种变革并非只带来挑战，而更孕育着巨大的机遇。对于具备先进技

---

① 《去年全球机器人销售强劲复苏》，腾讯网，https：//mp. weixin. qq. com/s？__biz = MzU4NjY-3NjA3Ng = = &mid = 2247515472&idx = 1&sn = e3fa03d4b75120275b6b843813fee907&chksm = fdf55f53ca82d6453292868b3a9cbdf9ec37761d130239c63a22407912b3e00653c3bbe76931&scene = 27。

② 《销量超450万辆：2021年全球纯电动车销量首超混动车》，参考消息百家号，https：//baijiahao. baidu. com/s？id = 1730671033588721483&wfr = spider&for = pc。

术和创新能力的国家而言，他们将成为全球产业链、供应链的新中心，引领新一轮的产业变革和贸易增长。而对于那些未能及时跟上技术变革步伐的国家，它们可能会面临产业链、供应链被边缘化的风险，甚至可能在全球竞争中失去优势地位。

6. 全球贸易强度和人口红利双下降

1995~2007 年，全球化浪潮推动了商品、服务和资本在全球范围内的自由流动。然而，近年来，全球贸易格局发生了微妙的变化。几乎所有商品供应链中的贸易强度均有所下降。尽管从绝对值来看，贸易量仍在增长，但全球跨境贸易占全球产出的比重已从 2007 年的高点 28.1% 下降到 2017 年的 22.5%。

这一变化并非意味全球化进程逆转，而是反映了全球经济的结构性调整。首先，中国和其他新兴经济体在经济发展过程中，经济体内部消费能力不断提升，这在一定程度上减少了其对出口的依赖，也影响了全球贸易强度。其次，随着技术进步和产业升级，一些国家开始注重内需的满足，通过提高生产效率、优化产业结构等方式来增强经济韧性，这也对全球贸易强度产生了影响。此外，贸易量增长放缓也是近年来全球贸易格局变化的一个重要特征。1990~2007 年，全球贸易量的增长速度远超实际国内生产总值增速，显示出全球化带来的强劲动力。然而，自 2011 年以来，这种超速增长的趋势有所放缓，全球贸易量的增长速度仅比国内生产总值增速快 1.1 倍。[①] 这可能与全球经济复苏乏力、贸易保护主义抬头以及地缘政治风险增加等因素有关。在复杂的产品供应链中，贸易强度的下降更加明显。这可能是全球价值链的重组和分散化趋势所致。随着技术的进步和市场竞争的加剧，企业开始寻求更加灵活和高效的供应链管理方式，将生产环节分散到不同的国家和地区，以降低成本、提高响应速度。这种分散化的趋势使得产品供应链变得更加复杂和多样化，也影响了贸易强度的计算。

---

① 麦肯锡全球研究院：《转型中的全球化：贸易和价值链的未来》，麦肯锡全球研究院官网，https://www.mckinsey.com.cn/%E5%8F%98%E9%9D%A9%E4%B8%AD%E7%9A%84%E5%85%A8%E7%90%83%E5%8C%96%EF%BC%9A%E8%B4%B8%E6%98%93%E4%B8%8E%E4%BB%B7%E5%80%BC%E9%93%BE%E7%9A%84%E6%9C%AA%E6%9D%A5%E5%9B%BE%E6%99%AF/。

　　另外，随着全球价值链在 20 世纪 90 年代至 21 世纪初的迅速扩张，企业在选择生产地点时，劳动力成本成为重要的考量因素，尤其是在劳动密集型产品和服务行业中这种现象十分突出。然而，当前全球贸易格局已经发生了深刻变化。数据显示，仅有 18% 的商品贸易是基于劳动力成本红利的，这意味着超过 80% 的全球商品贸易并非直接从低工资国家流向高工资国家。[①] 这一变化背后，除了劳动力成本，企业还考虑了一系列其他因素。其中，获得熟练劳动力或自然资源、接近目标消费者市场以及基础设施的质量等，都成为企业决定生产地点的重要考量。这些因素的逐渐增多，反映了全球贸易和生产布局正朝着更加多元化和复杂化的方向发展。值得注意的是，一些供应链中基于劳动力成本套利的贸易份额正在不断下降。特别是劳动密集型产品制造业，其基于劳动力成本套利的贸易份额从 2005 年的 55% 下降到了 2017 年的 43%。[②] 这一趋势主要归因于发展中国家工资的上涨，这使得劳动力成本套利空间逐渐缩小。展望未来，自动化和人工智能技术的快速发展将进一步加剧这一趋势，这意味着资本投入和技术创新将成为决定生产竞争力的关键因素。

　　从表面上看，低工资水平似乎是发展中国家和新兴经济体融入全球供应链的关键因素。然而，深入剖析实际情况，我们不难发现，仅凭廉价的劳动力资源是远远不够的。融入全球供应链的程度并非单纯由工资水平决定的，而是工资和生产率共同作用的结果。具体来说，单位劳动成本与工资之间并不存在直接的正相关关系，因为各国的劳动生产率存在差异。从而影响了各国在全球供应链中的地位。进一步分析，当单位劳动成本较高时，出口拉动经济增长的效应会相应减弱，融入全球供应链的程度也会受到限制。这在一定程度上解释了为何在世界范围内工资水平普遍上涨的背景下，部分拥有大量低技能、低工资劳动力的发展中国家却未能充分融入全球供应链。

---

① 李晓华：《制造业全球产业格局演变趋势与中国的应对策略》，《财经问题研究》2021 年第 1 期，第 52~61 页。

② 麦肯锡全球研究院：《转型中的全球化：贸易和价值链的未来》，麦肯锡全球研究院官网，https://www.mckinsey.com.cn/%E5%8F%98%E9%9D%A9%E4%B8%AD%E7%9A%84%E5%85%A8%E7%90%83%E5%8C%96%EF%BC%9A%E8%B4%B8%E6%98%93%E4%B8%8E%E4%BB%B7%E5%80%BC%E9%93%BE%E7%9A%84%E6%9C%AA%E6%9D%A5%E5%9B%BE%E6%99%AF/。

2000~2010 年成功融入全球供应链的国家，凭借较低的单位劳动成本在激烈的国际竞争中崭露头角，尽管它们的工资水平未必是最低的。以中国为例，2000~2010 年，尽管其平均工资水平提升了数倍，但令人瞩目的是，其单位劳动成本（从整个经济层面来看）却保持相对稳定，相较于撒哈拉以南非洲及拉丁美洲的国家，中国依然保持着强劲的竞争力。这一现象揭示了中国在提升劳动力生产效率、优化经济结构等方面的显著成效。然而，与之形成鲜明对比的是撒哈拉以南的非洲国家。这些国家的平均工资在十年间并未出现显著增长，但令人惊讶的是，它们的单位劳动成本却始终高于其他发展中经济体。这意味着，在生产过程中，除了工资以外的其他成本可能相当高昂，足以抵消从低工资中可能获得的任何潜在优势。因此，尽管这些国家拥有相对低廉的劳动力，但由于单位劳动成本较高，它们在全球供应链中的竞争力受到了严重制约。

7. 服务在全球产业链中发挥着无可替代的作用

2017 年的数据显示，全球服务贸易总额虽然达到 5.1 万亿美元，但与全球商品贸易总额的 17.3 万亿美元相比仍显逊色。然而，令人瞩目的是，过去十年间，全球服务贸易总额的增长速度远超货物贸易总额，高达 60% 以上。① 特别是电信和 IT 服务、商业服务以及知识产权收费等子行业，其增速更是提升两倍到三倍。传统的贸易统计数据往往未能全面揭示服务业的真正价值。服务业不仅创造了约 1/3 的交易制成品价值，其涵盖的研发、工程、销售和营销、财务和人力资源等环节，均为货物进入市场提供了不可或缺的支撑。更值得关注的是，进口服务几乎在所有价值链中正逐渐替代国内服务，这一趋势随着制造商纷纷引入新型租赁、订阅和其他"即服务"商业模式而愈发明显，商品与服务之间的界限日益模糊。此外，跨国公司向全球附属公司发送的无形资产，如软件、品牌、设计、运营流程等，虽然价值巨大，但除非作为知识产权被计入，否则这些资产往往难以定价和追踪。例如，药品和智能手机的研发投入，以及耐克和阿迪达斯等品牌的设计和推广，都极大地提升了产品的附加值。然而，贸易统计数据还未能全面跟踪免费数字服务的跨境流量，如电子邮件、实时地图、视频会议

---

① 麦肯锡全球研究院：《全球化下一篇章正开启贸易战频发推动价值链重塑》，和讯新闻，https://news.hexun.com/2019-04-16/196846837.html。

和社交媒体等。这些服务虽然免费，但无疑为用户创造了巨大的价值。以维基百科为例，它提供了约 300 种语言的 4000 万篇免费文章，而 YouTube 每天提供超过 10 亿小时的免费视频内容，Facebook 和微信更是拥有数十亿名的月活跃用户。综合以上三个渠道，每年产生的价值高达 8.3 万亿美元，这将使整体贸易总额增加 4 万亿美元（或 20%），并重新分配另外 4.3 万亿美元。[①] 若以此视角审视，服务贸易的价值已超越商品贸易。这一观点将深刻改变部分国家的贸易平衡，尤其是美国。

（四）影响制造业产业格局演变的因素

制造业在全球范围内的布局，实则是众多企业根据自身利益最大化原则做出的区位选择。企业在谋划生产经营部门或价值链环节的布局时，需要综合考虑要素价格、要素组合效率、运输成本及交易成本等多重因素。这些要素与成本在不同产业间存在显著差异，因此，企业为追求更高的利润，会依据自身产业特性，选择最为合适的区位进行布局。换言之，制造业的空间分布格局，既受到产业自身特征与运行规律的深刻影响，也与国际政治经济环境、技术革新、外部冲击以及国内政策等外部因素息息相关。这些因素相互交织、共同作用，推动着制造业产业格局的不断演变。

具体来看，技术变革是驱动制造业格局调整的重要力量。随着科技发展的日新月异，新兴产业的崛起与传统产业的转型成为常态，这不仅改变了制造业的生产方式，也重塑了全球产业链与价值链。同时，国际政治经济环境的变动，如贸易政策的调整、国际合作的深化等，都会对制造业的布局产生深远影响。外部冲击如自然灾害、疫情等突发事件，也会对制造业格局带来短期的冲击，还会引发长期的调整。而国内政策则通过引导产业发展方向、优化产业布局、提供政策支持等方式，为制造业的高质量发展保驾护航。

1. 资源禀赋变化：制造业格局的重塑

每一种产业及其产业链的各个环节，均对生产要素有着特定的需求。例如，劳动密集型产业与加工制造环节，往往依赖大量的低成本劳动力；资源加工产业则对能源和自然资源有着较高的需求；而高技术产业与研发

---

① 对外经济贸易大学联合亚洲开发银行（ADB）、日本贸易振兴机构亚洲经济研究所（IDE-JETRO）和世界贸易组织（WTO）：《全球价值链发展报告（2023）》，2023 年 11 月。

设计环节，则更加倚重科学家、工程师和技术工人的智慧与技能。由于不同国家和地区在要素条件和资源禀赋上存在差异，产业资本在自由流动的过程中，会根据产业与产业链环节的要素投入差异，选择最具资源禀赋优势的区位进行布局，以实现产品交付成本的最小化。然而，资源禀赋并非一成不变。特别是高级生产要素，它们会随着经济的发展和资源的投入而发生深刻变化。以发展中国家为例，随着发展水平的提高，部分发展中国家的劳动力工资水平也会相应上涨，其原本具备的劳动力成本优势逐渐减弱，进而引发劳动密集型产业向其他具有更低成本优势的国家和地区转移。与此同时，如果该国或地区能够积累形成新的优势要素，如熟练工人和工程师队伍，那么这些新要素将对其他产业产生强大的吸引力，进而推动国内产业的升级与迭代。因此，制造业的产业格局，在很大程度上受到地区间资源禀赋变化的影响。此外，经济的发展还会带来用户需求的多样化以及市场规模和结构的变化，这些因素同样会深刻影响企业的投资布局决策。靠近大规模市场，不仅能够降低运输成本，还能使企业更加贴近当地需求特征，快速响应市场变化。尽管在某些情况下，靠近市场可能因要素组合非最优或规模经济未充分发挥而导致生产环节成本不具优势，但运输成本的节约和供应链的灵活性，往往使得本地化成为整体上的更优选择。

2. 国际政治经济关系：产业空间格局的交织影响

国际政治经济关系与产业空间格局之间的互动关系错综复杂，其影响主要通过改变生产要素和最终产品的流动性来体现。不同生产要素的流动性存在显著差异，如土地及其上的自然资源、区位条件几乎无法流动，而人力资本的流动则受到各国边境管理和国内就业规定的严格限制。相对而言，最终产品、资本和技术的流动性则较高。当要素和产品的流动畅通时，产业和产业链的各个环节会更加灵活地依据其要素投入特征与各国（地区）资源禀赋的匹配性，以及目标市场、运输成本等经济因素，来优化生产能力的布局。反之，当要素和产品的流动受阻时，经济因素在产业区位选择中的作用会减弱，取而代之的是如何确保生产活动的连续性和市场的产品供给。

国际政治经济关系对生产要素流动性的调控主要体现在各国政府的管制措施和国际经贸规则的约束上。自第二次世界大战以来，投资和贸易自由化一直是国际政治经济关系发展的主流趋势。这种自由化趋势促进了资本、技术和产品的流动，使得跨国公司能够在全球范围内寻找最优的生产区位，进而形成了全球价值链分工或产品内分工的格局。

　　然而，尽管全球化是历史大势，但阻碍全球化的因素始终存在，并在某些时期表现得尤为突出。例如，历史上的"巴黎统筹委员会"和"瓦森纳协定"对某些国家的高科技产品进口实施了限制；同时，各国也在利用贸易和非贸易壁垒加强对本国产业的保护；因政治、军事、法律等原因对产品出口实施限制或对某国实施禁运的事件也屡见不鲜。此外，各国政府为了促进本国研发和产业发展而采取的补贴政策，也会在一定程度上改变要素的价格、供给和需求状况，从而影响企业的区位选择和全球产业的空间格局。

　　3. 技术变革：重塑全球产业格局的隐形之手

　　技术变革，如同一股无形的力量，正深刻影响着全球产业格局的演变。它以其独特的魅力，从多个维度重塑着制造业的面貌。技术变革对产业结构产生了深远影响。新技术的商业化不仅催生了新产品、新模式和新业态，更对原有的产品或服务产生了替代效应，进而催生出新产业。这种颠覆性的变革往往发生在传统产业优势并不明显的地区，甚至原有的优势还可能成为新技术发展的桎梏。例如，在支票和信用卡尚未普及的中国，移动支付却异军突起，成为最普及的支付方式。技术变革也深刻改变了资源禀赋的格局。随着技术的发展，一些曾经被视为重要的资源逐渐失去了其主导地位，而一些曾被忽视的资源则成为新的生产要素。这种转变往往导致原有资源优势地区的产业逐渐衰落，而新要素丰富的地区则迎来相关产业的迅猛发展。工业革命以来，能源的转型历程便是这一变革的生动例证，从煤炭到石油、天然气，再到可再生能源，每一次能源革命都伴随着产业格局的深刻调整。

　　此外，技术变革还影响了交易成本和运输成本。这两大成本是企业向用户交付产品时需要考虑的重要因素。随着信息技术和运输技术的不断进步，交易成本和运输成本总体上呈现出持续下降的趋势，这使得生产环节在全球范围内的分布变得更加灵活和经济。20 世纪 80 年代开始的大规模离岸外包和产品内分工，正是在这一背景下应运而生。移动互联网、物联网、区块链等前沿技术的不断发展，更是进一步推动了交易成本的降低，为全球产业的深度融合提供了有力支撑。技术变革还改变了产品的形态与生产、交付方式。机器和流水线的出现使得大规模生产、连续化生产成为可能，取代了传统的小规模、分散化生产方式。可再生能源的分布式特征则改变了传统电力生产的集中式模式。同时，信息技术的发展推动了制造与服务、硬件与软件的深度融合，使得一些原本依赖物质载体的产品得以以数字化的形态进行传递、交付和使用。企业也因此得以从传统的实物产品交付向借助互联网远程提供服务转型，甚至实现产品原型的数字化传输和用户端的 3D 打印复现。

4. 外部冲击：全球产业链的挑战

突如其来的自然灾害、战争和瘟疫等外部冲击，以其不可预测的特性，常常在短时间内剧烈地改变全球市场的供需格局，使原本稳固的供应链瞬间变得脆弱不堪。这些事件不仅打乱了生产要素的组织调配，还深刻影响了生产的区位选择，给全球制造业带来前所未有的挑战。以石油为例，20世纪 70 年代的两次石油危机，中东主要产油国的减产举措让全球发达国家陷入了石油供应短缺的困境，石油价格飙升，市场动荡。这一系列事件不仅促使西方国家开始建立石油战略储备以应对潜在风险，更推动了能源节约技术的研发以及可替代能源产业的蓬勃发展。

同样，日本福岛地震和海啸等自然灾害，也让我们看到了外部冲击对全球产业链的巨大影响。作为全球主要的汽车零部件和电子元器件供应国，日本的受灾导致许多关键零部件供应不足，全球汽车和电子行业遭受重创。这一事件促使许多跨国公司开始重新审视供应链的稳定性，并寻求多元化的供应来源。此外，传染性疾病的暴发也是不容忽视的外部冲击之一。这些疾病以其快速的传播速度和强烈的感染性，导致防疫、医疗物资需求激增，同时疫情防控措施也使得生产活动受到严重制约。在全球化生产初期，各国之间的产业分工相对简单，外部冲击的影响也主要局限于特定区域。然而，随着生产在全球高度的分工，产业链、供应链日益紧密，世界各国的经济命运紧密相连。特别是在汽车、电子等产业，产品复杂度高、产业链长、国际化水平高，任何一环的断裂都可能引发整个产业的震荡。

二　全球价值链视角下中国制造业地位演变

（一）中国制造国际地位举足轻重

1. 亚太地区成为全球制造业增长源，中国制造已具备规模优势

亚太地区，这片充满活力的土地，如今已成为全球制造业的增长引擎。

中国，作为其中的佼佼者，其制造业已经具备了举世瞩目的规模优势。制造业，这一衡量国家综合实力和国际竞争力的核心指标，不仅体现了一国的科技实力和工业能力，还是发达国家经济的重要支柱，更是发展中国家经济增长的强劲动力。

自工业革命以来，全球制造业经历了数次转移与变革，逐渐形成了各具特色的三大全球制造业中心——以德国为代表的欧盟、以美国为核心的北美以及以中日韩为核心的东亚（包括东北亚）及东南亚地区。而如今，随着中国及东盟等新兴国家制造业的迅速崛起，亚太地区凭借其日益凸显的领先优势，成为推动全球制造业持续发展的主要动力源。2004~2021年，这三大区域的制造业增加值占全球制造业增加值总量的比重始终保持在80%左右。然而，在这背后，却是一场格局的悄然变革。欧盟和北美的占比逐年下滑，分别从2004年的25.4%和24.2%下降至2021年的15.8%和16.7%。而与此同时，东亚（包括东北亚）及东南亚地区的占比则从31.4%大幅跃升至47.7%，成为引领全球制造业发展的新力量。这一变革的背后，离不开中国及东盟等新兴国家制造业的迅猛发展。特别是中国，其制造业增加值从2004年的0.6万亿美元激增至2021年的4.9万亿美元。中国制造业增加值在全球制造业增加值总量的占比也从8.6%跃升至30.3%，先后在2007年和2010年超越了日本和美国，成为制造业增加值规模最大的国家。[①] 此外，亚太地区的越南和印度等国家，其制造业增加值也呈现出稳定增长态势，为亚太地区的制造业发展注入了新的活力。

2. 中国制造业产业体系完备，但高端制造业仍薄弱

中国目前是全球唯一拥有全部工业门类的国家，这一成就足以彰显其制造业的深厚底蕴与实力。制造业的细分领域众多，涵盖食品、纺织、电气设备、运输设备等14个行业。而在这些细分领域中，中美两国脱颖而出，成为仅有的两个在全球增加值份额均排名前10的国家。这一成绩不仅体现了中美两国在制造业领域的强大竞争力，也反映出两国在全球制造业格局中的重要地位。从食品到纺织，从化学制品到机械设备，从电气设备到运输设备，中国在13个制造业细分行业的增加值规模均名列前茅。尽管中国

---

① 李晓华：《制造业全球产业格局演变趋势与中国的应对策略》，《财经问题研究》2021年第1期，第52~61页。

制造业在规模和产业体系方面取得了显著成就，但我们也必须清醒地认识到，高端制造业仍然是中国制造业的薄弱环节。

在产业分工的棋盘上，欧盟与北美地区凭借其深厚的工业底蕴和技术积累，专注于高端制造业的发展，而中国在这一领域仍有待加强。根据中国工程院等权威机构发布的《2020 中国制造强国发展指数报告》，我们得以窥见中国制造业在全球舞台上的真实位置。从规模、质量、结构等多个维度进行综合评估，中国制造业整体实力位列全球第四，紧随美国、德国和日本之后。这一成绩固然令人振奋，但也暴露出我们在质量和结构方面的短板。

具体来看，在规模方面，中国制造业无疑稳坐头把交椅，但在质量和结构方面，我们却仅位列第七和第四。这意味着，尽管我们的制造业规模庞大，但在产品附加值、技术创新和产业链高端环节等方面仍有较大提升空间。从制造业细分行业增加值的角度来看，德国等欧洲国家在运输设备、机械、电气设备等中高端制造业方面表现出色，这些行业在整体制造业中的占比较大，且主要依赖外部需求拉动。相比之下，中国在中高端制造业领域的占比相对较低，运输设备制造业和机械制造业在制造业整体中的比重分别为 8.3% 和 7.9%。[①] 再从工业制成品出口的角度来看，2021 年欧美国家在机械和运输设备、化学行业等高端制造业领域的出口占比较高，显示出其在全球产业链中的高端地位。而中国虽然在服装和纺织行业等传统劳动密集型产业上保持较高的出口份额，但在机械和运输设备、化学行业等高端制造业领域的出口占比却有所收缩。

在全球经济大潮中，制造环节正逐渐攀升至全球价值链的核心地位，各国政府也纷纷将目光投向制造业的发展，视其为推动经济增长、提升国际竞争力的重要引擎。当前，我们正处于一个由新能源和信息技术引领的新科技周期中，制造业的数字化和智能化进程不断加速，这不仅重塑了全球价值链中制造环节的创新功能和增值能力，更深刻改变了制造业的要素投入结构。在这一背景下，制造环节在全球价值链中的地位得到了显著提升。发达国家开始重新审视制造业的价值，认识到制造业不仅是经济的基

---

① 《我国制造业高质量发展面临的挑战与对策》，国家发展改革委官网，https：//baijiahao. baidu.com/s? id=1703790579426349325&wfr=spider&for=pc。

础，更是科技创新和产业升级的关键所在。因此，支持制造业回流的政策在各国纷纷出台，旨在通过加强本土制造业的发展，提升国家整体竞争力。德国作为欧洲的经济强国，早在 2019 年 12 月就发布了《国家工业战略2030》，其中明确提出要深化工业 4.0 战略，推动德国工业的全方位升级。这一战略旨在通过数字化转型和智能化升级，提升德国工业的效率和竞争力，保持其在欧洲乃至全球竞争中的领先地位。同样，美国也在积极行动。2022 年 2 月，美国众议院通过了《2022 年美国竞争法案》，为半导体产业提供了高达 520 亿美元的资金支持。这一举措不仅彰显了美国对于半导体产业的重视，更体现了其加强本土芯片制造能力、提升国家科技实力的决心。

（二）全球价值链视角下中国制造业发展情况

随着国际政治经济关系的变化，全球制造业分工协作体系不断演变，那么我国制造业在全球的地位如何？全球价值链指标为我们提供了思路，我们将从国际分工地位和出口贸易比较优势两个维度观察中国制造业实力的变迁之路。

从国际分工的视角来看，我国制造业正在逐步迈向更高附加值的上游环节。全球价值链的分工活动主要分为两大类：一类是通过提供设备和中间品的前向参与方式，另一类则是进口中间品进行进一步加工的后向参与方式。前向参与度，即一国生产的出口品中被其他国家进口作为中间品的比重，能够反映出该国通过出口中间品参与全球价值链的程度；而后向参与度，即一国出口品中来自其他国家生产的中间品比重，则揭示了该国对进口中间品的依赖程度。通过计算前向参与度与后向参与度的比值，我们可以评估一国在国际价值链生产中的角色定位，即该国是更多地作为原材料或中间品供应商参与，还是更多地通过进口中间品的方式参与全球分工。

回顾自 2000 年以来中国制造业的位置变化，我们可以将其大致划分为三个阶段（不考虑 2008～2009 年金融危机的影响）：首先是 2000～2007 年的参与时期。自 2001 年中国加入 WTO 后，通过进口中间品进行加工组装再出口的方式，中国制造业迅速融入全球产业链。在这一阶段，中国制造业的后向参与度由 18% 迅速攀升至 25%，但相应地，价值链指数却由 0.7 下滑至 0.5，显示出对进口中间品的较高依赖。2010～2018 年是转型升级期。随着我国工业基础的逐渐夯实，制造业开始迈向质量提升的新阶段。在这一时期，中国制造业的中间品出口比重开始逐渐上升，前向参与度由 13%提升至 18%。与此同时，由于中国制造业生产规模的不断扩大和工艺技术的持续进步，对进口中间品的依赖度有所下降，后向参与度由 21% 降至 19%。这一变化使得中国制造业的价值链指数由 0.6 上升至 0.9，显示出向更高附加值环节转移的趋势。2019~2021 年，受到中美贸易摩擦加剧等多重因素影响，我国制造业的价值链地位受到了一定程度的冲击。在这一阶段，出口品中作为他国中间品的比重出现了明显下滑，制造业的价值链指数也由 2018 年的 0.9 降至 2021 年的 0.8。[①] 尽管如此，我国制造业依然保持着向更高附加值环节迈进的整体趋势，展现出强大的韧性和巨大的潜力。

在国际比较的视野下，中国制造业在全球价值链中的位置正逐步上升，与传统制造业强国的差距正在缩小。然而，近年来全球价值链上游的竞争愈发激烈，使得中国制造业的进一步攀升面临更大的挑战。回溯至 2007 年，中国制造业在全球价值链中尚处于相对下游的位置，当时美国、日本和德国等制造强国的价值链地位明显高于中国。具体而言，美国的价值链指数为 1.5，日本为 1.2，德国为 0.6，而中国仅为 0.5。然而，经过十几年的发展，至 2021 年，中国制造业的价值链指数已显著提升至 0.8，成功超越了德国（0.4），但仍低于美国（1.6）和日本（1.0）。这一变化表明，中国正在逐步向世界提供更多丰富的中间品，显示出强大的生产能力和市场潜力。然而，随着中国与发达国家在产品和产业上的重叠度不断上升，中国制造业进一步在全球价值链中的地位提升所面临的难度也在加大。事实上，自 2018 年以来，中国制造业的价值链地位已经出现了一定程度的下滑，而美国和日本自 2014 年以来则呈现出回升态势。此外，过去一些制造业强国的产业外迁导致进口中间品需求增加，进而使其价值链地位有所下滑。然而，金融危机后，各国纷纷开始谋求价值链的重构，特别是推动高端制造业的回流。这一趋势使得全球价值链的竞争更加激烈，也为中国制造业的进一步发展带来了挑战。

从国际分工的视角来看，我们过去主要关注本国出口产品的结构关系，以衡量出口价值水平的高低。然而，这种分析方式并未在综合考虑制造业

---

① 《从全球价值链洞察对华关税影响》，第一财经百家号，https://baijiahao.baidu.com/s? id =1824561200537310023&wfr=spider&for=pc。

的人力、技术、配套产业等要素后，反映出我国制造业的优势。因此，为了更全面地评估我国制造业的国际竞争力，接下来我们将从贸易优势的视角进行深入考察。贸易优势不仅涉及出口产品的价值水平，还涵盖了产品在全球市场中的份额、增长趋势以及与其他国家的比较等多个维度。通过深入分析这些因素，我们可以更准确地判断我国制造业在全球价值链中的位置，以及其在国际竞争中的优势和劣势。在人力方面，我国制造业拥有庞大的劳动力资源，这在一定程度上为我国制造业的发展提供了有力支撑。然而，随着人口结构的变化和劳动力成本的上升，如何充分利用这一优势并推动其向更高价值领域转移，将是我国制造业面临的重要课题。在技术方面，中国制造业在近年来取得了显著进步，特别是在一些关键领域和核心技术上。然而，与一些发达国家相比，中国在高端技术、创新能力等方面仍存在一定差距。因此，加强技术研发和创新，提升制造业的技术含量和附加值，将是中国制造业提升国际竞争力的关键所在。在配套产业方面，中国制造业已经形成了较为完整的产业链和供应链体系，这为中国制造业的发展提供了有力保障。然而，在全球化和贸易保护主义交织的背景下，如何保持产业链的稳定性和韧性，以及如何优化供应链以降低成本和提高效率，也是中国制造业需要面对的挑战。

从贸易优势的角度来看，中国制造业在全球舞台上已展现出显著的竞争力，尤其是在整体制造业领域中的竞争优势不断扩大。然而，与德国和日本等中高端制造业强国相比，中国在某些关键领域仍存在差距。显性比较优势指数作为一种衡量一国制造业比较优势的重要指标，为我们提供了客观的数据支持。自 2000 年以来，中国制造业的显性比较优势指数稳步上升，显示出我国制造业在全球市场的竞争力日益增强。特别是在中高端制造业领域，中国的直接出口优势提升速度更是快于整体水平，这充分说明了中国在制造业转型升级方面所取得的积极成果。然而，尽管中国制造业在中高端领域的竞争力有所提升，但与德国和日本等传统制造业强国相比，仍存在一定的差距。德国和日本在制造业领域拥有深厚的技术积累和品牌优势，这使得它们在高端制造业市场中占据重要地位。因此，中国制造业在追求高质量发展的道路上，仍需加强技术创新和品牌建设，以提升在全球价值链中的地位。值得注意的是，美国虽然在全球价值链中占据较高的位置，但其制造业的显性比较优势指数却相对较低。这主要是由于美国的经济结构以服务业为主导，其完善的服务基础设施、丰富的人力资本以及先进的技术优势使得美国在服务业领域形成了强大的竞争力。相比之下，美国制造业在全球市场的份额和竞争力受到一定程度的限制。

从拆分比较优势来源的角度来看，中国制造业的竞争优势主要依赖于集群效应的拉动。集群效应通过促进产业链上下游企业的相互关联和合作，形成了强大的产业集聚效应，从而提升了整个区域的经济发展水平和经济效益。这种集群效应不仅推动了中国制造业的快速发展，还使得中国在全球制造业中占据了重要地位。进一步将显性比较优势指数拆分为前向指数和后向指数来看：前向指数主要反映"实际"出口竞争优势，即上游产业链产品隐含在整体出口中，通常反映中间品的出口更具优势；而后向指数则反映一国"整合"本国其他部门的能力，体现产业链集群带来的下游组件优势。从中国制造业的情况来看，直接出口的优势提升主要来源于下游部门，即受益于产业集群效应。然而，上游部门的实际出口优势提升相对较少，这意味着我国在高端制造和核心技术方面仍有待加强。与德国、日本和美国等制造业强国相比，近年来这些国家在中高端及整体制造业的实际贸易优势和整合资源优势都呈现下滑态势。而中国在经历短暂冲击后，制造业的竞争优势又重新回到上升区间。这表明中国制造业在全球产业链中的地位正在逐步提升，未来中国制造业的全球领先地位有望进一步提高，与传统制造业强国的差距也可能会逐渐缩小。

（三）全球产业格局演变趋势对我国制造业发展的影响

在全球经济、科技、文化、安全和政治格局的深刻调整背景下，全球制造业格局发展趋势也呈现出显著的变化。新一轮科技革命和产业变革、保护主义和单边主义抬头等因素正在对全球制造业产生深远影响，未来全球制造业格局将会发生深刻改变，并对中国的制造业产生重大影响。

1. 各国要素禀赋变化推动"雁阵模式"继续发展

一是"雁阵模式"在发展中国家间继续发展。"雁阵模式"展示了劳动密集型产业和产业链的劳动密集型环节在全球范围内的动态转移过程。这种模式的存在和发展，主要是基于各国或地区在劳动力成本、技术水平和产业结构等方面的比较优势差异。日本经济学家赤松要在 20 世纪 30 年代提出的"雁阵模式"，为我们理解发展中国家间的产业发展提供了一个独特的视角。该模式强调了劳动密集型产业从工业化国家向欠工业化国家和最不发达国家的梯次转移特点。在这个模式中，工业化发达国家凭借较高的发展水平和生产要素成本的上升，逐渐推动劳动密集型产业向成本更低的发展中国家转移。这些发达国家在产业梯次转移中扮演了"头雁"的角色，引领着产业的发展方向。而对于发展中国家来说，随着经济的发展和工资水平的提高，其低成本劳动力的优势会逐渐削弱。这时，劳动密集型产业会进一步向更低成本的国家转移，以保持其竞争优势。这种转移不仅促进了发展中国家间的经济合作与联系，也推动了全球产业链的重新布局。在"雁阵模式"下，发展中国家间的合作与竞争并存。一方面，通过参与全球产业链分工，发展中国家能够利用自身的比较优势，实现经济的快速发展；另一方面，随着工资水平的提升和比较优势的改变，发展中国家也面临着产业转型升级的压力和挑战。

二是中国劳动密集型产业加快向国外转移。自改革开放以来，特别是2001年加入 WTO 之后，中国凭借庞大的劳动力资源和低廉的工资成本，紧紧抓住了国际产业分工变革和产业转移的机遇，迅速崛起为世界劳动密集型产业的生产和出口大国。然而，随着经济的蓬勃发展，工资及其他生产要素成本不断攀升，中国的制造业成本优势逐渐减弱，产业向更低成本国家转移的趋势日益明显。数据显示，2000 年中国城镇单位就业人员的平均工资水平仅为 9333 元，而到了 2008 年已增至 28898 元，2018 年更是跃升至82461 元。与此同时，根据国际劳工组织的数据，2017 年中国从业人员的平均月收入达到 847 美元，这一水平远高于柬埔寨、印度尼西亚、斯里兰卡、坦桑尼亚等发展中国家，几乎是这些国家的四倍以上。[①] 尽管中国在工人素质、基础设施、产业配套以及生产效率等方面具有显著优势，但劳动密集型产业的综合成本优势已逐渐丧失，这导致"市场和资源两头在外的国际大循环动能明显减弱"。WTO 的数据也印证了这一趋势，中国纺织的出口额占全球出口总额比重有所下降，已从 2015 年最高点的 37.29% 下降到 2017年的 36.60%，而东盟国家的占比则呈上升趋势，从 5.60% 提高到 6.01%，

---

① 中国社会科学院工业经济研究所课题组、史丹：《"十四五"时期中国工业发展战略研究》，《中国工业经济》2020 年第 2 期，第 72~81 页。

这一转变不仅是中国制造业发展的必然结果，也是全球产业分工调整的体现（见表3）。

表3　中国和东盟劳动密集型产品出口占世界比重的变化（2007~2017年）

单位:%

类型	地区	2007年	2008年	2009年	2010年	2011年	2012年	2013年	2014年	2015年	2016年	2017年
电子数据处理和办公设备	东盟（ASEAN）	16.36	16.43	15.87	15.82	13.75	13.28	13.12	13.45	14.61	14.32	13.70
	中国	30.42	32.25	33.97	37.66	39.28	40.55	40.69	37.12	35.82	34.13	33.86
纺织	东盟（ASEAN）	4.61	4.45	4.96	5.38	5.30	5.23	5.34	5.41	5.60	5.77	6.01
	中国	23.35	26.01	28.20	30.40	31.99	33.77	35.26	35.83	37.29	36.63	36.60
服装	东盟（ASEAN）	8.12	8.31	8.36	8.92	8.96	9.27	9.32	9.58	10.51	11.02	12.17
	中国	33.09	32.98	33.71	36.59	36.66	38.42	39.19	38.70	38.31	35.52	33.60

资料来源：世界贸易组织官网。

2019年，中国人均GDP成功跨越一万美元大关，预示着中国即将跻身高收入国家行列，同时，庞大的中等收入阶层群体也迅速壮大，人数已接近四亿人。这一经济成就的达成，不仅彰显了中国经济的强劲增长势头，也揭示了劳动力成本优势的逐渐减弱。随着中国经济持续保持中高速增长，居民收入水平稳步提高，传统的劳动密集型产业正面临着前所未有的挑战。

在全球化的大背景下，劳动力成本的上升使得"机器换人"成为必然趋势。然而，如果"机器换人"的效率和劳动密集型产业的资本密集度未能实现显著提升，那么中国劳动密集型产业及其价值链中的相关环节将不可避免地继续向低成本发展中国家转移。这一趋势不仅反映了全球产业布局的深刻调整，也体现了中国制造业转型升级的紧迫性。然而，随着人们对美好生活需求的日益增长，对高质量、高性能产品和服务的需求也在不断提升，这将成为推动中国制造业向高端化、智能化、绿色化方向发展的重要动力。同时，国内大循环的作用日益凸显，对国际产业资本的吸引力不断增强，进一步推动了中国国内资本、技术和知识密集型制造业的快速发展。

2. 新科技革命深入发展将加剧高科技领域的全球竞争

一是主要国家在高科技和未来产业领域的竞争加剧。主要国家在高科技和未来产业领域的竞争已日趋白热化，这一趋势不仅反映了全球经济格局的深刻变革，更凸显了科技实力对于国家竞争力的决定性影响。在奥巴马政府时期，美国便积极谋划制造业的复兴，通过一系列法律、战略和政策的组合拳，力图推动制造业的回流与升级。特朗普上台后，更是将"美国优先"战略贯彻得淋漓尽致，从退出国际组织到贸易协定的重新谈判，再到对贸易伙伴施压制造摩擦，无不体现出美国维护自身经济利益的坚定决心。美国等发达国家对中国发展的打压和遏制呈现出三个显著特点。首先，打压领域不断扩大，从早期的光伏产业逐渐扩展到通信设备、智能终端，近年来更是触及数字产业、人工智能等前沿领域。其次，遏制手段日益多元化，从传统的出口限制、反补贴反倾销等措施，逐渐演变为投资并购限制、高科技中间品出口限制、市场准入限制以及高等教育和科技交流的限制等全方位手段。最后，遏制借口也越发多样，从早期的违反 WTO 规则，到知识产权保护问题，再到数据隐私和国家安全等议题，美国总能找到各种理由对中国进行打压。

高科技产业和新兴产业、未来产业成为美国等发达国家打压中国的主要领域，这背后有多重原因。一方面，中国产业的持续升级，与美国在全球价值链高端环节的重合度不断加大，美国为维护其在高科技产业的领先地位和利益，不得不对中国进行遏制。另一方面，战略性新兴产业和未来产业代表着产业的发展方向，具有巨大的发展潜力，谁能在这些领域取得突破，谁就能在未来的经济增长和全球产业分工中占据有利地位。

二是美国在高科技领域的遏制对中国来说"危中有机"。当前世界产业链价值链高度片段化，世界各国产业已经形成"你中有我，我中有你"的高度依赖关系，而中国已经成为全球产业链、供应链中关键一环，超大的国内市场对于跨国公司也形成巨大的吸引力。因此，美国发起的中美之间的"脱钩"不可能完全实现，但遏制中国技术的进步符合一些发达国家利益。

3. 新"数字鸿沟"造成低收入国家过早"去工业化"

一是数字技术的成熟与广泛应用可能形成新的"数字鸿沟"。新一代数字技术的崛起，正悄然改变着全球经济的版图。然而，这种变革并非全然利好，它也可能在无形中加大国家间的"数字鸿沟"，尤其是对那些低收入国家而言，其影响更为深远。过去，机器的普及往往是为了替代那些艰苦、危险或重复性的工作，但现在，随着大数据、机器学习等人工智能技术的迅猛发展，这一趋势正在发生根本性的转变。这些新技术不仅开始侵蚀蓝领工作的领地，更对需要长期知识积累的白领工作构成了威胁。对于许多低收入国家来说，劳动力资源丰富且成本低廉是其经济发展的重要优势。这些国家往往依赖劳动密集型产业，如纺织业，来推动工业化进程。然而，新一代信息技术的广泛应用，特别是人工智能和机器人的普及，可能会使传统劳动密集型产业的全生命周期成本大幅降低。这意味着，那些原本依赖低廉劳动力成本的国家，可能会因此失去竞争优势，陷入"前工业化"的困境，或者面临更大的工业化挑战。以纺织业为例，这一行业自18世纪工业革命以来便一直是工业化的重要起点。即便在今天，纺织业依然被视为劳动密集型产业的代表，许多发展中国家都寄希望于通过纺织业等劳动密集型产业来积累资本以推动工业化。然而，随着新技术的广泛应用，纺织业的生产成本可能会大幅下降，这些国家的工业化进程可能会因此受到严重阻碍。更令人担忧的是，这种新"数字鸿沟"可能会在教育和技能培训领域表现得更为明显。发达国家凭借其完善的教育体系和技能培训机制，可能更容易适应和掌握新技术。相比之下，低收入国家在这方面的挑战可能会更大，这将导致技术差距进一步拉大，使其在全球经济中的地位更加边缘化。

二是中国制造业将会受益于数字经济发展。中国正迎来新一代信息技术与制造业深度融合的黄金时期。根据国际机器人联合会2023年的权威报告，中国已稳坐全球工业机器人市场的头把交椅。令人瞩目的是，2022年中国工业机器人市场销量高达29.7万台，占全球总销量超40%，这是其连续第十年成为全球最大工业机器人消费市场。① 这一成就不仅彰显了中国制造业对机器人技术的快速采纳，更预示着其在提升生产效率、降低劳动力成本方面的巨大潜力。

以广东省东莞市的一家塑料制品工厂为例，该工厂敏锐地抓住了数字

---

① 《我国连续十年成为全球最大机器人市场》，中国日报网，https://baijiahao.baidu.com/s?id=1784525741217494997&wfr=spider&for=pc。

化转型的机遇，成功引入了自动化装配线。这条装配线将传统的人工生产过程替换为机器人装配，不仅显著提升了产品质量和生产效率，还大幅降低了劳动力成本。这一变革不仅让该工厂在激烈的市场竞争中脱颖而出，更成为中国制造业数字化转型的一个生动缩影。与此同时，人工智能技术的广泛应用也在中国制造业中掀起了一场革命。中国工程院发布的数据显示，中国人工智能市场规模已突破百亿美元大关，占全球市场份额的约10%，仅次于美国和欧盟，位列全球第三。从 2016 年的 154 亿元增长到 2022 年的 2800 亿元，年均复合增长率高达 69.9%，这一速度令人瞩目。[1]在这一背景下，华为公司以其卓越的创新能力，在智能制造领域取得了显著进展。该公司利用人工智能技术，对生产线布局和生产计划进行了优化，实现了生产效率的大幅提升和产品瑕疵率的显著降低。华为内部数据显示，通过人工智能技术的应用，生产效率提升了 20%，产品瑕疵率降低了15%。[2] 这一成就不仅彰显了华为在智能制造领域的领先地位，更为中国制造业的高质量发展提供了有力支撑。此外，深度融合的数字技术还推动了中国制造业向服务化转型。中国国家统计局数据显示，2023 年中国制造业中已有超过 70% 的企业开始探索服务型制造的新模式。[3] 长城汽车便是其中的佼佼者。该公司在数字化转型的过程中，将汽车制造与互联网服务相结合，推出了智能网联汽车。这种智能汽车不仅具备传统汽车的功能，还能提供导航、娱乐、远程控制等增值服务，满足了消费者日益增长的个性化需求。

（四）中国制造应兼顾"扬长"和"补短"

过去的二十年，我国制造业如同巨龙腾飞，历经风雨洗礼，竞争力与价值链地位均实现了质的飞跃。然而，随着全球制造业版图的变化，我们也面临着前所未有的挑战。制造业价值链攀升之路愈发坎坷，出口优势多依赖于产业集群的雄厚实力，而实际产品的竞争力仍需进一步加强。在全

---

① 中商产业研究院：《2022 年中国人工智能行业市场前景及投资研究报告》，中青报，https://baijiahao.baidu.com/s? id=1724485951246935808&wfr=spider&for=pc。

② 《八闽数"改"焕新升级福建移动 AI+智造激发新质生产力持续上"新"》，中国工信新闻网，https://www.cnii.com.cn/gxxww/rmydb/202409/t20240904_598842.html。

③ 《2023 年中国制造业中已有超过 70% 的企业开始探索服务型制造的新模式》，中国政府网，https://www.gov.cn/lianbo/fabu/202407/content_6962079.htm。

球产业格局深度调整的当口，我们必须深思熟虑，明确我国产业未来发展的主攻方向。我们必须坚守底线思维，确保我国在全球供应链中的稳固地位，这不仅是经济安全的基石，更是国家发展的命脉。为此，我们要进一步加大开放力度，以更加宽广的胸怀拥抱世界，高质量地"引进来"，吸收全球先进的科技与管理经验。

同时，我们还要优化企业对外投资的支持政策体系，鼓励企业大规模"走出去"，在全球范围内配置资源，提升我国产业的国际影响力。对于那些关系到我国重点战略产业的供应链核心节点项目，我们要提供有力的政策支持，确保其在全球竞争中立于不败之地。企业在参与国际竞争的过程中，必须紧跟时代步伐，灵活应对各种变化。要加快供应链的调整与优化，根据美国、中国、德国等全球制造业中心的发展趋势，灵活布局生产与销售网络。此外，还要加大供应链的扁平化和多元化建设力度，降低对单一供应链的依赖风险。同时，积极打造智能化的供应链，利用大数据、人工智能等先进技术提升供应链的运营效率与响应速度。

近年来，我国在制造业领域的发展呈现出一种鲜明的趋势：资本和技术密集型行业逐渐崭露头角，而传统的人力密集型行业则面临着日益激烈的竞争。这一转变不仅体现在我们的贸易数据上，更反映出了我国在全球产业链中角色的深刻变化。首先，在资本和技术密集型行业的崛起方面，通过贸易比较优势测算，我们发现，电气设备、计算机、电子及光学设备等新兴技术领域的竞争优势日益凸显，直接出口比较优势指数均超过2.8，这无疑证明了我国在这些领域具备强大的国际竞争力。这一成就的背后，是我国紧紧抓住了与发达国家同一起跑线的机遇，通过技术创新和产业升级，积极推动高附加值新兴产业的形成。然而，尽管我国在中低端制造业的实际产品出口优势对直接出口的支撑作用较大，但低技术含量、人力密集产品的相关行业整体竞争优势下滑倾向明显。过去，纺织制品、皮革及相关制品行业是我国的出口强项，但如今随着新兴国家的崛起并承接产业转移，这些行业的竞争力逐渐减弱。这提醒我们，产业结构调整和转型升级已迫在眉睫，我们必须加快步伐，提高产品的技术含量和附加值，以应对全球市场的变化。此外，我国在部分设备零部件和高技术领域存在的短板也不容忽视。尽管资本和技术密集型制造业的全球竞争优势总体提升，但在反映中间零部件和核心技术的前向竞争力水平方面，我们与发达国家相比仍有较大差距。以机械设备为例，尽管该行业的整合出口优势有所提升，但中间零部件出口竞争优势的提升相对有限，这在一定程度上制约了我国高端设备制造的发展。

展望未来，我国制造业有望向扬长处和补短板两个方向持续发力。在逆全球化和新一轮技术革命的推动下，各国制造业迎来向更高附加值产业链位置攀升的机遇，与此同时，也面临着来自供应链安全的外部挑战。打造更安全和更高质量的制造业是内部产业发展和外部环境变化的必然要求，在政策和技术的驱动下，中国制造业有望向扬长处和补短板两个方向持续发力。

1. 进一步巩固制造业优势产业的领先地位

近年来，制造业在我国产业政策中的位置日益凸显，其重要性不断提升。在 2019 年的中央经济工作会议上，推动制造业高质量发展被明确列为七项重点工作任务之首，这一决策深刻反映了制造业在国民经济中的核心地位。2020 年 7 月的中央政治局会议更是提出了制造业"锻长板"的战略，旨在进一步巩固和提升我国制造业在全球产业链中的竞争优势。而在党的二十大报告中，加快建设现代化产业体系的战略部署再次强调了制造业的重要性。可以说，建设制造业强国不仅是现代化产业体系建设的重中之重，更是推动国家经济实现高质量发展的坚实支撑。

新质生产力作为先进生产力的生动体现，是马克思主义生产力理论在中国的创新发展，也是科技创新交叉融合、突破边界而产生的丰硕成果。它不仅仅是一个理论上的创新，更是我们党在领导推动经济社会发展过程中的深邃理论洞察与丰富实践经验的结晶。之后，新质生产力的重要性得到了进一步的强调和深化。2024 年 1 月 31 日，中共中央政治局第十一次集体学习时明确指出，加快发展新质生产力是推动高质量发展的关键所在。面对新时代的发展要求，我们需要有新的生产力理论来指导实践，而新质生产力正是在实践中孕育并展现出对高质量发展的强大推动力和支撑力。因此，我们要深入研究和总结新质生产力的理论和实践，用以指导新的发展实践，为中华民族伟大复兴提供坚实的物质基础。同年 3 月 5 日，李强总理在《政府工作报告》中再次强调了"大力推进现代化产业体系建设，加快发展新质生产力"的重要性。从国家层面到地方政府，各级政府都积极响应这一号召，出台了一系列政策措施，为制造业的发展提供了强有力的支持。这些政策不仅减轻了企业的税费负担，提供了便捷的融资支持，还加强了人才培养、技术创新和产业升级等方面的投入，为新质生产力的快速发展创造了良好的环境。

事实上，我国工业增加值与出口增速之间一直保持着较高的相关性，这凸显了制造业在推动国内经济增长和对外贸易中的核心地位。作为国民经济的支柱产业，制造业的发展水平直接反映了一个国家的经济实力和国际竞争力。近年来，我国在制造领域取得了令人瞩目的成就，技术创新不断突破，产品质量稳步提升，品牌建设也取得了显著进步，这些都使得我国在全球产业链中的地位不断攀升。数据显示，2022 年，我国货物和服务净出口对 GDP 累计同比的贡献率达到了 17%，这一数字不仅凸显了外需对我国经济发展的重要性，也进一步证明了制造业在国内外经济发展中的关键作用。制造业的蓬勃发展不仅拉动了上游原材料、零部件等产业的增长，也为下游产业提供了强大的支撑，从而推动了整个产业链的协同发展。

与此同时，供给侧结构性改革与扩大内需政策的结合实施，为挖掘超大规模市场优势提供了有力支撑，进一步推动了制造业价值链的攀升。随着国内市场的不断扩大和消费升级，我国制造业将继续发挥引领作用，加强与国际市场的联系，积极参与全球产业链和供应链的分工合作，不断提升在全球产业链中的地位和影响力。

2. 继续培育壮大制造业薄弱产业

自 2018 年以来，我国制造业在外部环境的深刻变化中确实面临着一系列挑战与机遇。在这种大背景下，"补短板"的提出，无疑是为了加强产业链、供应链的稳定性与安全性，确保我国制造业在全球竞争中保持领先地位。党的二十大报告将国家安全置于重要位置，特别强调了保障重要产业链、供应链安全的必要性。这一要求不仅体现了国家对制造业发展的高度重视，也反映了在全球经济一体化背景下，产业链、供应链安全对于国家整体经济安全的重要性。为了落实这一要求，各级政府和相关部门已经采取了一系列具体措施。这些措施包括加大对核心技术攻关的支持力度，通过政策扶持和资金引导，鼓励企业加强自主创新和研发投入，突破关键核心技术，提升我国制造业的核心竞争力。同时，政府还加强对薄弱领域的扶持力度，通过产业规划、税收优惠等措施，推动这些领域发展壮大，形成具有国际竞争力的产业集群。

近年来，我国制造业在多个领域取得了举世瞩目的成就，但我们必须清醒地认识到，在高端装备制造、新材料、生物医药等领域，我们仍存在一些薄弱环节，这些短板限制了我国制造业的整体竞争力和进一步发展的潜力。为了突破这些瓶颈，我国政府审时度势，出台了一系列政策措施，旨在加快薄弱产业的发展步伐。首先，政府加大了资金投入力度，通过设立专项资金、提供税收优惠等多种方式，为企业提供强有力的资金支持。这些资金不仅用于技术研发和产业升级，还鼓励企业大胆创新，勇于突破，推动制造业向高端、智能、绿色方向转型升级。其次，政府加强了产学研合作，通过建立产学研合作平台、推动产学研深度融合等方式，促进科技成果的转化和应用。这种合作模式有效缩短了科技成果从实验室到市场的周期，提高了科技成果的转化效率和应用水平，为制造业薄弱产业的发展注入了强大的动力。此外，政府还高度重视人才培养和引进工作。通过实施一系列人才计划，培养了一批高素质的技术人才和管理人才，为薄弱产业的发展提供了有力的人才保障。同时，政府还积极引进海外高层次人才，为我国制造业的发展注入了新的活力。在政策的推动下，我国制造业薄弱产业取得了积极进展。以高端装备制造为例，我国在高铁、核电、航空等领域的技术装备已经具备国际竞争力，成为制造业的一张名片。同时，新材料、生物医药等领域也在快速发展，一批具有自主知识产权的核心技术正在不断涌现，为我国制造业的未来发展奠定了坚实的基础。

技术创新和产业升级是一个长期且需要大量投入的过程，资金、人才和技术门槛都是制约我国制造业薄弱产业发展的重要因素。首先，进一步完善政策体系是关键。政府可以继续加大政策扶持力度，提供更加优惠的税收、金融等支持措施，降低企业研发成本，激发企业的创新活力。同时，加强对薄弱产业的规划布局，明确发展目标和路径，为企业提供更好的发展环境。其次，加强国际合作与交流也是必不可少的。通过与国际先进企业和研发机构的合作，我们可以引进国外先进技术和管理经验，提升我国制造业的整体水平。此外，参与国际竞争与合作，也有助于我国制造业更好地融入全球产业链和价值链。同时，注重人才培养和引进工作同样重要。我们要打造一支高素质的产业人才队伍，为制造业薄弱产业的发展提供有力的人才保障。通过实施人才计划、加强教育培训等措施，培养更多具有创新精神和实践能力的人才，为我国制造业的高质量发展提供有力支撑。此外，我们还应鼓励企业加大自主研发力度，突破关键核心技术，形成自主知识产权。通过加强知识产权保护和管理，激发企业的创新动力，推动我国制造业向更高水平迈进。

第二章　制造业转型升级的理论基础

学术界对制造业转型升级问题的研究与探讨非常广泛，相关理论丰富，涵盖区域经济学、产业经济学、技术经济学、管理学等学科理论和诸多领域。本章主要围绕制造业转型升级的相关概念及理论进行阐述和总结，为后续部分的研究提供理论基础。

一　制造业及转型升级概念

（一）产业结构演化有关理论发展的历史脉络

1. 产业结构与制造业转型升级

国外学者对制造业转型升级的研究，早期源于对产业结构现象的关注。17 世纪古典经济学家威廉·配第通过研究发现，英国的工业比农业利润高，而商业又比工业的利润高。由此，劳动力会发生产业间转移，即由农业转向工业，再由工业转向商业。这种产业之间收入的相对差异导致的劳动力在行业间的流动，便是劳动要素结构性配置思想的萌芽。之后，魁奈在其《经济表》中对社会三个产业进行了划分，首次评论了农业与工业之间的流动问题，形成了朦胧的产业结构分析思想。亚当·斯密在《国富论》中提出了产业发展"自然顺序"（也被称为"斯密顺序"），即在经济社会发展过程中，由于需求导向，资本投入将向农业、工业和贸易业转变。马克思在《资本论》中对社会生产两大部类间的比例关系进行深入研究，分析了产业结构及其变动的规律。此外，马歇尔在《经济学原理》中也有对产业结构方面的论述，不过他的理解集中于供需关系的平衡上，并将制造业生产中的竞争视作完全竞争或者垄断竞争；同时，他对产业区和产业集中也有着深刻的分析，为后来区域产业集群和优化升级的研究奠定了理论基础。总体上，20 世纪初期以前，学界对制造业的理解和研究还局限在对一些产业结构调整现象的描述上，对制造业发展变动规律还没有更为深入的认识。

20世纪30~80年代，西方学者对制造业转型升级的相关研究主要集中在产业结构演进规律上。在继承威廉·配第思想的基础上，克拉克以三次产业分类法为基础，研究了就业人口在三次产业之间分配结构的变动，形成"配第-克拉克定理"，但这一理论研究范围限定在大的产业层面，并没有深入制造业这一范畴进行探讨。西蒙·库兹涅茨把劳动力和国民收入在产业间的分布结合起来讨论，深化了"配第-克拉克定理"；他还进一步深入分析了制造业内部结构的变化。不过，西蒙·库兹涅茨关于制造业内部变化的结论也与"霍夫曼定理"有异曲同工之妙，因为后者根据消费资料工业和生产资料工业的关系，指出工业化发展将产生"霍夫曼比例"下降趋势，进而揭示了工业结构偏重化工业的倾向。钱纳里等使用与西蒙·库兹涅茨不同的方法，提出"发展型式理论"，揭示工业化的标准型式，为不同国家和区域根据经济发展目标制定结构转型政策提供了依据。从某种意义上讲，这一时期的经济学家对产业结构演进规律的分析，实际上是对"工业化"过程的分析，因为工业是对科技进步最敏感的部门，科技发展促进产业结构变化，进而推动整个社会发展与工业化进程。

20世纪80年代以来，在经济全球化、技术创新以及日本、中国等国家对西方国家制造业产生竞争压力等诸多因素影响下，国外学者开始注重从技术创新、全球价值链、制造业服务化等角度研究制造业转型升级问题。

2. 技术创新与制造业转型升级

1912年熊彼特在《经济发展理论》中提出创新理论，将技术创新与经济发展相结合，为解释经济发展和技术创新的演化提供了一个分析框架。在罗默、卢卡斯等经济学家的学术贡献下，技术因素由新古典经济增长模型的外生变量逐步转变为经济增长及产业演化的内生变量。20世纪70年代以来，以通信技术、信息处理技术为代表的技术创新迅速发展，深刻影响着制造业的转型发展。

以信息技术为代表的技术创新对产业发展影响的国外研究主要集中在信息技术的生产率等问题上，影响广泛的是1987年索洛提出的"索洛悖论"。很多学者从经济发展阶段、行业、国别等角度对信息技术的生产率进行了深入研究，在发展阶段上，Oliner等认为信息技术对生产率提高有推动作用，但需要一定时间和资本的积累，而且"索洛悖论"存在阶段性。① 在行业层面上，信息技术产业对其他产业生产率增长带动作用明显，工业机械、电子机械等制造业迅速增长，带动了信息技术产业发展，也推动了其他产业的技术进步和整体经济生产率的提高②。相关研究还发现信息技术支出能促进全要素生产率的增长，但是二者呈倒"U"形关系。③ 国别层面上，Daveri 研究发现 1992~2001 年信息技术的增长效应并没有在美国以外的G7 国家发生，它们也存在和当初美国一样的情况。④ 至于发展中国家的信息技术增长效应，很多学者的研究结论几乎一致，即发展中国家和发达国家之间存在着"数字鸿沟"，发展中国家因信息技术基础设施不完善、人力资本不足、商业模式不成熟等因素，信息技术的增长效应低下，甚至可能加剧"数字鸿沟"⑤。但是，Dedrick 等分析不同国家的信息技术投资价值时，在 1994~2007 年 45 个国家和地区的研究范围内，加入人力资本、国际贸易与投资开放度、电信基础设施建设质量与成本等因素，研究结果显示，信息技术经济增长效应从发达国家扩展到发展中国家；人力资本、贸易开放度、基础设施等因素对信息技术投资与生产率增长的关系具有调节作用。⑥ Mehmood 等将人口作为重要因素，通过建立"人口-技术-全要素生产率"模型，研究亚洲 24 个国家信息技术对生产率的影响，结果显示仅靠信息技术本身并不能显著提升生产率，良好的人口特征和较高的发展水平能够增强信息技术的增长效应。⑦

① Oliner S. D., Sichel D. "Computers and Output Growth Revisited: How Big is the Puzzle?" *Brookings Papers on Economic Activity*, 1994, 25(2), pp. 273-334.
② Stiroh K. J. "Information Technology and the U. S. Productivity Revival: What do the Industry Data Say?"*American Economic Review*, 2002, 92(5): pp. 1559-1576.
③ Hawash R., "Lang G. The Impact of Information Technology on Productivity in Developing Countries", *GUC Working Paper*, 2010, 19.
④ Daveri F., "Information Technology and Productivity Growth Across Countries and Sectors", *SSRN Electronic Journal*, 2003, pp. 66-72.
⑤ Dewan, Sanjeev, Kraemer, et al. "Information Technology and Productivity: Evidence from Country-Level Data", *Management Science*, 2000, (4), pp. 548-562.
⑥ Dedrick J., Kraemer K. L., Shih E., "Information Technology and Productivity in Developed and Developing Countries", *Journal of Management Information Systems*, 2013, 30(1), pp. 97-122.
⑦ Mehmood B., Azim P., Raza S. H., et al. "Labor Productivity, Demographic Traits and ICT A Demo-TechProductivity Model for Asian Region", *International Journal of Economics and Financial Issues*, 2014, (4), pp. 773-783.

3. 全球价值链与制造业转型升级

20世纪80年代以来，在波特、寇伽特、格里芬等学者的学术贡献下，全球价值链（GVC）理论已成为研究产业升级的重要理论基础。波特和寇伽特的贡献在于提出和丰富了价值链的概念及内涵①；格里芬则将价值链和产业组织结合起来，提出全球商品链的分析法。之后，格里芬及有关学者达成共识，建立起全球价值链的基本概念和理论框架，研究涵盖全球价值链动力模式、治理模式和产业升级模式等。

从全球价值链角度研究制造业升级主要指企业通过嵌入价值链获取技术进步和市场联系，提高竞争力，进入价值更高的生产经营活动中。格里芬等人在研究东亚服装产业的基础上，把香港等地服装产业在价值链上的升级过程总结为"组装（OEA）、贴牌生产（OEM）、原始设计和加工（ODM）、自主品牌生产（OBM）"的过程，并指出全球价值链中的制造业升级是指在全球生产网络中，包括国家（地区）、企业和工人在内的经济角色从低价值的活动向相对较高的价值活动所发生的变迁。Kaplinsky 等提出了全球价值链升级方式，即工艺流程升级、产品升级、功能升级和跨产业（产业间）升级，并认为在通常情况下，产业升级往往从工艺流程升级开始，逐步实现产品和功能升级，最后到价值链升级。② 之后，很多学者进行了实证检验，如 Kaplinsky 等利用 1998~2006 年的数据，对捷克汽车产业进行研究，发现产品和工艺升级在捷克汽车产业升级中发挥着重要作用。③ 有类似观点的学者还有 Contreras 等。④

4. 制造业服务化与制造业转型升级

制造业服务化是价值链理论的延伸，随着 Vandermerwe 和 Rada 提出制

① Porter M. E., *The Competitive Advantage*, New York: Free Press, 1985, pp. 110 - 125. Kougut B., "Designing Global Strategies: Comparative and Competitive Value-added Chains", *Sloan Management Review*, 1985, 26(4), pp. 15 - 28.

② Kaplinsky R., Morris M., Readman J., "The Globalization of Product Markets and Immiserizing Growth: Lessons From the South African Furniture Industry", *World Development*, 2002, 30(7), pp. 1159 - 1177.

③ Kaplinsky R., Morris M., Readman J., "The Globalization of Product Markets and Immiserizing Growth: Lessons From the South African Furniture Industry", *World Development*, 2002, 30(7), pp. 1159 - 1177.

④ Contreras O. F., Carrillo J., Alonso J., "Local Entrepreneurship within Global Value Chains: A Case Study in the Mexican Automotive Industry", *World Development*, 2012, 40(5), pp. 1013 - 1023.

造业服务化概念以来，制造业服务化已成为学术界研究制造业转型升级的一个重要理论视角。所谓制造业服务化是为了增加核心产品的价值而采取捆绑的方式提供更多的产品、服务、支持和知识。之后，Reiskin、Szalavetz等拓展了制造业服务化的概念和内涵①。

在制造业服务化与产业转型升级的关系问题上，现有的研究成果还有以下几个特征：第一，关注市场、层级与制造业转型升级。如 Smith 研究认为由于垂直一体化组织趋于平坦，权利开始向拥有或控制重要信息和知识资源的人手中转移，涌现了以多组件、高信息技术为特征的产品和服务的组合，使得企业产品升级②；Feenstra 研究也发现，制造业中的服务要素与传统要素在产品生产过程中的交叉作用为制造业升级奠定了基础。③ 第二，关注制造业转型升级中的新要素。随着网络型商业模式发展，可持续的竞争优势取决于"知识资本"这一新型要素，而且企业将知识转化为资本的能力对提高企业竞争力具有重要作用④；此外，需要在全球范围内建立包括制造企业、服务企业在内的合作网络。第三，制造业企业转型升级的形态演进。Slepniov 等用案例阐明了制造业企业服务化转变的阶段，即由低级到高级分别为制造型企业、服务延伸到产品型企业、服务支持型的制造企业、专注服务型企业。⑤ 第四，制造业服务化受客户、组织、财务风险等诸多因素影响，从而导致制造业服务化与企业绩效之间存在一定的不确定性。⑥

5. 制造业转型升级的其他视角

20 世纪 90 年代以来，一些国外学者还在新增长理论和新贸易理论基础

① Reiskin E. D. , White A. L. , Johnson J. K. , et al. "Servicizing the Chemical Supply Chain", *Journal of Industrail Ecology*, 1999, 3 (2), pp. 19 - 31. Andrea Szalavetz, " ' Tertiaization' of Manufactring Industry in the New Economy: Experience of Hungarian Company", *Hungarian Academy of science working papers*, 2003, 134.

② Smith K. , *What is the ' knowledge economy' ? Knowledge intensive industries and distributed knowledge bases*, https: //EconPapers. repec. org/RePEc: unm: uunint: 2002-06.

③ Feenstra R. C. , "Integration of Trade and Disintegration of Production in the Global Economy ", *Scanning Microscopy International*, 1998, 10(3), pp. 292-309.

④ Krot A. N. , Meibom A. , Russell S. S. , et al. " A New Astrophysical Setting for Chondrule Formation", *Science*, 2001, 291, (5509), pp. 1776-1779.

⑤ Slepniov D. , Waehrens B. V. , Jorgensen C. , "Global Operations Networks in Motion: Managing Configurations and Capabilities", *Operations Management Research*, 2010, 3(3) , pp. 107-116.

⑥ Oliva R. , Kallenberg R. , "Managing the Transition from Products to Services", *International Journal of Service Industry Management*, 2003, 14(2) , pp. 160-172.

上，提出了产品空间与比较优势演化理论，也为产业升级提供了一个研究的新视角。如 Grossman、Helpman 在南北贸易的基础上建立了两个要素、两个部门质量阶梯模型，认为不同产品之间的产品空间距离是相同的，产品质量提升的成本与产品本身的特征之间没有必然联系。[①] Hausmann、Klinger 在内生经济增长理论框架下，利用社会网络理论，构建了产品空间演化模型，将产品升级具有的比较优势与一个国家产业升级的路径和经济绩效联系起来，并强调产品空间异质性与不连续性，进而考察产品的邻近性、产品空间密度等对企业产品升级的影响。该理论也表明，发展中国家在制定和实施推动产业升级时，需要顾及自身知识能力的积累，否则可能会带来灾难性后果。[②] 此外，还有新经济地理学、演化经济地理学等关于产业升级的理论。如 Grossman 运用一般均衡理论、规模报酬递增等来建立经济活动的空间分布理论，指出路径依赖、因果循环、间断的变化等都与空间分布有关。空间经济理论的发展也使得产业集聚等问题回归主流经济学的视野，需求（市场规模）、外部经济和产业地方化、地方专业化等成为产业集聚的主要原因，并能促进区域产业结构优化升级。[③] 近年来，演化经济地理学还引入区域创新系统理论、转型理论与制度变迁等理论，重点探讨区域新产业发展路径形成机理、区域创新系统转型与新产业发展路径的不同阶段和能动性差异等内容。

（二）概念与特征

1. 产业转型升级概念

产业转型升级虽然早已受到学术界关注，但学术界对其概念、内涵仍存在一定分歧，主要是由于研究视角的差异。典型的有两类，一类是产业结构视角，如吴崇伯是我国较早研究产业转型升级的学者，他指出产业转型升级就是产业结构的升级换代，是劳动密集型产业被淘汰，技术和知识

---

① Grossman G. M., Helpman E., "Trade Knowledge Spillovers and Growth", *European Economic Review*, 1991, 35(2-3), pp. 517-526.

② Hausmann R., Klinger B., "Structural Transformation and Patterns of Comparative Advantage in the Product Space", *CID working paper*, 2006, 128.

③ Grossman G. M., Helpman E., "Trade Knowledge Spillovers and Growth" *European Economic Review*, 1991, 35(2-3), pp. 517-526.

密集型产业兴起的过程。① 另一类是价值链视角，如按照格里芬的研究，产业转型升级可以涵盖产品升级、工艺升级、功能升级、链条升级等内容。可以说，产业结构视角下的产业转型升级偏向于产业结构的变迁与产业间比例的变化；而价值链视角更多关注的是产业链下的价值增值变化。为进一步厘清产业转型升级的概念内涵，本章着重从产业转型和产业升级的区别和内在一致性两个方面进行分析，进而对产业转型升级概念进行总体概括。

第一，产业转型和产业升级的区别。按照《现代汉语词典》的解释，转型是在一个变化过程中事物的结构、形态和运转方式及人们的观念等方面的转变；升级则是等级上的提升，是从较低级别提升到较高级别。② 我国《工业转型升级规划（2011—2015年）》明确指出，转型就是要通过转变工业发展方式，加快实现由传统工业化向新型工业化道路转变；升级就是要通过全面优化技术结构、组织结构、布局结构和行业结构，促进工业结构整体优化提升。③ 可见，产业转型和产业升级有着明显区别，产业转型主要指产业经济管理体制的转型和发展方式的转变，其关键在于由要素或投资驱动的粗放型发展方式向创新驱动的集约型发展方式转变④。产业升级既是从产业低技术水平向中高技术水平、从低附加值向高附加值状态演变的过程，也是资源在产业之间和产业内优化配置的过程。由此，仅关注产业结构或价值链而忽略产业发展方式转变的观点是不全面的。

第二，产业转型和产业升级的内在一致性。这种内在一致性主要表现在，产业转型和产业升级都是以技术进步或技术创新为基本特征的。没有技术进步，创新驱动转型、智能制造转型、绿色低碳转型、服务化转型等工业发展方式的转变就很难实现。同样，没有技术进步或创新，微观企业就很难实现从资源粗加工、产品低附加价值向资源精加工、产品高附加价值的转换；产业链难以实现从低端分工的链条环节向高端分工的链条环节的跳跃，而且整个产业体系也很难从以传统产业为主导向以高新技术产业

① 吴崇伯：《论东盟国家的产业升级》，《亚太经济》1988年第1期，第26~30页。
② 中国社会科学院语言研究所词典编辑室编《现代汉语词典》（第7版），商务印书馆，2016，第1159页、1710页。
③ Gefeffi G., "International Trade and Industrial Up-grading in the Apparel Commodity Chain", *Journal of International Economics*, 1999, 48(1), pp. 37-70.
④ 刘志彪等编者《产业经济学》，机械工业出版社，2017，第325页。

为主导的变革。可见，产业转型和产业升级是以产业技术为核心，两者融为一体。那种"先转型后升级""不能同步推进"① 的思想过于强调了两者的区别，而忽略了两者的内在一致性。

实际上，产业转型升级是在工业化进程不断推进和深化过程中，由技术进步带来的产业发展方式和产业体系的创新与演进。

2. 现代产业体系概念及特征

"现代产业体系"是一个中国语境下的政策概念，这一概念最早是在2007年党的十七大报告中被正式提出，党的十八大报告、党的十九大报告以及国家"十二五""十三五"规划对"现代产业体系"建设内容进行了阐述。如党的十七大报告将现代产业体系归结为工业化与信息化的融合发展；党的十八大报告提出，"坚持走中国特色新型工业化、信息化、城镇化、农业现代化道路"；党的十九大报告指出，"着力加快建设实体经济、科技创新、现代金融、人力资源协同发展的产业体系"。党的十九届五中全会明确提出，"加快发展现代产业体系，推动经济体系优化升级。坚持把发展经济着力点放在实体经济上，坚定不移建设制造强国、质量强国、网络强国、数字中国，推进产业基础高级化、产业链现代化，提高经济质量效益和核心竞争力"。可见，我国非常重视现代产业体系建设，并不断将其提升到新的高度。

近年来，我国不少学者对现代产业体系也进行了深入研究，包括现代产业体系的内涵、特征以及构成等。如，一些学者对产业体系进行两分法的研究，一类是基于传统与现代的划分②，这种产业体系的划分对应了传统经济体系③和现代化经济体系，并认为传统产业体系以工业主导，产业内部结构以低端为主；现代产业体系则要从工业主导转向服务业主导，产业内部结构从低端化转向高级化。另一类是基于现行和现代的划分，即现行产业体系是指目前中国正在运行的产业体系；现代产业体系是代表生产、流

① 孙贺：《东北地区振兴的产业转型升级路径》，《学术交流》2016年第9期，第114~118页。
② 高培勇、杜创、刘霞辉、袁富华，汤铎铎：《高质量发展背景下的现代化经济体系建设：一个逻辑框架》，《经济研究》2019年第4期，第4~17页；杜宇玮：《高质量发展视域下的产业体系重构：一个逻辑框架》，《现代经济探讨》2019年第12期，第76~84页。
③ 高培勇、杜创、刘霞辉、袁富华，汤铎铎：《高质量发展背景下的现代化经济体系建设：一个逻辑框架》，《经济研究》2019年第4期，第4~17页。

通、组织与技术等未来发展方向的有国际竞争力的新型产业体系。①

一些学者结合党的十九大报告中现代产业体系进行解读，如刘志彪认为现代产业体系是以科技创新、现代金融、人力资源为投入要素，以实体经济为产出的相互协同产业体系。② 盛朝迅认为党的十九大报告的提法打破了传统产业体系中三次产业划分的固有框架，从要素角度谈产业体系构建，更加突出了要素质量、要素结构以及各要素之间、要素与实体经济之间的协同。③ 赵儒煜等从产业体系的生成、沿革出发，探讨了产业体系形成的本质，即产业体系可分为技术体系和空间体系，并认为现代产业体系建设将使第一产业、第二产业、第三产业在现代产业技术统领下结为紧密的有机整体，形成创新驱动、结构合理、发展协调、运行高效的经济运行机制。④ 本章在已有研究基础上提出现代产业体系的特征。

第一，现代产业体系是一个动态的产业发展概念。从产业体系的划分来看，无论是传统与现代的划分还是现行与现代的划分，都是随着经济社会的发展变化而提出的，不是一成不变的，正如芮明杰所提到的"传统产业在完成了或大部分完成了转型升级也拥有新技术、新模式、新业态时，产业体系就是新型体系"⑤。而且，越来越多的学者将现代产业体系与高质量经济发展阶段相匹配，而不是与高增长经济阶段相匹配。可见，现代产业体系是一个与技术、业态、阶段等相关的动态概念。

第二，现代产业体系具有鲜明的现代化特点。在当前新产业革命兴起的历史阶段，在个体需求和公共需求的推动下，通过产业技术的变革与创新进而形成以产业基础高级化和产业链现代化为内涵支撑的产业体系。产业基础高级化既包括以"四基"⑥为核心的工业基础高级化，也包括工业互

① 芮明杰：《构建现代产业体系的战略思路、目标与路径》，《中国工业经济》2018 年第 9 期，第 24~40 页。

② 刘志彪：《建设实体经济与要素投入协同发展的产业体系》，《天津社会科学》2018 年第 2 期，第 109~114 页。

③ 盛朝迅：《构建现代产业体系的瓶颈制约与破除策略》，《改革》2019 年第 3 期，第 38~49 页。

④ 赵儒煜、肖茜文：《东北地区现代产业体系建设与全面振兴》，《经济纵横》2019 年第 9 期，第 29~45 页。

⑤ 芮明杰：《未来产业成长路径与范式探讨》，《经济纵横》2025 年第 1 期，第 4~17 页。

⑥ Posner M V., "International Trade and Technical Change", *Oxford Economic Papers*, 1961, 13(3), pp. 323-341.

联网、人工智能算法、工业软件等新型基础设施的高级化等，其基本目的在于促进产业基础能力持续提升，逐步实现自主可控、安全高效，逐步降低对国外产业链供给体系的依赖，为产业向中高端迈进提供动态的全方位支撑。产业体系的现代化本质是在开放的经济体系下，运用包括先进技术、人力资本、现代金融、优质服务等现代要素，改造传统产业链，打造新兴产业链，促进产业现代化的延伸与细化，不仅使产业链具有独立融入全球产业分工协作的能力和可控能力，而且使产业链具备高端链接能力和价值增值能力。

第三，现代产业体系的发展基础需要要素升级。尽管影响现代产业体系构建与发展的因素有很多，如消费需求新变化、科技进步、生态环境、人口结构、政府政策、世界经济等；但从物质生产的投入产出角度看，要素禀赋及投入则是产业发展的基础，这是因为生产函数显示，没有劳动力、资本、土地等生产要素的投入，则不会带来产出，更难形成产业。值得关注的是，在传统经济体系下通过大量的要素投入带来了产业发展和经济增长；但在现代经济体系下，现代产业体系的构建与发展仅依靠要素数量的投入，忽略要素质量、结构以及要素之间的关系，则难以支撑高质量发展，因此需要要素升级。要通过加大科技创新、现代金融、人力资源等要素培育，提高要素质量，提升中高端要素供给，形成有利于要素协调发展的体制机制，促进要素资源优化配置。

第四，现代产业体系的构成上具有融合性与协调性特点。随着个体消费需求的便利化、个性化、高端化和公共需求的可持续发展趋势，以及包括信息技术在内的重大技术进步和产业自身的发展变化，现代产业体系的产业之间边界愈发模糊，产业融合、跨界生产与服务成为主流。这就需要在现代产业体系的构建上更加重视实体经济与中高端要素供给的协同发展，重视包括现代农业、高端制造业与现代服务业在内的产业结构协调发展以及产业技术体系和产业空间体系的协调发展。

第五，现代产业体系的空间分布上具有集聚性特点。一方面，以产业集群、产业链等为代表的产业发展载体，是现代产业体系下产业组织的优势所在。另一方面，以大城市为核心的城市群，特别是以首位城市等为代表的产业区位载体，是现代产业体系产业空间发展的优势所在。因此在现代产业体系的空间布局上，应发挥大城市的区域空间优势，以及科技、人才、金融等要素资源集中的优势，进一步整合产业链功能，促进区域产业集群的形成，增强产业之间的关联性，节约交易成本，促进技术扩散和知识外溢等多种形式的正外部性，提升产业竞争力，促进现代产业体系发展。

基于上述产业转型升级与现代产业体系的概念、内涵和特征等方面的认识，当前我国制造业的转型升级已不再局限于自身产业的发展问题，而是一个面向现代产业体系的建设过程，即在创新驱动下产业发展方式、产业基础以及产业链等方面的系统优化与变革，以促进制造业高质量发展。

3. 制造业概念及其分类

制造业细分的行业众多，涉及生活和工业等诸多方面。根据 2017 年国家公布的《国民经济行业分类》（GB/T 4754—2017），制造业可以分为 31 个小类。

从研究和应用的需要出发，学术界从不同角度对制造业内部结构进行分类，这些分类在不同时期、不同研究领域得到了积极而广泛的应用，产生着较为深远的影响。这里主要介绍以下几种分类。

按生产要素密集度划分，制造业可分为劳动密集型产业、资本密集型产业、技术（知识）密集型产业。如，农副食品加工、食品制造、纺织、服装等属于劳动密集型产业；钢铁、机械、造纸、化工等属于资本密集型产业；航天、计算机、通信和其他电子设备等属于技术（知识）密集型产业。

按提供生活消费品和生产资料用品划分，制造业可分为轻工业和重工业。轻工业指主要提供生活消费品和制作手工工具的工业。如食品制造、饮料制造、烟草加工、纺织、缝纫、皮革和毛皮制作、化学药品制造、造纸以及印刷等工业。重工业指为国民经济各部门提供物质技术基础的主要生产资料的工业。制造业中的石油、化工、机械等部门都属于重工业。需要指出的是，从 2013 年下半年起，国家统计局在相关数据发布中不再使用轻工业、重工业分类，而以采矿业、制造业、电力热力燃气及水生产和供应业分类代替。变化的主要原因是原有轻工业、重工业划分对过去经济基础薄弱时期优先发展重工业的经济发展方针具有重要的监测作用，但是随着我国产业格局的变化，工业产业结构的复杂性，各种新产品层出不穷，轻工业、重工业的划分已难以对工业行业进行科学清晰的界定。

按技术先进程度（R&D 投入强度）划分，制造业可分为高技术制造业和传统制造业。高技术制造业（产业）是指国民经济行业中 R&D 投入强度相对高的制造业（产业）行业，按照当前国家统计局的划分，医药制造，航空、航天器及设备制造，电子及通信设备制造，计算机及办公设备制造，医疗仪器设备及仪器仪表制造，信息化学品制造六大类属于高技术制造业（产业）。因此，其余的制造业（产业）可视为传统制造业。当然，传统制造业不一定永远都是低技术产业，可以通过技术更新改造，用高技术革新传统产业；而且高技术也是相对概念，现在的高新技术将来也可能成为落后技术，因此现在的某产业是高技术制造业，将来可能就不是高技术制造业。

除了上述分类外，还有很多其他分类，如马克思的两大部类分类法、霍夫曼的产业分类法、生产流程分类法等。需指出的是，制造业的分类或结构的变化不仅是一种外在表现形式的变动，而且是一国或地区要素禀赋、科学技术、市场结构等诸多因素综合决定的结果。从这个意义上看，任何行业分类都具有一定的局限性，这就需要根据经济社会发展情况进行适时调整和完善，更好地服务于产业研究和产业管理。

二　制造业发展理论

从全世界各工业强国的发展趋势来看，制造业经历了从家庭制造向工厂制造，从手工制造迈向自动制造的过程，在不断转型升级的演进当中，工业形态也在不断地发生变化。所谓制造业升级，就是制造业发展所处的全球价值链上的位置的提升，以及其背后所蕴含的产业链控制力、产业技术水平和投入产出效率的提高。

（一）产业转型升级概念

对制造业转型升级的研究，大部分学者通常将制造业转型升级建立在产业转型升级研究的基础之上。所以在现有研究中，制造业转型升级概念的界定与产业转型升级概念具有一定的相似性。由于角度不同，学术界对制造业转型升级的定义并不相同，没有形成统一的结论。总结起来，大致有以下几种思路。

一是从产业结构升级的角度出发，制造业转型升级就是产业结构向着更有利于经济、社会发展的方向发展，产业朝着技术结构水平更高的方向演化。在整个产业结构中实现由传统制造业向新兴制造业的演进，由低技术制造业向高技术制造业的演进，由劳动密集型制造业向技术密集型制造业的演进，由生产初级产品向生产中间产品、最终产品的演进。

二是从全球产业链的角度出发，制造业转型升级就是从价值链低端向价值链高端的攀升。从代工、贴牌为主转向自主研发设计和自主品牌为主，实现链条升级和功能升级。《中国产业竞争力报告（2015）》指出，推进产业转型升级，就是要提升中高端产业的竞争优势，提高产品的附加值，实现产业在全球产业链分工中地位的提升。

三是从产业发展方式转型的角度出发，制造业转型升级是产业发展从追求数量扩张转为追求质量提升，从出口导向转为内需拉动，从要素驱动转为创新驱动，从粗放型的发展方式转为集约型的发展方式，从高投入高消耗高污染转为高产出高效益低污染。

同时，为进一步厘清产业转型升级的概念内涵，本章着重从产业转型和产业升级的区别和内在一致性两个方面进行分析，进而对产业转型升级概念进行总体概括。

（二）产业升级的相关理论

在社会再生产过程中，产业结构理论反映了产业间产业组成和资源配置的状态。产业结构的变动和演进与经济增长和工业化阶段有着密切的联系，既能反映经济增长不同阶段的特征，也能推动工业化的进程。在一定程度上，众多学者研究产业转型升级均是基于产业结构理论，探讨产业结构演进的一般规律。产业结构理论中具有代表性的主要有以下几个。

1. 配第-克拉克定理

威廉·配第在 17 世纪发现了劳动力在产业之间流动的主要原因，即产业在收入上的差距。他在《政治算术》中指出，相比第一产业，第二产业收入较多。相比第二产业，第三产业收入更多。[①] 各个国家产业结构的不同会引起各国在经济发展上的不同。在威廉·配第观点的基础上，美国经济学家约翰·贝茨·克拉克于 1940 年出版了《经济发展条件》一书，他根据不同时期多个国家和地区三次产业劳动投入和总产出的数据，总结出劳动

---

① 〔英〕威廉·配第：《政治算术》，陈冬野译，商务印书馆，1960，第 19 页。

力在产业间的流动存在一定的规律性——首先从第一产业流向第二产业，进而流向第三产业。在经济发展水平不同的国家，劳动力在产业中的结构也有所不同。经济不发达的国家，第一产业劳动力的比重相对较大。经济发达的国家，第二产业和第三产业劳动力的比重相对较大。配第-克拉克定理所描述的经济规律主要反映在产业结构变动上。

2. 库兹涅茨产业结构理论

1941年西蒙·库兹涅茨（Kuznets）出版了《国民收入及其构成》一书，他认为在经济增长过程中，劳动力、国民收入与产业结构具有一定的联系。他将产业结构重新划分为"农业部门"、"工业部门"和"服务部门"，根据多个国家产业间劳动力分布和国民收入的统计数据，得出如下结论。

第一，人均GDP水平越高，国民经济中农业部门的地位越低。其中，国民收入和劳动力比重均呈现不断下降的趋势，但是国民收入相对比重的下降程度要超过劳动力相对比重的下降程度。第二，国民经济中工业部门会逐渐占据主导地位，工业部门中劳动力的相对比重大体不变，但是国民收入的相对比重不断上升。第三，服务部门的劳动力在全部劳动力中的比重和服务部门的国民收入在整个国民收入的比重基本上都是上升的。库兹涅茨从劳动力结构和产值结构两个方面深入分析了产业结构升级的一般规律，改变了之前从单一角度对三次产业结构变动的分析。库兹涅茨产业结构理论是测度工业化发展阶段的重要依据。

3. 霍夫曼定理

德国经济学家霍夫曼开拓性地对工业结构演变的规律进行了研究，并提出了霍夫曼定理。他将工业分为消费资料工业、资本资料工业以及其他工业，霍夫曼比例为消费资料工业净值与资本资料工业净值的比。[①] 霍夫曼定理实际上是指即使各个国家工业化开始的时间并不相同，但是趋势一般相同，霍夫曼比例是不断下降的。

霍夫曼把工业化分为四个阶段：第一阶段，资本资料工业所占比重较小，消费资料工业占统治地位。消费资料工业净产值平均为资本资料工业净产值的5倍。第二阶段，消费资料工业缓慢发展，资本资料工业发展较

---

① 〔美〕西蒙·库兹涅茨：《各国的经济增长》，常勋译，商务印书馆，2015，第232~298页。

快，但是消费资料工业净产值仍然平均为资本资料工业净产值的 2.5 倍。第三阶段，消费资料工业净产值与资本资料工业净产值大致相当。第四阶段，资本资料工业净产值开始超过消费资料工业净产值。整个工业化的进程中，资本资料工业比重不断上升。霍夫曼进而预言，在工业化后期，资本资料工业净产值将继续上升，最终会成为主导产业。

4. 钱纳里的工业化阶段理论

霍利斯·钱纳里等根据人均国内生产总值，将工业化进程划分为不同阶段。工业化进程和经济发展阶段的跃进是由产业内部结构变化推动的，这几个阶段具体划分如下。

第一阶段为不发达阶段，此阶段的生产力水平很低，没有或极少有现代工业；第二阶段为工业化初期，现代化工业逐步建立，产业结构逐步发生转变，开始以劳动密集型工业为主；第三阶段为工业化中期，工业主要由轻工业向重工业转型，重工业的发展支持了区域的经济增长，此段产业大部分为资本密集型产业；第四阶段为工业化后期，第三产业开始持续增长，并成为区域经济增长的主要力量，特别是新兴服务业；第五阶段为后工业化时期，工业主要由资本密集型向技术密集型结构转型，同时生活方式现代化；第六阶段为现代化时期，人们的消费需求开始升级，追求个性化定制，服务业也开始变得多样化。

钱纳里从经济发展的角度考察了工业内部的结构变动，揭示了产业间的关联效应，为了解产业内部的结构变动奠定了基础。

（三）制造业升级的方式和阶段过程

1. 制造业内部升级的四种方式

（1）工艺改进升级

工艺改进升级，即生产流程体系重组或采用新的流程、工艺，通过生产流程再造、柔性化改造，先进制造技术运用、智能机器人推广、计算机辅助制造（CAM）、计算机集成制造系统（CIMS）等计算机辅助技术的应用，提升组装加工环节的技术水平和附加价值，进而使"微笑曲线"的形状扁平化。

（2）产品换代升级

产品换代升级，即提高产品档次，不断推出高附加值的新品种和款式，进一步提升组装加工环节技术水平和附加价值，使"微笑曲线"形状更加扁平，例如汽车向智能化、信息化、网络化、低碳化方向发展，服装从低档向中高档转变，建材向绿色化、生态化、节能化、智能化转型。

（3）功能延伸升级

功能延伸即从组装加工环节向研发设计和市场营销等高附加价值环节拓展，通过经验积累、研发投入、品牌运营、客户与人才积淀等，推动委托加工的"贴牌生产"（OEM）到"原始设计和加工"（ODM），再到"自主品牌生产"（OBM）的转变，实现从"微笑曲线"的低附加值环节升级到高附加值环节，比如，深圳珠宝、服装等行业都经历了从 OEM 到 ODM，再到 OBM 的转型升级过程。

（4）产业链升级

产业链升级，或产业结构升级，又称为价值链升级，即从一条整体获利能力较低的产业价值链（如自行车制造业、塑料玩具制造业）跨越到另外一条获利能力更高的产业价值链（如通信设备制造业、轨道设备制造业），即从一条"微笑曲线"跳跃到另一条"微笑曲线"上。

2. 按照功能环节划分，制造业升级可划分为四个阶段

功能升级，是指进入价值链中附加值更高的环节中去，以使得企业获得在该价值链中更为全面的能力。

（1）OEM 阶段

OEM 意指"贴牌生产"，即委托加工，是品牌拥有者将生产制造业务外包给其他厂家的业务模式。制造商与购买商之间的关系刚开始是简单的组装交易，对两者相互协调和沟通的要求低。与之相比，OEM 加强了不同公司之间的信息交流，促使制造商学会如何制造具有国际化竞争优势的产品，取得与国内经济的后向联系，同时，制造商之间的不均衡发展促使其以不同方式嵌入全球价值链之中，发挥各自优势。OEM 阶段的判断标准为：制造商和购买商之间的信息沟通增强，制造商承接代工订单和外包业务。

（2）ODM 阶段

ODM 意指"原始设计和加工"，即代工企业除了承担制造活动外，也进行深度加工组装和产品设计等活动。通过早期的 OEM 阶段或者代工方式，制造商的学习能力不断增强，对上游工序和客户的要求越来越了解，发包者逐渐交给它们更多的职能和责任，包括产品设计、进一步深加工、售后

服务等在内的更加广泛的工序、环节和职能，这时 OEM 就可能转化为 ODM。不过，ODM 产品品牌仍为发包者所有或控制，可以说是一种较高级的代工形式。制造商在这个阶段要注重生产规模和时效，注重学习如何在价格、质量、交货期、售后服务等方面满足买主的需求，以降低生产和时间成本为竞争手段，努力建立与发包者之间的互动关系和诚信关系，大力发展规模经济和速度经济，逐步形成快速的技术学习和扩张产品创新的组织能力。这主要是一个增强学习能力和积累创新能力的过程。ODM 阶段的判断标准：制造商承担与生产相关的零部件采购、产品设计、售后服务等分工责任。

（3）OBM 阶段

OBM 表现为制造企业不仅进行深度加工组装和产品设计活动，还拥有深度开发自主品牌的能力。代工者在不断的学习模仿中，增强了产品创新能力和组织能力，逐渐负责产品的创新、生产与经营，最终取代发包者的买主地位。这个阶段的发展关键是制造商要能够独立承担国际分工"微笑曲线"的两端产品创新和品牌经营。制造商扩展经营业务的同时，将逐步与先进企业在全球市场进行面对面的竞争较量。在发达国家先进企业的品牌已经占满市场的前提下，争取全球市场的认同，是制造商实现转型升级的关键。OBM 阶段的判断标准为：制造商拥有自主品牌，在细分领域成为龙头企业，制造/组装开始外移或外包。

（4）综合解决方案提供商阶段

随着制造商经营业务的扩展，服务在制造企业的产值和利润中所占比重日益增加，制造与服务之间的界限日益模糊，如刚开始定位于"信息技术产品制造商"的 IBM 公司，已经实现了向"提供硬件、网络和软件服务的整体解决方案供应商"的业务转型。制造与服务的融合，促使传统的产品服务概念向"产品系统"演变，制造价值链不仅生产具体的产品，还提供与产品相关的服务，并将物理产品与无形服务集成为统一的系统。我国制造业中的领先企业，也在逐渐向服务型制造模式转变。国内的某大型装备制造企业，从 2001 年起开始在产品市场调查、开发改进、生产制造、安装调试、售后服务等方面，为顾客提供系统方案设计、成套供货、设备状态管理以及备件零库存、金融融资等个性化、完整的企业动力系统解决方案和系统服务。综合解决方案提供商阶段的判断标准为：知识资本、人力资本和产业资本高度聚合，关注不同类型主体包括顾客、服务企业和制造企业在协作活动中的角色，强调主动性、系统性服务。

3. 按照价值链划分，制造业升级亦可分为四个阶段

（1）劳动密集型阶段

制造业一开始是基于自然资源禀赋而发展的，劳动力充裕、成本低，初级原材料丰富，劳动密集型产业就可以得到优先迅速发展。因此，大城市或中心城市的产业最初是以简单制造加工业为主，而科技含量高的企业却很少。乡镇企业最初发展资源和能力都有限，地方产业发展的选择首先集中在一些技术含量较低、与国有企业较少冲突的日用轻工产品和生活必需品加工制造上。这是制造业发展劳动密集型产业，形成"路径依赖"的必然逻辑。当劳动力丰富，但缺乏资金、技术装备以及人才时，发展的起点自然是从廉价的制造业开始的。劳动密集型阶段的判断标准为：劳动力充裕、成本低，缺乏资金、技术装备以及人才，主体产业以轻纺、服装等轻工业为主。

（2）资本密集型阶段

在宏观经济环境发生重大变化的同时，资本积累情况得到大幅改善。这时资本相对丰富，按照资源禀赋原理，应该发展资本密集产业，生产资本比较密集的产品，用资本比较密集的技术。发达的装备制造业为国民经济提供了物质技术基础，是资本密集型阶段的重要标志性产业。中国装备制造业（机械工业）在产值、利税、企业个数、职工人数等方面的经济总量居世界前列。然而，中国的装备制造业大而不强，在国际市场上竞争力较弱，创新能力低。长期以来，中国的大量成套设备、技术性能高的机床、仪器仪表和投资类电子产品主要依赖进口。中国的装备制造业在规模效益、开发能力，以及技术含量等方面的水平较低。但资本密集型不是制造业必经的发展阶段，如香港、深圳，其制造业是从劳动密集型跳跃到技术密集型，没有经历资本密集型这个阶段而实现跨越式发展。资本密集型阶段的判断标准为：支柱产业以石油、化工、煤炭、钢铁等重工业为主，以及以汽车、轮船、机械、精密仪器等装备制造业为主。

（3）技术密集型阶段

从资本密集型阶段到技术密集型阶段，也就是达到目前发达国家所经历的发展阶段，需要一个较长的过程。技术密集型制造业，它所带来的产

业链很长，辐射的范围很广，能够推动我国制造业发展，能够实现产业的突破，是下一个经济增长的周期。我国经济增长所需要的中间投入品有相当大一部分需要进口。对进口中间投入品的依赖，实质上是对国外技术的依赖。如上面提到的我国装备制造业技术水平低的问题，此发展阶段需要培育出一个与需求结构高级化趋势相适应的、掌握核心技术、有产品设计能力、能够生产关键零部件和成套设备的先进制造业集群。特别是在跨国企业对外进行技术封锁，国内企业技术积累不足，过于重视短期效益的情况下，这一要求很难在短时间内实现。技术密集型阶段的判断标准为：掌握关键核心技术，以先进制造业、高新技术产业为主，全社会研发投入激增。

（4）创新密集型阶段

当制造业发展至创新密集型阶段时，与生产性服务业已经建立了十分密切的联系，后者对制造业技术创新、产品创新的引领作用和对制造业价值链、产业链的渗透和整合作用日益加强。伴随着知识创新元素的加入、创新需求的提高以及创新能力的增强，制造业必然走向"微笑曲线"的两端产品创新与品牌经营，从技术密集型逐渐转变为创新密集型。目前新加坡的发展优势是较为明显的，其制造业经历了劳动密集型、技术密集型、资本密集型阶段后，在21世纪正式进入创新密集型阶段。在这个阶段，新加坡制造业提升与创新的主要表现为：提升各行业职业技能，在全国范围内推广继续教育和培训；进一步增强企业的国际竞争能力，在继续吸引大型跨国公司投资的基础上，吸引一大批中型跨国企业前去创业；打造"环球都市"，吸引世界各地的顶尖人才。创新密集型阶段的判断标准为：大力采用信息技术，加强与文化创意等生产性服务业的融合，生产环节向生产、研发与服务相结合转变，更多注重创新、创意，知识密集型特征明显。

三 技术创新与产业转型升级

（一）技术创新模式

技术创新，一个古老而又新颖的话题。在不同发展阶段，随着新技术的不断更迭，技术创新对经济的促进作用也逐渐凸显。技术创新不仅是发达国家经济运行的核心，更成为经济学学者关注的焦点。他们对于技术创新的研究，几乎贯穿了整个经济学的发展过程。

对于技术创新内涵的界定已经非常明确，是以创造新技术为基础的创新。在技术创新文献中，学者们通常把技术创新看作一个过程，因为技术变化，从知识基础到利用新知识的产品开发，再到市场应用以及它们之间的互动需要时间，每个阶段都存在不确定性。所以在经济活动中，不同国家或地区会根据实际状况而采取不同的技术创新模式。在现代经济学发展的过程中，学术界从不同角度对技术创新模式进行了描述和分析。归纳起来，主要有以下几种。

第一，根据技术创新对社会的影响程度，英国塞克斯大学科技政策研究所曾对创新有过一个比较经典的分类：渐进式创新、根本性创新、技术系统变迁以及技术—经济范式的迁移四种模式。渐进式创新，它是指在现有技术上的一种改进性创新。这类创新所带来的变化不大，但是持续的改进和累积效果会对产业产生很大的影响。根本性创新，它是能够对经济产生重大影响的创新，往往为首次突破性的创新。根本性创新是非连续性的，是技术上的重大发现。它一旦成功，会引发出许多相关的创新，并引起产业结构的深刻变化。技术系统变迁，往往是一系列渐进式创新所组成的共同结果。它的成功也会深刻影响不同行业和领域，将会创造出全新的部门。技术—经济范式的迁移，是指在通用技术取得关键性突破后，相互关联的"技术族群"中出现的大规模创新，并随着族群创新对各产业的渗透，在市场上产生强烈的共振和持续的反馈循环，最终改变社会制度结构。

第二，根据技术创新的形态和内容，德国工业 4.0 研究院将技术创新分为产品创新、技术工艺创新、服务创新和组织创新四种模式。产品创新是对产品进行改善和创造，以开辟新市场并满足客户需求。可分为全新产品创新和改进产品创新，侧重于活动的结果。技术工艺创新是改善或变革产品的生产技术及流程，包括新工艺和新设备的变革。大体可分为技术工艺研发阶段以及技术工艺创新由研发环节转移或导入制造环节两个阶段，侧重于活动的过程。服务创新是使客户感受到产品与之前有所区别，从客户体验入手采用新技术或者新设想改进服务方式。组织创新是根据目标对所有管理活动重新设计。组织创新的内容根据组织管理需求的不同而不同，组织创新可以持续提升企业的整体工艺效率和质量。从技术角度看，服务创新和组织创新是一种软技术的创新活动。

第三，根据技术进步对资本和劳动生产要素的节约程度，英国经济学家 Hicks 曾经指出技术创新可以分为资本节约型、劳动节约型和中性三种模式。资本节约型技术创新是指劳动生产效率增加大于资本生产效率的增加。发生了以劳动替代资本及劳动与资本比上升的情况。劳动节约型技术创新是指生产中资本生产效率的增加大于劳动生产效率的增加。发生了以资本替代劳动及资本与劳动比下降的情况。中性技术创新是指劳动和资本生产效率同比例增加，生产过程中不会发生劳动替代资本的情况，因而资本与劳动比保持不变。

以上三种方法，是学术界较为权威的对技术创新模式内涵的定义。从不同视角，包括技术创新对社会的影响程度、技术创新的形态和内容、技术进步对资本和劳动生产要素的节约程度三个方面进行阐释。

（二）技术创新模式的相关理论

1. 熊彼特创新理论

人们最早是从经济与技术相结合角度理解创新的，主要代表人物为约瑟夫·熊彼特。熊彼特的创新理论奠定了其在经济发展学史中的独特地位，同时为众多学者研究技术创新提供了重要的理论支撑。

熊彼特在《经济发展理论》中提出创新就是"生产要素的重新组合"，把此前没有的生产要素与生产条件的"新组合"进行创新性搭配，并引入生产体系中。企业家的灵魂就在于创新并引进这种新组合，经济发展也是在社会发展中不断实现这种新组合的过程。创新的目的是获得更多的利润，所以经济周期波动的根源正是这种非连续的创新。可以说，创新是经济增长的动力，没有创新就没有经济发展。

"创新"具有五种情况：一是采用一种新的产品，或者是产品的一种新特征；二是采用一种新的生产方法，这种方法可以在制造业中没有通过检验，也可以不建立在科学研究基础上；三是开辟一个新的市场，可以是某一制造部门不曾进入的市场；四是控制一种新的供应来源，可以包括原材料或者半制成品的供应来源；五是实现一种新组织，形式上可以形成或者打破一种垄断地位。熊彼特创新理论包含几个基本观点：第一，创新是内生于生产过程中的。发展并非外部强加进来的，而是在内部发生的变化。

虽然资本和劳动力能够引发经济的变化，但是这并不是唯一的，还有一种经济变化，并且有必要为其建立一种理论，这就是创新。第二，创新是一种"革命性"变化。这是一种间断性的和突发的经济问题。第三，创新意味着毁灭。在竞争性的经济生活中，新的创新成果的出现意味着对原有组织和技术的否定和消灭。毁灭和创新往往发生在不同的经济体中，随经济的发展，创新会转化为内部的自我更新。第四，创新能够创造出新价值。首先拥有的是发明，创新是对这种发明的应用。如果发明没有进行应用，将不会产生经济效果。所以新组织或者新方法能够产生新的价值才能够对经济起作用。第五，创新是经济发展的本质。某种程度上，经济可以分为增长和发展两种，经济增长并不是经济发展，经济发展需要产生一种新现象，产生一种新的组合，是对平衡的一种干扰，也是实现了创新。第六，创新的主体是企业家。实现这种新组合的代理人便是企业家。企业家并不是一种职业，企业家的职能不是生产和管理，而是是否可以实现这种新组合和新突破。只有实现这种新组合和新突破的创新主体才是真正的企业家，企业家具有一定的特殊性和动态性。

熊彼特创新理论阐释了创新的意义和重要性，提出创新是一种"革命性"变化，是对原有组织和技术的否定和消灭，是经济发展的本质。熊彼特创新理论强调了技术创新在经济发展中的重要作用，为本书研究技术创新提供了重要的理论基础。在熊彼特创新理论基础上，学术界对创新展开了很多研究，创新经济研究也逐渐丰富起来，并形成了许多具有特色的创新理论的经济学理解。

2. 技术差距理论

技术差距理论又称技术差距模型，是将技术作为一种生产要素，以此来分析技术差距对国际贸易的影响。技术差距的存在，是自主创新的动力。

美国学者理查德·波斯纳于 1961 年提出技术差距理论，并用"技术差距"一词来描述国际贸易是基于技术优势而获得垄断利润的条件的观点。波斯纳引入创新国和模仿国两种国家的概念，创新国通过自主创新生产新产品，模仿国对其进行模仿，在模仿国完全掌握该技术前创新国是具有领先优势的。但是随着国际贸易的开展、专利权的转让以及对外投资等途径，创新国的新技术会流入国外，模仿国利用成本优势进行模仿和学习，直到可以独立生产这种商品，模仿国便开始减少进口，创新国也逐渐失去了技术领先优势，技术差距消失，由此引发的两国之间的贸易也就结束了。由于垄断利润消失了，创新国会重新开发出新产品和新技术，形成一种新的技术差距。1966 年，盖·瑞·胡佛鲍尔利用模仿时滞的概念，提出模仿时滞短的国家由于知识积累存量高，所以会最先引进先进技术。然后，将所模仿的产品再对模仿时滞长的国家出口。随着技术的传播，如果模仿时滞长的国家已经生产该产品，那模仿时滞短的国家的优势也将开始消失。胡佛鲍尔进一步解释了技术差距理论并对其进行丰富。总体来说，技术差距理论包括以下几个方面内容。

第一，技术创新需要建立在国家等一系列制度性内生变量的基础上。以美国为例，美国之所以能够居于全球技术的领先地位，主要是因为美国有着一系列优越于其他国家的制度和环境，包括国民经济实力、教育环境、营商环境、科技投入和人才队伍等有利条件。这些优越的环境和制度刺激了美国的技术创新，也从多个方面保证了美国技术创新的要求，并促使技术创新机会的产生。正是制度等内生性变量的作用，才使得美国的技术长期处于世界领先地位。

第二，技术成果在国家间传递时受多方因素的影响。在一定时期内，技术成果难以在国家间迅速传递。主要因为以下几个方面：一是，技术成果可以获得超额垄断利润。在实现技术突破创新后，创新国会采取知识产权保护和技术封锁等方式阻断技术的传播。创新国需要充分享有先进技术所带来的利益，一直到该技术被其他国家完全掌握。二是，技术成果需要消耗巨大的资金投入，包括人力资本和资金等方面。所以，技术创新实际具有非常大的风险和不确定性，其价值包含各种投入成本和风险价值等。所以，技术转让费用一般非常昂贵，制约着技术成果的转让。三是，模仿国虽然会学习该技术，也试图通过自身研发获得该项成果，变相地实现技术转移。但是模仿国往往受到研发条件的制约和限制，在短时间内也很难掌握该技术并用于生产经营。

3. 后发优势理论

美国经济史学家亚历山大·格申克龙在《经济落后的历史透视》一书中提出了后发优势理论，格申克龙在总结意大利、德国等国家发展经验的基础上，探索出经济较为落后的国家实现经济增长的有效途径。他指出后发国家在工业化进程中与先发国家明显不同，后发国家往往会综合利用先发国家的技术，并努力与其实现同步发展。格申克龙所提及的后发国家实际上是技术落后国家，先发国家是技术领先国家。具体来说，后发优势理论主要有以下几个层面的含义。

第一个层面的含义是"替代性"的存在。技术落后国家由于缺乏工业化的前提条件，只能被迫寻找相应的替代物，通过这种途径可以尽可能达到与先发国家相同工业化的结果。替代性的意义在于时间和资源上的节约，技术落后国家可以根据自身情况，选择适宜的要素和发展道路。格申克龙将欧洲分为落后地区、中等落后地区以及先进地区三类。落后地区可以对先进地区的技术进行模仿，节约很多时间和资源，实现替代性。

第二个层面的含义是技术落后国家可以对技术领先国家的技术进行引进。技术引进可以使技术落后国家获得快速的发展，并较快实现工业化。

第三个层面的含义是技术落后国家可以通过学习技术领先国家的成功经验，总结失败的教训。技术落后国家通过模仿，可以减少自主创新的风险。甚至可以在先进技术的基础上进行改造，以适应本国需求。后发优势主要体现为技术落后国家在技术设计和选择上的多样性和可塑性，这可以使技术落后国家少走很多弯路。

第四个层面的含义是技术落后会引起一种紧张状态。在一个技术落后的国家，国民往往对先进技术的渴望是强烈的，这会形成一种社会压力。与技术领先国家的技术差距，使技术落后国家会在一种经济和社会压力下快速实现工业化。

格申克龙的后发优势理论体现了技术落后国家相对于技术领先国家的高效性优势。通过技术模仿，技术落后国家可以快速实现工业化，乃至赶超技术领先国家。在后发优势理论提出后，很多经济学家以及社会学家开始对后发优势理论进行扩展。其中，美国社会学家列维教授对后发优势理论进行了具体化分析。主要包括以下五点内容：一是技术落后国家认识现代化的时机要比技术领先国家晚，所以技术落后国家对当时现代化的认知更丰富；二是技术落后国家可以采用大量成熟的先进技术；三是技术落后国家可以跳过发展的一些必要阶段，实现跨越式发展；四是由于技术落后国家是在技术领先国家之后进行的发展，所以技术落后国家可以对技术的发展进行预测分析；五是技术领先国家可以对技术落后国家进行援助。

在列维教授之后，阿伯拉莫维茨于1989年又提出了"追赶假说"。他认为一个国家经济发展的初始水平越低，那么它的经济增长速度越快。[1] 但是该假说的成立存在一定的限制条件：一是技术差距，也就是技术落后国家与技术领先国家存在技术差距，技术差距的存在使经济追赶成为可能。二是社会能力，技术落后国家具有经济追赶的内在因素，包括制度和教育等方面。技术的落后不代表社会的落后，只有社会是处于进步的状态才能激发国家经济高速增长的潜力。

伯利兹等人于 1993 年在总结技术落后国家实现技术收敛经验的基础上，基于技术变迁性质假说提出了技术进步的"蛙跳"（Leap-flogging）模型。他指出技术落后国家具有技术上的后发优势，虽然技术变革往往会强化技术领先国家的地位，但有时这种领导角色会发生转变。"跨越式发展"模式是对技术发生重大变化时的反应，当这种变化发生时，鉴于技术领先国家在旧技术方面的丰富经验，新技术不如旧技术有效率，新技术最初似乎并不是一种改进。技术落后国家的经验较少，如果新技术被证明比旧技术更有成效，就会更倾向于采用新技术。[2] 也就是说，技术落后国家通过模仿性创新具有一定的技术创新能力后，可以直接选择一些前沿技术进行突破。技术进步并不是一成不变的路径，技术落后国家可以通过跨越某个阶段实现技术赶超。

随着国际贸易与国际技术交流的日益深入，科技将在全球范围内实现快速扩散，从而使技术落后国家模仿性创新更加容易。并且信息技术的发展为技术扩散起到了催化剂的作用，使技术交易成本大大降低。技术落后国家可以充分发挥技术上的后发优势，推动与技术领先国家的技术收敛进程，甚至实现技术赶超。

四　数字经济对制造业转型升级的相关理论

（一）数字经济概念

"数字经济"这一概念最早由唐·泰普斯科特在 1995 年出版的《数字经济：网络智能时代的希望和危险》一书中提出。几十年来，各国学者和机构纷纷对数字经济作出定义，主要有四种角度。

---

[1]　Abramovitz M., *Thinking about growth*, New York: Cambridge university press, 1989.

[2]　Brezis, Paul kruman, Daniel Tsiddon, "Leap-frogging in International Competition: A Theory of Cycles in National Technological Leadership", *American Economic Review*, 1993, 83.

第一种是从行业范围角度认识数字经济。1997 年，日本通产省将数字经济界定为广义的电子商务①。美国商务部在 1998 年发布的《新兴的数字经济》中，将数字经济定义为电子商务及其赖以实施的信息技术产业之和。Brent R. Moulton 认为数字经济是包括信息技术和电子商务在内的经济活动。他将信息技术解释为信息处理和软件、半导体、通信设备等相关设备，将电子商务解释为利用网络销售商品和服务。② Thomas L. Mesenbourg 将数字经济理解为电子商务基础设施、电子商务流程和电子商务这三个组成部分之和。③ 但是，由于对行业范围的界定不同，行业规模也难以测算，这类定义给统计造成了困难。④

第二种是从投入产出角度认识数字经济。英国研究委员会认为，数字经济通过人和技术发生复杂关系而创造社会经济效益⑤。英国经济社会研究院认为，数字经济是由以信息通信技术为基础的生产和销售工具的投入带来的产品和服务的产出⑥。Rumana Bukht 和 Richard Heeks 认为数字经济是仅仅由或主要由新一代信息技术和基于数字商品或数字服务的商业模式所产生的经济产出部分。这类定义过于强调数字经济带来的产出增加，存在一定的片面性。⑦

第三种是从技术驱动角度认识数字经济。唐·泰普斯科特认为，网络智能时代的经济就是数字经济，信息的呈现和传输都以 0 和 1 这两个数字来实现。⑧ 何枭吟认为数字经济是一场由新一代信息技术不断创新主导的经济

① 田丽：《各国数字经济概念比较研究》，《经济研究参考》2017 年第 40 期，第 101~106 页。
② Brent R. Moulton, "GDP and the Digital Economy Keeping up with the Changes", *Washington D. C.: Bureau of Economic Analysis, U. S. Department of Commerce*, 1999, pp. 34-48.
③ Thomas L. Mesenbourg, *Measuring the Digital Economy*, Suitland, MD: US Bureau of the Census, 2001.
④ 裴长洪、倪江飞、李越：《数字经济的政治经济学分析》，《财贸经济》2018 年第 9 期，第 5~22 页。
⑤ 逄健，朱欣民：《国外数字经济发展趋势与数字经济国家发展战略》，《科技进步与对策》2013 年第 8 期，第 124~128 页。
⑥ Max Nathan, Anna Rosso, "Measuring the UK´S Digital Economy with Big Data", *London, UK: National Institute of Economic and Social Research*, 2012, p. 8.
⑦ Rumana Bukht, Richard Heeks, *Defining, Conceptualising and Measuring the Digital Economy*, Manchester: University of Manchester, 2017, p. 4.
⑧ 〔美〕唐·泰普斯科特：《数字经济：网络智能时代的希望与危险》，机械工业出版社，1995，序言。

革命，带来了社会生产潜力的变化、知识储备的本质变化以及实现生产潜力的组织方面的本质变化。① 澳大利亚将发展数字经济视为国家优先战略，在《国家数字经济战略》报告中，数字经济被定义为由互联网、移动电话和传感器网络等信息通信技术驱动的、涵盖经济和社会活动的全球网络体系。经合组织（OECD）发展中心发布的《发展中国家数字经济治理》指出，数字经济是多种通用技术和人们通过互联网及相关技术进行的一系列经济社会活动的融合。李长江将数字经济定义为以新一代信息技术方式进行生产的经济形态。② 这类定义突出了数字经济由新一代信息技术驱动这一重要特征，但忽略了作为一种崭新的经济形态，数字经济在关键要素、基础设施、生产组织形式、社会制度等方方面面所具有的特征和变化。

第四种定义是对前三种定义角度的综合，将数字经济理解为基于新一代信息技术、网络设施和数据要素而产生的新经济形态③，不仅包括电子信息制造业、电信业、软件和信息技术服务业、互联网行业等数字经济基础产业，还包括既有的三次产业因应用新一代信息技术获得的产出增加，以及政府利用新一代信息技术进行的治理模式、治理体系和治理能力的数字化创新。如二十国集团领导人杭州峰会发布的《二十国集团数字经济发展与合作倡议》认为，数字经济是以使用数字化的知识和信息作为关键生产要素、以现代信息网络作为重要载体、以信息通信技术（ICT）的有效使用作为效率提升和经济结构优化的重要推动力的一系列经济活动。④ 中国信息通信研究院在《中国数字经济发展白皮书（2017年）》中对数字经济做出了近似定义："数字经济是以数字化的知识和信息为关键生产要素，以数字技术创新为核心驱动力，以现代信息网络为重要载体，通过新一代信息技术与实体经济深度融合，不断提高传统产业数字化、网络化、智能化水平，加速重构经济发展与政府治理模式的新型经济形态。"⑤ 本书更倾

---

① 何枭吟：《美国数字经济研究》吉林大学，博士学位论文，2005。

② 李长江：《关于数字经济内涵的初步探讨》，《电子政务》2017年第9期，第84~92页。

③ James Wilsdon, "Digital Future: An Agenda for a Sustainable Digital Economy, Corporate Enviromental Strategy", *Corporate Enviromental Strategy*, 2001, 8, (3), pp. 12~18.

④ 《二十国集团数字经济发展与合作倡议》，重庆市大数据应用发展局官网，http://dsjj.cq.gov.cn/ztzl/zgtsshzy/202311/t20231113_12552473_wap.html。

⑤ 中国信息通信研究院：《中国数字经济发展白皮书（2017年）》，第十六届中国互联网大会，2017年7月，第30页。

向于从这个角度认识数字经济。因为随着信息通信技术的进步，不仅互联网行业等数字经济基础产业迅速崛起，成为经济社会成长最快的新兴部门，而且通过产业间的竞争与融合，数字经济基础产业带动传统产业乃至整个经济社会产生深刻变革，将重塑社会经济形态。因此不应将数字经济单纯看作某些产业，或数据投入带来的产出增加，或信息通信技术驱动的经济活动，而应将其看作一种新的经济形态或是技术—经济范式。

基于此，本章将数字经济定义为以使用数字化的知识和信息作为关键生产要素、以现代信息网络作为重要载体、以信息通信技术（ICT）的有效使用作为效率提升和经济结构优化的重要推动力的一种新型经济形态。该定义有三个优势：一是体现了数字经济的特征——数字经济以信息通信技术的有效使用为核心驱动力，在信息通信技术产生以前，不会存在数字经济；二是反映了数字经济的本质——数字经济是继农业经济、工业经济之后的一种新兴经济形态，是对当前社会最先进生产力的生产活动的抽象描述，包括主导产业、生产组织形式、商业模式、基本结构和政策制度等；三是便于统计——可以从要素成本变化、生产率变化、技术投入等角度测算数字经济给产业带来的影响。

（二）数字经济是一个技术—经济范式

佩蕾丝在 2002 年的著述中指出，要被称作"技术革命"，除有短时间内创新集群的突破外，还要具备两个条件：一是这些技术突破超越了它们最初发展的产业的界限，传播到更广阔的范围；二是旧范式的潜力被耗尽，只有当信息技术革命的财富创造力接近极限时，新技术革命才更有可能发生。数字经济作为一种由数据要素投入、信息通信技术创新和信息网络建设引发的技术—经济范式，改变了整个经济社会的主导技术结构、理想生产组织和最佳社会制度，把人类社会推向了一个新的时代。

数字经济的发展阶段由信息技术革命的生命周期决定，信息技术革命的扩散国家可能会比发起国家落后 20~30 年的发展时间[1]。20 世纪 70 年代到 20 世纪末是信息技术革命的导入期，数字经济在福特制大规模生产范式

---

[1] Christopher Freeman, "Preface", *Carlota Perez. Technical Revolutions and Financial Capital: The Dynamics of Bubbles and Golden Ages*, Cheltenham, UK: Edward Elgar Publishing, 2002.

的瓦解中逐渐显现。1971年世界上第一台微处理器的诞生标志着信息技术革命的爆发，随之而来的是20世纪80年代的个人电脑销量激增和20世纪90年代的互联网技术投入商用。信息技术革命带来了新的投资和增长潜力，人类的日常活动开始由物理空间向虚拟空间延伸。1995年，美国经济学家唐·泰普斯科特首先用"数字经济"一词来描述这种"以人类智慧网络化为基础的新型经济"，随后，大量与数字经济相关的政府报告和学术著作相继问世，数字经济时代宣告来临。到1998年，全球互联网用户已达到1亿人，五年内增长了30万倍；接入互联网的主机数量将近2000万台，十年内增长了10倍；信息技术产业的总资本达到5880亿美元；对信息技术公司的风险投资高达年均120亿美元[①]。全世界掀起了一股数字化狂潮，数字经济范式成型。

2000年互联网泡沫的迸裂将信息技术革命带入转折点，数字经济范式在互联网市场的冷却和调整中成熟。许多互联网企业因股价急速下跌而破产，大量劳动力被抛向市场，信息通信产业从发展过热转变为紧缩，失业危机和经济衰退一直持续到了2008年的国际金融危机爆发。各国政府开始反思前期的失误，希望通过政策调整，推动数字经济步入良性发展轨道，利用信息通信技术稳固提高社会生产力。21世纪初，美国的"再工业化"战略、德国的"工业4.0"战略、欧盟的"数字化欧洲工业"计划、日本的"工业再兴"战略等相继出台，显示出各国政府抓住数字经济发展机遇、巩固实体经济发展、建立新的市场秩序、重振本国经济的决心。数字经济范式已作为经济的、政治的和意识形态的"常识"为社会所接受，塑造了未来三十年的经济发展轨迹，也决定着信息技术革命在展开期所能达到的潜力极限。

21世纪的第二个十年，"大智移云网"等新一代信息技术的灵活性、共享性和高性能计算能力愈发明显，与物理技术、先进制造技术融合，使主导技术群不断升级，吸引了大量的投资，信息技术革命进入了展开期。首先是涌现出一批生产数据要素和新一代信息技术的产业，如工业生产大数据资源服务、人工智能软件开发、新一代移动通信网络服务、云存储设备

---

① 《美国商务部报告》，载姜奇平等译《浮现中的数字经济》，人民大学出版社，1998，第5～20页。

制造等，为整个经济社会带来了源源不断的动力；其次是最密集使用数据要素和新一代信息技术的产业迅速成长，如中高档数控系统生产、智能物流与仓储装备制造、工业机器人与增材设备制造等产业，每年的产量和利润总额成倍增加，极大地促进了经济增长；最后是传统产业在数字经济的渗透下焕发新活力，催生出个性化定制、网络化协同、智能化生产和服务型制造等新的商业模式，提升了效率和竞争力，实现了转型升级。数字经济迎来了黄金发展时期。

与之前范式最大的不同是，数字经济将人类社会带入了虚拟空间。数据化的知识和信息作为独立的核心要素参与生产，贯穿企业从需求分析、研发设计、模型验收、生产制造、市场营销到售后服务的全流程。新一代信息技术的通用性和外溢性使其与物理技术、生物技术和先进制造技术交互融通，形成了范式的主导技术群。数字基础设施促进了物与物、物与人、人与人的互联互通，为各行业接入数字化、网络化、智能化基因，使市场边界向虚拟空间延伸。对数据要素、新一代信息技术和数字基础设施的应用带来了经济效率的大幅提升，引发了生产方式、组织形式、商业模式的变革，深刻改变着人类社会实践。

进入 21 世纪的第二个十年，"大智移云网"等新兴技术的出现，标志着数字经济在更高的技术水平上迅速扩张，呈现出向传统产业渗透的趋势。新一代信息技术在工业、服务业等传统领域广泛应用，智能制造成为制造业发展的新模式；生产组织形式和管理模式不断变革，传统信息服务业纷纷向云商转变；政府数字化治理能力不断完善，技术、经济、法律等多领域综合的网络治理格局正在形成；产业资本、金融资本与数字资本的结合更加紧密，数字经济与传统产业的融合不断加深。到 21 世纪中叶，数字经济将发挥出全部潜力，为经济社会面貌带来深刻巨变。

五　我国制造业转型升级的必要性和路径

新中国成立初期，由于在工业发展方面缺乏经验，我国遵循马克思相关经济理论，采取苏联重工业优先发展的产业政策，在政府计划配置的指令下，将资源集中投向了重工业，这种做法对我国工业发展起到了一定积极作用，但也违背了比较优势原则，导致轻工业、重工业比例失调，工业结构遭到人为扭曲。20 世纪 80 年代后，随着改革开放的推进以及工业化发展，重工业尤其是装备工业发展滞后的问题不断凸显，制造业结构转型问题也开始成为理论研究的热点。进入21世纪，特别是2008年国际金融危机以来，国内学者对制造业转型升级的研究倾注了大量心血，在借鉴吸收国外学者研究成果的基础上，针对我国制造业发展过程中出现的问题和未来面临的挑战等，从不同角度提出了解决问题和破解瓶颈的思路，而且研究成果颇丰。

国内关于工业化进程的研究，主流的观点来自中国社会科学院工业经济研究所。按照黄群慧等、陈佳贵等计算的工业化水平综合指数看，中国工业化综合指数由2000年的18、2005年的41提高到2010年的66，表明经过10年时间中国就进入了工业化中期阶段，"十二五"时期开始步入工业化后期。① 在此基础上，李晓华从人均GDP、产业就业比、工业结构、城镇化率等分项指标来分析到2020年实现工业化的可能性，结果显示，前三项得分较高，而后两项明显滞后。② 可见，"十二五"初期我国只是刚进入工业化后期的临界值（66），属于后期的前半段，"十三五"期间我国仍处于工业化后期。按照黄群慧等的研究结论，我国将在2025年到2030年实现工业化。党的十八大报告提出到2020年我国基本实现工业化，可以看出这些时间比研究结论的时间至少提前了5年，这也表明我国制造业结构优化和转型升级任务艰巨，迫在眉睫。

（一）制造业转型升级必要性

国内学者近年来对制造业发展存在的问题进行了大量研究，凸显了制造业转型升级的必要性，主要体现在以下三个方面。

第一，制造业存在结构性不合理，发展方式粗放。我国制造业结构总体上趋于不合理，傅元海等利用制造业结构偏离度公式，计算我国的制造业结构偏离度从1997年的0.14上升到2012年的0.6，结构不合理进一步加剧。③

---

① 黄群慧、贺俊：《新工业革命：理论逻辑与战略视野》，社会科学文献出版社，2016，第2~6+25页；陈佳贵、黄群慧等：《工业大国国情与工业强国战略》，社会科学文献出版社，2012，第34~56页。

② 李晓华：《中国工业化的阶段特征与发展任务》，《中国经贸导刊》2015年第4期，第16~18页。

③ 傅元海、叶祥松、王展翔：《制造业结构优化的技术进步路径选择——基于动态面板的经验分析》，《中国工业经济》2014年第9期，第78~90页。

金碚等认为在工业化的中后期阶段，工业化水平的提高以重工业发展为主，这符合工业结构演变规律。[①] 但我国重工业的发展方式具有粗放型和外延式特点，资源消耗高、环境影响大等问题逐渐凸显。李晓华、沈坤荣等在工业内部结构问题和制造业发展方式的研究上也有类似结论。[②][③] 另外，以三次产业间的比例关系看，学术界有不同看法，很多学者认为我国二次产业比重过大，但是也有学者认为二次产业比重不高，制造业尚有提升空间。[④] 如李钢等利用购买力平价分行业的数据，计算我国 2000~2009 年的产业结构，结果显示当时通行的产业结构数据高估了第二产业近 14 个百分点，2009 年三次产业结构比为 5∶32∶63，与当时中国人均 GDP 相同的发达国家产业结构相比，我国第二产业的比重明显偏低；因此建议第二产业特别是制造业需要加快发展。[⑤]

第二，制造业生产率不高，创新不足。具体表现在：一是制造业生产率不高，且呈下滑趋势。李晓华以中国 2011 年各行业的数据与美国、日本和德国 2008 年的数据进行比较，发现我国劳动生产率都明显低于这些国家，这种差距不仅体现在高技术产业，而且纺织产业的生产效率也低。[⑥] 此外，很多学者基于不同方法的研究显示，自 2003 年以来，我国制造业的全要素生产率增速下滑明显。就生产率下滑的原因，一种观点认为政府主导、投资驱动的经济增长方式是工业增长效率恶化的根源[⑦]，但是黄群慧等指出除了考虑政府干预的累积效应对制造业生产效率变动的影响外，还需要纳入

① 金碚、吕铁、邓洲：《中国工业结构转型升级：进展、问题与趋势》，《中国工业经济》2011 年第 2 期，第 2~15 页。

② 李晓华、严欢：《"中国制造"正在丧失劳动成本优势吗》，《工业经济论坛》2015 年第 1 期，第 13~22 页。

③ 沈坤荣、赵倩：《创新驱动发展的国际经验及其对中国的启示》，《学习与探索》2015 年第 11 期，第 77~81 页。

④ 汪海波：《对新中国产业结构演进的历史考察—兼及产业结构调整的对策思考》，《中共党史研究》2010 年第 6 期，第 27~36 页；马晓河：《加快体制改革推动我国服务业大发展》，《中国发展观察》2011 年第 6 期，第 17~18 页。

⑤ 李钢、廖建辉、向奕霓：《中国产业升级的方向与路径——中国第二产业占 GDP 的比例过高了吗》，《中国工业经济》2011 年第 10 期，第 16~26 页。

⑥ 李晓华：《中国工业的发展差距与转型升级路径》，《经济研究参考》2013 年第 51 期，第 15~30 页。

⑦ 江飞涛、武鹏、李晓萍：《中国工业经济增长动力机制转换》，《中国工业经济》2014 年第 5 期，第 5~17 页。

更多的分析框架来思考中国的制造业效率问题，这个框架包括经济发展阶段、技术水平、全球产业调整周期等。[1] 另一种观点则从资源配置扭曲的角度看待全要素生产率产生的差异，特别是 2009 年 HK 模型提出以来，国内很多学者开始借鉴该模型讨论中国工业的资源配置扭曲问题，研究还发现国企改革、企业规模等因素对工业经济的资源配置效率产生重要影响。二是研发强度不足，缺乏技术创新。[2] 从行业层面看，中国工业各子行业的研发强度（研发支出与工业总产值之比）普遍较低，特别是一些高技术领域更为明显，如在医药制造领域，美国和日本在 2008 年的研发强度分别为 24.47% 和 16.4%，而中国 2011 年仅为 1.41%[3]。从企业层面来看，也存在类似情况，一般认为企业的研发投入强度达到 5% 时才具有竞争力，而我国 2011 年企业的研发投入强度只有 0.94%，远低于欧美等发达国家的 2%，而且企业间研发投入差距较大[4]。很多学者也从多个角度分析了影响研发强度的因素，如融资、抗风险及股权性质的影响[5]，高管和董事会特征等内部治理因素的影响，尤其是 CEO 的重要作用，等等。研发强度代表产业和企业的创新力，研发强度低意味着技术创新不足，这必然影响到制造业的转型升级。进一步来看，傅元海等认为技术进步的不同路径对制造业结构合理化和高度化的作用机理不尽相同，他们运用系统 GMM 进行研究，结果显示自主创新能促进制造业结构趋于合理，但不能促进其升级[6]；外资不会自动发生技术溢出优化制造业的结构。黄群慧等根据经典的 AU 模型假说进行分析，认为后发国家技术进步呈现逆"AU 模型"特征，这也造成后发国家技

① 黄群慧、贺俊：《中国制造业的核心能力、功能定位与发展战略——兼评〈中国制造 2025〉》，《中国工业经济》2015 年第 6 期，第 5~17 页。
② 聂辉华、贾瑞雪：《中国制造业企业生产率与资源误置》，《世界经济》2011 年第 7 期，第 27~42 页；陈永伟、胡伟民：《价格扭曲、要素错配和效率损失：理论和应用》，《经济学季刊》2011 年第 10 期，第 1401~1422 页；余婧、罗杰：《中国金融资源错配的微观机制——基于工业企业商业信贷的经验研究》，《复旦学报》2012 年第 1 期，第 19~27 页。
③ 李晓华：《中国工业的发展差距与转型升级路径》，《经济研究参考》2013 年第 51 期，第 15~30 页。
④ 屈海涛、赵息：《CEO 权力结构与研发强度——基于中国制造业上市公司的实证研究》，《投资研究》2015 年第 11 期，第 42~52 页。
⑤ 伍华丽：《制造业上市公司研发投入强度的影响因素研究》，重庆大学出版社，2012，第 5~20 页。
⑥ 傅元海、叶祥松、王展祥：《制造业结构优化的技术进步路径选择——基于动态面板的经验分析》，《中国工业经济》2014 年第 9 期，第 78~90 页。

术学习的难度不断加大。[1]

第三，制造业存在"低端锁定"现象。"低端锁定"通常是指企业由于跨国公司或者自身原因被"锁定"于低端生产制造环节，无法向价值链高端跃升。张慧明等采用进出口商品的单位价值比率（RUV）来测度了我国2000~2011年22个制造业细分行业在全球价值链中的位置，研究显示有12个行业处于低端锁定状态而且呈现扩张态势。[2] 杜传忠等也用相同的指标测度了2000~2013年我国5个高技术制造业的RUV值，结果显示，高技术制造业整体也基本处于低端锁定状态。[3] "低端锁定"现象的存在和演变，部分解释了为什么一部分低端制造企业在面临人民币汇率升值、土地成本上升、"人口红利"消失的情况下，企业利润进一步遭到挤压，企业也被迫迁移至柬埔寨、缅甸等东盟中落后但劳动力、土地成本较为低廉的国家。[4] 另外，从已有研究看，对外开放、技术、市场需求、制度等成为导致我国制造业存在"低端锁定"现象的重要因素。

除了制造业自身存在的问题外，学者们还指出，一段时间以来工业增速下降，产能过剩，工业投资下降，特别是民间投资大幅下滑及债务风险加大，甚至国外发达国家提出的各种制造业新政都是目前需要加快制造业转型升级的重要原因。[5]

（二）制造业转型升级的路径

针对我国制造业转型升级中存在的问题以及各种影响因素，国内学者从不同角度研究制造业转型升级路径问题。

[1] 黄群慧、贺俊：《中国制造业的核心能力、功能定位与发展战略——兼评中国制造2025》，《中国工业经济》2015年第6期，第5~17页。

[2] 张慧明、蔡银寅：《中国制造业如何走出"低端锁定"——基于面板数据的实证研究》，《国际经贸探索》2015年第1期，第52~65页。

[3] 杜传忠、李彤、刘英华：《风险投资促进战略性新兴产业发展的机制及效应》，《经济与管理研究》2016年第10期，第64~72页。

[4] 陈爱贞、刘志彪：《决定我国装备制造业在全球价值链中地位的因素——基于各细分行业投入产出实证分析》，《国际贸易问题》2011年第4期，第115~125页；白雪洁、李媛：《我国战略性新兴产业发展如何避低端锁定——以风电设备制造业为例》，《中国科技论坛》2012年第3期，第50~55页；胡大立：《我国产业集群全球价值链"低端锁定"的诱因及其突围》，《现代经济探讨》2013年第2期，第23~26页。

[5] 张卫华、江源、原磊、于建勋：《中国工业经济增长动力机制转变及转型升级研究》，《调研世界》2015年第6期，第3~10页。

第一，制造业信息化角度。我国学术界在 20 世纪 90 年代提出工业化与信息化互补共进是历史的选择①，工业化与信息化融合本质是在实现工业化过程中做到信息化带动工业化，工业化促进信息化。② 这些理论研究促使工业化与信息化融合成为中国转变经济增长方式的国家战略，在国家政策影响下，国内很多学者重视工业化与信息化融合的理论探讨，但概念讨论和描述分析居多，在实证研究上也主要是信息化和信息产业对中国经济增长影响的分析。③ 也有一些学者用实证方法讨论了工业化与信息化二者关系以及融合情况，如俞立平等基于向量自回归（VAR）模型认为，信息化波动是影响工业化波动的主要原因，但工业化波动不是影响信息化波动的主要原因。④ 谢康等构建了完全竞争和不完全竞争条件下的工业化与信息化融合模型，将随机前沿分析方法应用于工业化与信息化融合研究，结果表明，两化融合具有周期性，大约为 5 年；融合对转变经济增长方式、三次产业结构调整、降低单位 GRP 电力消费和能耗有不同程度影响。⑤ 谭清美等从微宏观两个角度进行理论分析，并借助 GMM 模型对我国城市面板数据进行测度，探讨了信息化对制造业升级的影响机制，结果表明信息化与制造业升级存在倒 U 形关系。⑥ 该结论与 Hawash、Lang 的结论类似，这也说明信息化并不是总会促进制造业升级，信息化是机遇也是挑战，各地区需要结合自身工业化水平来发展信息化。近年来，随着互联网技术的发展，"互联网+"对制造业转型升级影响的研究比较多。曾繁华等利用 GMM 模型对 2006~2015 年 30 个省份的面板数据进行实证检验，结果表明，"互联网+"

---

① 乌家培：《正确处理信息化与工业化的关系》，《经济研究》1993 年第 12 期，第 70~71 页。

② 吴敬琏：《中国应当走一条什么样的工业化道路？》，《管理世界》2006 年第 8 期，第 1~7 页。

③ 汪斌、余冬筠：《中国信息化的经济结构效应分析—基于计量模型的实证研究》，《中国工业经济》2004 年第 7 期，第 21~28 页；刘荣添、叶民强：《信息化与经济增长的计量分析—来自 29 个省份面板数据的经验：1992~2004》，《经济问题探索》2006 年第 9 期，第 9~14 页；王宏伟：《信息产业与中国经济增长的实证分析》，《中国工业经济》2009 年第 11 期，第 66~76 页。

④ 俞立平、潘云涛、武夷山：《工业化与信息化互动关系的实证研究》，《中国软科学》2009 年第 1 期，第 34~40 页。

⑤ 谢康、肖静华、周先波、乌家培：《中国工业化与信息化融合质量：理论与实证》，《经济研究》2012 年第 1 期，第 4~15 页。

⑥ 谭清美、陈静：《信息化对制造业升级的影响机制研究——中国城市面板数据分析》，《科技进步与对策》2016 年第 20 期，第 55~62 页。

对资本密集型和技术密集型制造业发展产生积极的正向促进作用，而对劳动密集型制造业则具有显著抑制作用。[①] 王可等利用 2012 年世界银行对中国制造业企业的调查数据进行多元回归分析，发现互联网的使用推动了我国制造业的创新活动，提高了制造业供应链上下游企业间的信息分享意愿，而且促进了商品销售和营销行为更加高效。[②] 徐伟呈等就互联网技术进步对我国产业结构变迁的影响进行了实证研究，发现互联网技术进步能够驱动我国产业结构趋于高度化，但不利于产业结构合理化。[③] 王娟基于世界银行的中国企业调查数据，实证检验了"互联网+"对企业劳动生产率的影响，结果表明，"互联网+"显著地影响了中国制造企业的劳动生产率，而"互联网+"对劳动密集型产业的劳动生产率影响较小，对东部地区企业的劳动生产率影响较大。[④] 在"互联网+"对制造业转型升级的作用以及区域影响差异上，石喜爱等、纪玉俊等也有类似的研究结论。[⑤] 郭家堂等采用 2002~2014 年省级面板数据分析了互联网对全要素生产率的作用，发现由于存在显著的网络效应特征，互联网对我国全要素生产率的促进作用是非线性的。[⑥]

第二，全球价值链角度。全球价值链存在两种分解形式，一是按照研发、设计、生产、营销、物流等功能链条进行分解，形成纵向分工与角色分配；二是按照产品复杂性和产品部件等供应链条进行分解，形成横向分工与角色分配。国内很多学者，如刘东勋，李海舰、原磊，张辉，李平、狄辉等从功能链条的视角分析了附加值提升的途径是由微笑曲线的加工组

①　曾繁华、刘淑萍：《"互联网+"对中国制造业升级影响的实证检验》，《统计与决策》2019年第 9 期，第 124~127 页。

②　王可、李连燕：《"互联网+"对中国制造业发展影响的实证研究》，《数量经济技术经济研究》2018 年第 6 期，第 3~20 页。

③　徐伟呈、范爱军：《"互联网+"驱动下的中国产业结构优化升级》，《财经科学》2018 年第 3 期，第 119~132 页。

④　王娟：《"互联网+"与劳动生产率：基于中国制造业的实证研究》，《财经科学》2016 年第 11 期，第 91~98 页。

⑤　石喜爱、季良玉、程中华：《"互联网+"对中国制造业转型升级影响的实证研究—中国 2003-2014 年省级面板数据检验》，《科技进步与对策》2017 年第 34 期，第 64~71 页；纪玉俊、张彦彦：《互联网+背景下的制造业升级：机理及测度》，《中国科技论坛》2017 年第 3 期，第 50~57 页。

⑥　郭家堂、骆品亮：《互联网对中国全要素生产率有促进作用吗？》，《管理世界》2016 年第 10 期，第 34~49 页。

装环节向两侧延伸。[①] 但是产品架构要素的加入，不仅丰富了价值链体系的维度，而且引出了价值链治理的研究，因为产品架构的封闭与开放程度、界面的标准化程度直接影响了全球价值链治理的模式。另外，就对本土制造业而言，如何通过嵌入实现转型升级也成为研究的热点。[②] 如刘维林认为单纯功能分工视角的价值链延伸难以突破"低端锁定"，主张通过产品分工和功能分工进行双重嵌入，并通过知识扩散、动态能力建构、治理结构、租金创造与分配四重机制丰富全球价值链攀升的路径并加快升级进程。[③] 巫强和刘志彪通过构建国家价值链，主张从全球价值链上升到国家价值链，提高价值链终端的竞争程度。进一步地，他们按照模块化的产品构架，构建了"能力—位置—制度"框架，刻画了制造业的核心能力，认为中国制造业的优势主要体现在模块化架构产品和大型复杂装备领域。[④] 但从实际看，制造业相对发达的沿海地区，比如江苏省和广东省融入全球价值链的意愿高于融入国内价值链，而对其他省份关联效应较大的行业基本上是中间品行业，且具有自然资源密集的特征。在嵌入方式上，范子杰等研究发现直接嵌入和产品嵌入是我国制造业全球价值链的主要嵌入方式，也是全球性和区域性特征变化的主导因素[⑤]；郭志芳通过测算全球主要经济体2002~2012 年的制造业出口技术复杂度指数，以及分析影响国家价值链的因素，发现深化产品内国际分工并不必然导致价值链升级，而本国的生产技术、物资资本、对外投资等因素对全球价值链提升有一定的积极作用。[⑥] 冯

---

① 刘东勋：《价值曲线的时代变化和产业价值链竞争》，《上海经济研究》2005 年第 7 期，第 53~59 页；李海舰、原磊：《基于价值链层面的利润转移研究》，《中国工业经济》2005 年第 6 期，第 81~89 页；张辉：《全球价值链理论与我国产业发展研究》，《中国工业经济》2004 年第 5 期，第 38~46 期；李平、狄辉：《产业价值链模块化重构的价值决定研究》，《中国工业经济》2006 年第 9 期，第 71~77 期。

② 唐春晖：《产品架构、全球价值链与本土企业升级路径》，《工业技术经济》2010 年第 2 期，第 16~20 页。

③ 刘维林：《产品架构与功能架构的双重嵌入—本土制造业突破 GVC 低端锁定的攀升途径》，《中国工业经济》2012 年第 1 期，第 152~160 页。

④ 巫强、刘志彪：《本土装备制造业市场空间障碍分析—基于下游行业全球价值链的视角》，《中国工业经济》2012 年第 3 期，第 43~55 页。

⑤ 范子杰、张亚斌、彭学之：《基于上游延伸的中国制造业 GVCs 地域特征及变化机制》，《世界经济》2016 年第 8 期，第 118~142 页。

⑥ 郭志芳：《产品内国际分工与国家价值链提升——基于跨国层面和产品细分贸易数据的实证分析》，《亚太经济》2016 年第 4 期，第 124~130 页。

伟等在测度 30 个省市 2004~2015 年 21 个制造业行业价值链位置的基础上，运用系统广义矩估计法从分行业和分地区两个层面进行了实证检验，结果表明，产业规模、人力资本对我国制造业的价值链攀升具有显著促进作用，而劳动力成本对价值链攀升则具有抑制作用；创新水平、外商投资对价值链攀升的影响则存在地域、产业的异质性。[①] 魏龙等基于 WIOD 数据和 KPWW 方法，通过多元面板回归分析寻找全球价值链嵌入位置与分工地位之间的关系，将 14 个制造业产业按全球价值链主导环节归类，研究发现 14 个制造业产业可以分为上游环节主导、下游环节主导和混合主导三类；以三类产业的主导环节作为产业升级方向能够提升产业升级幅度，生产要素中高级要素对制造业升级的促进作用强于传统生产要素。[②]

第三，制造业服务化角度。与国外相比，国内学者对制造业服务化的研究起步比较晚，研究内容主要集中在投入服务化和产出服务化两个方面。从投入服务化看，李松庆、梁碧云提出，通过制造业企业服务因素投入比例的攀升，制造业企业可以实现从产品生产者向服务提供者的动态角色变化，制造业服务化进程随之产生。[③] 黄群慧、崔景东认为制造业服务化在企业内部和外部均存在，其中企业内部的制造业服务化表现为企业内部服务职能的不断增强。[④] 刘斌等认为制造业服务化通过内部服务要素的投入和外部服务产品的供给，逐步实现制造业的转型升级，他们进一步研究认为制造业投入服务化增加了企业出口概率，扩大了企业出口产品种类和市场范围，且制造业投入服务化对出口产品价格的正向提升效应明显大于对出口数量的负向效应。[⑤] 周大鹏借助投入产出数据构建的面板模型量化分析了制造业服务化的产业升级效应，结果表明，服务中间投入的确对制造业产出

① 冯伟、李嘉佳：《中国制造业价值链攀升的影响因素研究—理论假说与实证分析》，《产业经济评论》2018 年第 3 期，第 5~14 页。
② 魏龙、王磊：《全球价值链体系下中国制造业转型升级分析》，《数量经济技术经济研究》2017 年第 6 期，第 71~86 页。
③ 李松庆、梁碧云：《制造业服务化概念和演进阶段的研究综述与展望》，《商业时代》2012 年第 35 期，第 116~117 页。
④ 黄群慧、崔景东：《中国制造业服务化的现状与问题—国际比较视角》，《学习与探索》2013 年第 217 期，第 90~96 页。
⑤ 刘斌、魏倩、吕越、祝坤福：《制造业服务化与价值链升级》，《经济研究》2016 年第 3 期，第 151~162 页。

具有显著影响，但服务要素投入对不同类型制造业升级的影响程度是不同的。① 从产出服务化看，夏杰长等从企业生产供给角度出发，认为有服务化特征的制造企业可以集中提供物品、服务和信息等，摆脱了单一的发展模式，实现了从单纯产品提供者向服务提供者的动态转变。② 郭怀英，黄群慧、崔景东研究了当前制造业服务化国际趋势，将我国与世界发达国家的制造业服务化水平进行深入比较，总结出我国制造业服务化的当前发展态势，并指出"制造业服务化是一种制造业发展逻辑，贯穿于制造业的其他任务，制造业服务化与制造业转型升级密切相关"。③ 另外，一些学者研究了制造业服务化对制造业产出绩效的影响，如陈洁雄以中美两国的装备制造、汽车、家电以及电子信息等制造行业为研究对象，就服务化对制造企业经营绩效的影响进行研究，结果表明，中国企业的服务化对其经营绩效存有显著的倒 U 形关系，而美国企业有显著的正向线性关系。④ 肖挺等以世界主要制造业国家的投入产出表数据实证分析服务化对制造业的产业绩效与生产率变化的影响，研究认为制造业服务化主要表现为"双刃剑"式中性影响，行业如果通过产业调整能实现增长，那么在服务化的背景下行业的绩效与全要素生产率（TFP）就会出现"自我促进"的良性循环发展；反之，如果产业发展出现了问题，服务化也会放大对行业负面的影响，出现所谓的"服务化困境"。⑤

第四，其他视角。国内学术界对制造业转型升级路径的相关研究还有很多，比如有产业结构升级论、比较优势论等。其中产业结构升级论遭到了不少批评，这类研究往往"将内生的产业结构问题完全外生化，因而忽略了一国产业结构的特殊性和统计意义上的产业结构所掩盖的复杂产品分

---

① 周大鹏：《制造业服务化对产业转型升级的影响》，《世界经济研究》2013 年第 9 期，第 17~22 页。

② 夏杰长、张晓欣：《我国公共服务供给不足的财政因素分析与对策探讨》，《经济研究参考》2007 年第 5 期，第 33~41 页。

③ 郭怀英：《制造业服务化趋势及其启示》，《产业经济评论》2013 年第 6 期，第 21~27 页；黄群慧、崔景东：《中国制造业服务化的现状与问题——国际比较视角》，《学习与探索》2013 年第 8 期，第 90~96 页。

④ 陈洁雄：《制造业服务化与经营绩效的实证检验——基于中美上市公司的比较》，《商业经济与管理》2010 年第 4 期，第 33~41 页。

⑤ 肖挺、蒋金法：《全球制造业服务化对行业绩效与全要素生产率的影响——基于国际投入产出数据的实证分析》，《当代财经》2016 年第 6 期，第 86~98 页。

工和知识分工，以及这些复杂分工形式背后的能力差异"。至于比较优势论，虽然林毅夫主张发展中国家要遵循比较优势原则，提出了新结构经济学的分析框架，也提出了促进产业升级的增长甄别与因势利导的六个步骤，但还是引起了国内外众多学者的激烈争论。[①] 一些学者从比较优势演化或动态比较优势演化等角度进行新视角的研究，如张其仔在 HK 模型基础上进行了扩展，研究结论显示，不同的国家因其当前的产业结构不同，其未来的演化路径就会有所差异，而且比较优势演化的路径不一定是线性的、连续的，可能出现分岔和断档，由此，产业升级的路径也不一定是线性的。[②] 邓向荣等构建了全球产品空间布局图，可视化中国 1962~2014 年产业升级路径，并实证检验中国与世界各国产业升级与比较优势之间的关系，结果表明，全球产业升级偏离比较优势程度与经济增长正相关，生产能力累积引发产业持续创新是跨越式增长的重要原因。[③] 章潇萌等在"两国三部门"模型框架下，分析对外开放对我国产业结构转型路径的影响，研究结果显示，对外开放是造成我国当前产业结构转型路径区别于发达国家历史经验的主要原因之一。[④]

---

① 林毅夫：《新结构经济学》，北京大学出版社，2015，第 22~23 页、第 271~272 页、第 283 页、第 287~288 页。
② 张其仔：《比较优势的演化与中国产业升级路径的选择》，《中国工业经济》2008 年第 9 期，第 58~68 页。
③ 邓向荣、曹红：《产业升级路径选择：遵循抑或偏离比较优势——基于产品空间结构的实证分析》，《中国工业经济》2016 年第 2 期，第 52~67 页。
④ 章潇萌、杨宇菲：《对外开放与我国产业结构转型的新路径》，《管理世界》2016 年第 3 期，第 25~35 页。

第三章 深圳制造业转型历程及经验

一 深圳模式：改革开放助推小渔村蜕变为创新型大都市

历史上深圳几经变迁，从"番舶往来，皆出于此"的"丝路港口"到"南国小渔村"。深圳有近 1700 年历史，地处珠江口东岸，东临大亚湾，西濒珠江口，南部深圳河与香港相连，坐拥南海和太平洋辽阔海域，适宜兴建深水港，海运发达。西汉时官办盐铁，设番禺盐官，深圳（西汉时属于南海郡番禺县）经济初步发展，政治地位得到提升；唐宋时期，深圳（新安县）作为海上丝绸之路重要港口，成为岭南沿海地区的政治、经济和文化中心；明清海上丝绸之路达到极盛，作为通商口岸之一，往来船舶在此停靠，带回鹤顶、玳瑁等香料珍宝。[①]

（一）1979~1992 年：初次创业，创造"深圳速度"

几乎所有改革开放的影片都有两个镜头：一个是蛇口炸山的镜头，另一个是一批青年女工从工厂骑自行车出来的镜头。那批女工是深圳可能也是中国大陆第一个中外合资服装厂的女工。当时深圳服装厂的女工是从锁扣眼、缝纽扣开始服装加工的，不难想象当年的工业化水平有多低。而仅仅在 30 多年的时间里，深圳的工业化和城市化发展实现了从无到有、从边陲小镇到全国经济中心城市的跨越，实现了由农业经济向知识信息经济的连续跳跃，这在全球经济发展史上也是足以令人惊叹的。

1980 年 8 月，五届全国人大常委会第十五次会议审议批准设立深圳经济特区。深圳建特区的前五年几乎没有工业，主要是贸易，很多电视剧中展现的改革开放后"闯深圳"的场面，基本就是很多北方人带了一大堆太阳眼镜、电子表、尼龙丝袜回北方。20 世纪 70 年代末，香港劳动密集型产

---

① 深圳市档案馆编《建国 30 年深圳档案文献演绎》，花城出版社，2005。

业开始大量向外转移，深圳经济特区依托毗邻香港的区位优势以及经济特区的政策、税收等方面优势，承接香港的加工装配订单，与香港形成了"前店后厂"的模式，即深圳加工、港澳销售，形成了区域分工协作、优势互补、互惠互利的格局。深圳真正开始工业建设是1985年之后。当时深圳确定了"以外商投资为主、生产以加工装配为主、产品以出口为主"的工业发展方针。改革开放之初的深圳拥有土地、劳动力廉价的巨大优势，并享有所得税减免、出口退税等优惠政策，吸引大量"三来一补"企业前来设厂，深圳与香港形成了"前店后厂"的关系，吸引了大量劳动密集型产业进驻，快速形成产业集聚，开启工业化时代。据统计，到1989年，深圳引进的6720个项目中，"三来一补"产业占比为56.8%。①改革开放之初的这种发展模式符合比较优势理论和雁行理论的逻辑，即在开放经济条件下，深圳通过集中生产劳动密集型产品并进行交换，获得更多的经济效益。与此同时，深圳积极承接来自发达国家和地区的产业转移（加工装配环节），实现了经济起飞。

　　不过，"三来一补"、加工装配产业的产品附加价值低、技术含量少，且企业的产品设计、原料供应、营销管理等环节均掌握在外企手中，这种分工模式不利于深圳外向型经济的长远发展。而且，随着城市建设的快速推进和收入水平的提高，深圳的土地、劳动力等要素成本优势也在逐渐减弱。在这种条件下，从20世纪80年代中期开始，政府有意识地引导"三来一补"企业向"三资"企业转型，在价格、土地、住房和基建制度上进行大刀阔斧的改革，这类改革不仅可以带来资金、设备和人才，还带来了先进的经营理念和管理经验，同时可以借助外商销售网络，扩大自产产品出口份额。通过引进外资，深圳可以更好地利用这些外资企业的知识溢出效应，提升自身的技术水平。深圳的一系列改革，为人才和外资流入创造了极具吸引力的发展环境，外商直接投资从1982年的0.58亿美元一跃增长到1992年的4.49亿美元，深圳GDP从1979年的1.96亿元飞速增长到1992年的317.32亿元，年均复合增速达47.9%，远高于同期全国15.7%和全省

---

① 唐杰：《"新常态"增长的路径和支撑——深圳转型升级的经验》，《开放导报》2014年第6期，第11~18页。

20.8%的增速水平，创造了"深圳速度"。①

同时，到1990年底，深圳的"三资"企业达3269家，"三资"企业自产产品进出口总额占深圳市进出口总额的63.8%，从而提升了深圳外向型经济的发展档次。1985～1992年，深圳已经超过上海、天津、青岛，成为全国自行车生产与出口的龙头，成为包括电风扇、电冰箱、电视机在内的家电产业装备生产基地。随着低附加值的加工贸易项目更多转向深圳周边地区，特区内的企业则逐渐向资本和技术密集的方向发展，深圳经济逐渐进入第二阶段的转型发展。

（二）1993～2003年："深圳加工"转向"深圳制造"

从代工到技术改造，再到"深圳制造"的转型升级，深圳选择以电子信息制造业作为产业发展主战场，推动"第二次创业"，1993～2003年深圳第二产业产值年均复合增长率超20%，远超全国（14.3%）和广东（16.1%）的增速②。自1992年以来，深圳逐步建立起社会主义市场经济体制，并积极尝试优化产业结构，增强创新优势。然而传统"三来一补"企业的结构也出现越来越多的问题。1995年是深圳发展历史上的重要节点，当年上半年深圳经济增长速度出现了大滑坡，一时间成为全国新闻媒体报道的热点。与此同时，由于深圳经济特区政策走向普惠化，学界和民间产生了"特区不特"的争论。回头看，这个重大节点的产生主要是城市发展目标发生了重大变化，即深圳经过几年探索发展，在经济结构调整的艰难时刻开始全面转向发展高新技术产业。当然，深圳要发展高科技产业，当时从内到外信服的人并不多。然而事实证明，以发展高新技术产业为主的转型升级路径不仅提升了深圳制造业的层次，也增强了深圳经济发展的动力，使深圳经济转型发展再一次走到了全国前列。

为了构建自身优势，深圳及时调整方向，顶住"三来一补"企业转移和税费下降的压力，力促企业结构转型升级，鼓励"贴牌生产"，使得工业生产从引进到转移，从代工到技术改造，推动"深圳加工"向"深圳制造"转型升级。20世纪90年代，电子信息产业转移进入"第三阶段"，大量电

---

① 唐杰、戴群、李战杰等：《深圳经济增长的理论研究》，《中国经济特区研究》2010年第1期，第32～37页。

② 深圳市史志办公室编《深圳大事记（1979—2000）》，海天出版社，2001。

子信息产业从"亚洲四小龙"转出。深圳再次先于其他地区捕捉到高新技术革命推动国际产业转移带来的巨大机遇，面对国际电子信息技术产业的兴起，将高附加值和低资源消耗的电子信息制造业作为产业发展的主战场，从而进入全球产业链的中低端，实现了产业结构的快速升级，推动"第二次创业"。这一时期，以电子信息产业为主的高新技术产业和优势传统产业实现了快速发展，使深圳经济总量依然保持了平稳的增长态势，据深圳市统计局统计，"九五"和"十五"时期，深圳市 GDP 平均增速仍达到 16%，深圳市高新技术产品产值从 1995 年的 225.8 亿元增加到 2003 年的 2480.6 亿元，年均增长率达 34.9%。[①] 同时，深圳第二产业产值从 1993 年的 242 亿元增至 2003 年的 1817 亿元，年均复合增速达 22.3%，远超全国（14.3%）和广东（16.1%）的增速水平[②]。

这个时期，深圳在电子信息、机械制造等产业领域形成了一批在中国乃至全球都有一定影响力的重点产品。在计算机及软件产业中，硬盘驱动器、硬盘磁头、计算机板卡、打印机的年产量分别占到全国的 95%、90%、70%、42.9%，位居全国第一，硬盘磁头产量位居世界第三；通信产业中的程控交换机年产量占全国年总产量的 31.5%，光纤光缆年产量位居全国第三；微电子及基础元器件产业中的液晶显示器、电容器、激光拾音头年产量位居全国第一；视听产业中的彩电产量占全国年总产量的 20.4%，出口量位居全国第一。此外，集装箱、注塑机、压铸机、微电机、模具、智能登机桥等一系列产品的年产量均居世界和全国前列，"深圳制造"的影响力举世瞩目。[③]

（三）2004～2012 年：面临四大"难以为继"，从"速度深圳"转向"效益深圳"

加工制造业的高速发展给深圳打下了雄厚的工业基础，但经济快速发展中形成或遗留下来的问题，也开始暴露出来。2004 年，深圳总结出四个"难以为继"的问题，即土地空间难以为继；能源、水资源难以为继；劳动

①　深圳年鉴编纂委员会编《深圳经济特区年鉴》（1993－2020），深圳特区年鉴社，1993～2020。

②　深圳年鉴编纂委员会编《深圳经济特区年鉴》（1993－2020），深圳特区年鉴社，1993～2020。

③　深圳市史志办公室编《深圳大事记（1979—2000）》，海天出版社，2001。

力难以为继；环境承载力难以为继。在这一时期代工生产制造业已无法为深圳经济带来充足的动力，深圳迫切需要再一次对经济增长模式进行调整和改革。

在资源约束环境下，深圳提出了从"速度深圳"向"效益深圳"转变的重大战略决策，谋篇布局战略性新兴产业，开始从全球产业链的中低端向中高端跃进，实现从要素驱动向创新驱动的转变。2004～2012年，在"深圳制造"迈向"深圳创造"进程中，深圳不仅完成了从装配业向制造业的转变，而且创新驱动已成为深圳产业发展的推动力，"代工"与"山寨"早已不是深圳的代名词。

深圳大力发展高新技术产业和战略性新兴产业，形成数字电视、通信设备制造、平板显示、生物医药、医疗器械、软件产业集群六个发育形态较成熟的高新技术产业群，并在全国率先出台生物、新能源、互联网三大新兴产业的振兴发展规划和政策。截至2012年，深圳民营科技高新技术企业累计达2583家，占全市高新技术企业总数的70%以上，培养了华为、比亚迪等一大批具有自主知识产权的企业。深圳一直保持较高水平的研发投入，2012年深圳研究与开发投入占GDP比重达3.8%，高于美国的2.8%、日本的3.3%和韩国的3.7%，约是全国平均水平的2倍。深圳的高新技术产品产值从2005年的4885.26亿元提高到2013年的14133亿元，年均增长率达14.2%，其中具有自主知识产权的高新技术产品产值比重已达60%以上，构建了以高新技术产业为主导的工业结构。与此同时，出口贸易结构进一步优化，高新技术产品出口额达到1690.18亿美元，占深圳外贸出口总额的比重达55.3%，而"三来一补"贸易出口比重已降到2.5%。这使深圳工业结构跃上了新台阶，走上了新型工业化道路，实现从"深圳制造"到"深圳创造"的转型。①

（四）2013年至今：以创新推动高质量发展

深圳先后将生命健康、海洋经济、航空航天、军工、智能装备五个产业列为未来重点发展产业。2014年初，深圳推出了大力支持未来产业"1+3"规划政策，规划自2014年起至2020年，将连续7年每年安排10亿元深

---

① 深圳市统计局、国家统计局深圳调查队编《深圳统计年鉴》（1995-2020），中国统计出版社，1995～2020。

圳市未来产业发展专项资金，用于支持产业核心技术攻关、创新能力提升、产业链关键环节培育和引进、重点企业发展、产业化项目建设等。同时，深圳继续大力发展以生产性服务业为主的现代服务业，为高端制造业提供有力支撑。2014 年，深圳获批首个以城市为基本单元的国家自主创新示范区，全面打造创新型城市。深圳以供给侧结构性改革为发展主线，积极推动"创新、创业、创投、创客"联动，以全面创新，打造"深圳质量"，据深圳市统计局数据，2020 年深圳全社会研发投入经费达 1364 亿元，占 GDP 比重达 4.93%，居全国前列；同年深圳 PCT 国际专利申请量 2.02 万件，占全国申请总量的 29.4%，占广东全省总量的 71.9%，连续 17 年居全国大中城市首位。[①]

2016 年以来，深圳一是加强供给侧结构性改革，出台促进科技创新、人才优先等一系列政策文件，以"组合拳"保持和扩大科技创新优势；二是支持企业主体、高端引领，截至 2020 年，深圳高新技术企业超过 1.8 万家，培育了华为、大疆、腾讯等一批世界级创新型企业[②]；三是积极推动产业转型升级，率先建设体现高质量发展要求的现代化经济体系。2019 年 2 月《粤港澳大湾区发展规划纲要》提出，到 2035 年，深圳高质量发展成为全国典范，城市综合经济竞争力世界领先，建成具有全球影响力的创新创业创意之都。[③] 2019 年，中央赋予了深圳"中国特色社会主义先行示范区"的新定位，要求深圳向着"竞争力、创新力、影响力卓著的全球标杆城市"迈进，"深圳制造"进一步向"深圳智造"转型。2020 年 10 月《深圳建设中国特色社会主义先行示范区综合改革试点实施方案（2020—2025 年）》提出，深圳率先完善各方面制度，构建推动高质量发展的体制机制，推动更高水平深港合作，增强在粤港澳大湾区建设中的核心引擎功能，努力创建社会主义现代化强国的城市范例。

深圳的自主创新不仅体现在高速增长的高新技术产业领域，在传统产

---

① 深圳市统计局、国家统计局深圳调查队编《深圳统计年鉴》（1995-2020），中国统计出版社，1995~2020。

② 深圳市统计局、国家统计局深圳调查队编《深圳统计年鉴》（1995-2020），中国统计出版社，1995~2020。

③ 《中共中央 国务院印发〈粤港澳大湾区发展规划纲要〉》，中国政府网，https://www.gov.cn/zhengce/202203/content_3635372.htm#1。

业领域的创新也同样给人留下了深刻的印象。比如，深圳服装业的发展从钉纽扣、缝袖子起步，30 年以后已经成为我国女装生产的重要时装基地。服装计算机集成制造系统（CIMS）、PAC 可编程序控制、数字式喷射印花技术、计算机测色配色等最新技术的应用，加上数量可观的时装设计队伍更大大增强了服装企业品牌开发与产品设计水平和生产能力，时装产业完成了从传统的 OEM 到 ODM，再到拥有自主品牌与技术和细密分工合作关系的重大转型。深圳还是国内第一个获联合国教科文组织授予的"设计之都"称号的城市，拥有各类工业设计机构近 5000 家，深圳设计获全球最顶尖设计大奖"红点奖"和"IF 大奖"已达百项。

二 深圳转型的经验

（一）市场经济的探索者

1. 中央政府卓越的顶层设计，改革开放的世纪之窗

中央政府卓越的顶层设计，明确了深圳经济特区存在的正确性；改革开放的世纪之窗的定位，充分发挥深圳对外贸易口岸的巨大优势；中央给予特区各项优待，助力深圳各项发展。

从指导思想来看，党中央充分肯定特区存在的正确性，鼓励特区继续走在全国前列。1979 年发布的《广东省委、福建省委关于对外经济活动实行特殊政策和灵活措施的两个报告》（中发〔1979〕50 号文件）提出，原则上同意深圳试行在党中央统一领导下的大包干经济管理办法，提高了深圳人民生产积极性，也在一定程度上打消了人们思想上的疑虑。1984年发布的《中共中央关于经济体制改革的决定》则肯定了经济特区存在的正确性，帮助深圳确定了自身定位和思想观念。1994 年 6 月，江泽民同志来到深圳，明确指出："中央对发展经济特区的决心不变；中央对经济特区的政策不变；经济特区在全国改革开放和现代化建设中的历史地位和作用不变。"①坚定支持深圳改革创新的道路探索。伴随中国 2001 年加入世界贸易组织后出现特区能不能"特"的焦虑，胡锦涛同志明确指出：

---

① 《江泽民特区思想重在"发展"》，共产党员网，https://www.12371.cn/2012/12/13/ARTI1355389444255188_all.shtml。

"深圳要加快发展、率先发展、协调发展。"① 2020 年 10 月，习近平总书记指出深圳等经济特区的成功实践充分证明，党中央关于兴办经济特区的战略决策是完全正确的。经济特区不仅要继续办下去，而且要办得更好、办得水平更高。②

从对外贸易来看，中央在顶层设计时希望深圳充分发挥对外贸易口岸的巨大优势，赋予其对外经济贸易自主权。1981 年 7 月发布的《广东、福建两省和经济特区工作会议纪要》提出，对外贸易、出口计划以省为主制订，与外贸部衔接，纳入国家计划；地方外汇进口计划由省确定，报有关部门备案，在国家计划外的盈亏收归地方。③ 同时，该文件允许深圳接受其他地区的委托，代理各地出口外贸专业总公司统一成交以外的商品，并分别核算及计算外汇分成。该设计极大地提高了深圳对外贸易的效率和积极性，充分利用深圳独特的地理优势。为筹建深圳机场，国务院于 2011 年同意深圳机场建设所需要的物资免征收进口关税和工商统一税，大大加快了建设进度和建成质量。截至 2019 年，深圳机场旅客吞吐量破 5000 万大关，位居全国第四。④ 2019 年 3 月，《国务院关于同意广东深圳湾口岸对外开放的批复》同意了深圳湾口岸全天 24 小时对外开放的申请，进一步提升深圳的对外贸易量。

从优惠政策来看，中央给予特区诸多优待政策。1979 年 4 月下旬，中央召开专门讨论经济建设的工作会议。当时广东省委提出，希望中央下放若干权力，让广东在对外经济活动中有较多的自主权和机动余地，允许在毗邻港澳的深圳和珠海及属于重要侨乡的汕头开办出口加工区。中央领导同志对这个设想表示赞同。⑤ 1979 年底，正值党中央决策创办特区工作的关键时刻，广东省委和省政府邀请港澳人士召开了关于广东改革开放及创办

① 《胡锦涛支持深圳改革发展纪实》，共产党员网，https://www.12371.cn/2012/12/13/ARTI1355388996703671_3.shtml。
② 《习近平：在深圳经济特区建立 40 周年庆祝大会上的讲话》，中国政府网，https://www.gov.cn/xinwen/2020-10/14/content_5551299.htm。
③ 《共和国的足迹——1979 年：创办经济特区》，中国政府网，https://www.gov.cn/test/2009-09/07/content_1410916.htm。
④ 深圳市统计局、国家统计局深圳调查队编《深圳统计年鉴》（1995-2020），中国统计出版社，1995~2020。
⑤ 《陈云在经济特区建设过程中的思想变化探析》，广东党史网，https://www.gddsw.com.cn/dhgjldrygdggkf/4157。

特区的座谈会。由于思想上条条框框多和缺乏经验，广东省最初拟定的特区相关文件中限制多、关卡牵制多，但如何按国际惯例办事，给外商让利和优惠，营造良好投资环境，却提得很少。当时，广东省在研究特区政策时，准备将特区企业所得税率定为30%。不少港澳人士提出，香港税率才17%，如果特区税率比香港还高，会严重影响外商投资的积极性。当时参加座谈会的爱国港商更是直言："我们办特区的现有优势，仅仅在于众多的廉价劳动力和低廉的厂房租金。所以在法规的规定上，特别在税收上，一定要显得比其他国家和地区更加宽松和优惠，让外商感到有吸引力，有利可图。否则，由于我们在整个环境上的劣势，我们将难以在竞争中取胜。"①

按照中央赋予的特殊政策和灵活措施的精神，特区要给投资者比周边国家和地区所设立的出口加工区更优惠的条件，为投资办厂提供尽可能多的方便。经过反复研究，1980年8月26日，五届全国人民代表大会常务委员会第十五次会议正式批准施行《广东省经济特区条例》，规定设在经济特区的外商投资企业、在经济特区设立机构、场所从事生产、经营的外国企业和设在经济技术开发区的生产性外商投资企业，按15%的税率征收企业所得税，略低于香港。中央给予深圳特区的"特殊"政策，主要的内容可以概括为四条：一是特区的经济发展，主要靠吸收和利用外资，所产产品主要供出口。特区经济是在社会主义市场经济制度框架下，以中外合资和合作经营企业、外资独资经营企业为主，多种经济形态并存的综合体。这不同于特区外其他地区施行的以社会主义计划经济。二是特区内的经济活动，以市场调节为主。这不同于内地以计划指导为主。三是对于来特区投资的外商，在税收、出入境等方面给予特殊的优惠和方便。四是经济特区内实行不同于其他地区的管理体制，有更大的自主权。

2. "敢为天下先"，准确把握市场机制与政府作用的相互关系

深圳始终能准确把握新时期市场机制与政府作用的相互关系，发挥市场在资源配置中的决定性作用是深圳对改革开放实践的高度凝练及理论探索，即相对于传统的计划经济制度，市场经济制度是更加有效的资源配置方式。更好地发挥政府的作用不是否定市场在配置资源中的决定性作用，

---

① 《突围——国门初开的岁月》，中央文献出版社官网，https://www.zywxpress.com/c/2021-02-25/1350282.shtml。

而是要以高水平完善的发达的市场经济为基础。同时，发挥市场在资源配置中的决定性作用要求改革不断深化。改革的目标就是要消除妨碍市场在配置资源中起决定性作用的制度性因素。这也意味着，经济体制改革是一个持续的动态过程，要随着经济社会发展水平的提高，不断深化经济体制改革，建立起高标准完善的具有国际竞争力的市场经济体制机制，不断凸显我国基本经济制度的市场经济的特征。另外，有为政府应当是主动发挥市场机制作用的政府，即有效引导，有力保障，而不能取代市场在资源配置中的决定性作用。政府要主动承担构建和不断完善市场制度的责任。有为政府需要依法引导和规范市场主体的行为，法律具有与行政手段完全不同的强制性和规定性。政府严格的依法行政方可创造出公正公开、透明高效的市场经济体系，营造出稳定公平透明、可预期的国际一流的营商环境。为高质量创新增长提供优质公共产品，是更好发挥政府作用的关键领域。法治化是重要的公共产品，这是广义政府行为的结果。市场经济制度并不是自然形成的，有效的市场经济制度是一个完整的合约体系，市场体系中的合约都能够得到有效执行，这是市场经济制度有效的基本条件。任何一方均不能具有不履行合约而不受到法律惩罚的权力。市场经济需要高效的法律体系做保障，这样的法律体系包括严谨可执行的立法体系和准确而廉洁的执法体系。任何地区的经济社会、科学教育的发展水平和质量，都与立法和执法水平有着密切的联系，或者说前者是后者的映射。

同时，深圳长期致力于打造四大支柱产业（高新技术产业、金融业、现代物流业、文化创意产业），政府根据各产业特点分别制定发展策略，发挥引导作用，四大支柱产业强而有力的发展成果助力深圳经济增长。深圳的四大支柱产业各有不同的发展背景、发展布局和发展策略，具有较强的异质性。①高新技术产业是深圳第一支柱产业，其高速发展主要来源于深圳市的前瞻性产业政策，深圳高新技术产业逐渐呈现自主创新的良好发展趋势，为深圳创新能力提升提供重要动力，目前，深圳已经形成以电子信息产业为主导的高新技术产业集群。②金融业借改革开放的东风成为深圳的重要支柱产业，目前深圳已基本建成以银行、证券、保险为主体，其他多种类型金融机构并存，结构合理的现代金融中心，初步成为具有全国影响的区域金融中心，2020 年，深圳金融业实现增加值 4189.6 亿元，占同期全市生产总值的 15.1%。① ③现代物流业的高速发展得益于深圳优越的地理位置，自 1998 年被列为支柱产业后，深圳市政府深入探索物流业体制改革，充分发挥政策引导作用，目前深圳物流基础设施和电子通信领域在全国处于领先水平，2020 年，深圳港集装箱吞吐量达 2655 万标准箱，在全球主要集装箱港口中位居第四。② ④文化创意产业在 2005 年被认定为"第四大支柱产业"，深圳从 2011 年开始提出要重点发展创意设计业、文化软件业等十大文化创意产业，现已在空间布局上形成了各具特色的功能区域，实现了文化创意产业集约发展。

另外，深圳秉持"敢为天下先"的价值观念，勇于探索，已在各领域创造数十个"全国第一"，并长期坚持围绕市场变化进行产业结构变革，不断增强经济效益和竞争力。深圳在市场改革和产业转型升级方面始终敢于创新、大胆探索。从市场改革来看，深圳借助众多的"全国首创"打造出高度市场化的环境，为城市创新提供了不竭动力。例如 1980 年，中国改革开放后第一个商品房小区东湖丽苑在深圳开工；1983 年 7 月，深圳市宝安县联合投资公司向社会公开发行了新中国第一张股票"深宝安"，全国第一家股份制企业诞生；1984 年 11 月，深圳在全国率先取消粮油食品凭票供应制度，放开价格，敞开供应。从产业升级来看，深圳自成立特区以来一直根据市场需求调整产品体系，其间共经历三次主要的产业升级，分别为 20 世纪 90 年代的传统来料加工业到高新技术产业的升级；2000 年前后在四个"难以为继"的压力下推进自主创新，加快发展高新技术产业、金融业、现代物流业、文化创意产业四大战略性支柱产业；2012 年前后大力发展战略性新兴产业和未来产业，进入创新发展阶段。2020 年，深圳全市战略性新兴产业增加值为 10272.7 亿元，占地区生产总值比重为 37.1%，成为增强深圳竞争力的重要因素。

在这些举世瞩目的创举中，深圳创建新中国第一家证券登记专业机构就是"敢为天下先"精神体现的典型脚注之一。1990 年 8 月 16 日，深圳证券登记有限公司的成立标志着新中国第一家证券登记专业机构的诞生。这

---

① 深圳科技委员会：《深圳科技年鉴》（2018~2020），辽宁科学技术出版社，2018~2020。
② 深圳市统计局、国家统计局深圳调查队编《深圳统计年鉴》（1995~2020），中国统计出版社，1995~2020。

一历史性的创举为中国资本市场的发展迈出了重要一步，也为深圳证券交易所的设立和运营提供了坚实基础。在此之前，深圳证券市场的发展面临着诸多问题和挑战。股票交易的分散登记制度导致市场秩序混乱，交割过程复杂，甚至出现了假股票等不规范现象。为了规范市场秩序、提高交易效率，深圳决定成立证券交易所和专业的证券登记机构。在成立证券登记公司的前期筹备阶段，面临着多方面的挑战。公司成立之初，以礼堂作为办公场所，筹备期间，人手紧缺，但团队充满激情和动力。公司到银行等单位招募人员，挖掘潜在人才，努力建立起完善的经营架构。他们将礼堂改造成办公室，将后台化妆间改建成电脑房、财务室和库房。在这个初创阶段，每个人都投入了全力，加班成为常态，但他们始终保持着乐观的态度和对事业的热情。1990 年 11 月 26 日，深圳证券登记有限公司正式开始运作，为深圳证券交易所的开门铺平了道路。公司制定了股票集中托管方案，通过集中托管等措施逐步实现了股票交易的无纸化。这一举措不仅提高了交易效率，也解决了实物股票交收的问题，为市场的规范化发展奠定了基础。然而，实现无纸化交易并非一帆风顺。面对各种挑战和困难，公司始终坚持自己的目标和信念。公司不断探索创新，努力说服各方接受无纸化交易的理念。通过与国际接轨，他们获取了国际经验，从而加速了中国证券市场的现代化进程。深圳证券登记有限公司的成立和运营，不仅结束了实物股票交易的历史，更推动了中国资本市场的发展。作为证券市场的重要基础设施，证券登记结算系统的建立为证券市场的稳定运行提供了有力支持。在证券登记结算业务中，一大批专业人才和业务骨干得到了锻炼和培养，他们的默默付出和努力为中国资本市场的蓬勃发展作出了突出贡献。回顾这段历史，我们看到了一群敢于创新、不畏艰难的创业者，他们在市场的起起伏伏中，始终坚守初心，为中国证券市场的发展贡献了自己的力量。深圳证券登记有限公司的成立不仅是一个机构的诞生，更是一种精神的传承和创新的探索，这种创新精神推动了产业结构的优化和升级，实现了产业的持续健康发展。

3. 推行"小政府、大社会"，塑造"服务型政府"和"发展型政府"

从发展理念来看，深圳借鉴香港经验推行"小政府、大社会"，在 2004 年提出建设"服务型政府"，并在 2012 年成为颁布全国首个商事制度改革地方性法规的城市，培育优越的营商环境，激发市场活力。深圳政府发展理念超前，2004 年提出建设"服务型政府"，以人民和社会为本位，建设有限政府、责任政府，培育公平、开放、宽松的市场环境。2004 年，深圳政府工作报告提出贯彻落实《中华人民共和国行政许可法》，大力推进行政体制改革创新，建设求真务实，努力建设负责任、有权威、廉洁高效的服务型政府；2008 年，颁布《关于优化政府服务促进产业发展的若干措施》，专设深圳市产业发展与企业服务工作领导小组，推动产业结构转型升级、引导企业加大投资力度；2012 年，深圳制定全国第一部涉及商事制度改革的地方性法规《深圳经济特区商事登记若干规定》，推行商事登记审批改为后置审批、实行注册资本认缴制、场地申报制、企业年报制、经营异常名录制度、建立"谁审批、谁监管"的新型审批监管制度等多项改革，逐步建立起全市统一的商事主体登记及许可审批信用信息公示平台；2018 年，发布《关于加大营商环境改革力度的若干措施》，推出 20 项改革措施 126 个政策点，着力营造更加开放的贸易投资环境、成本适宜的产业发展环境、更具吸引力的人才发展环境、更加高效透明的政务环境。据深圳政府统计，2010~2020 年，深圳商事主体数量由 68 万户增长到 359. 万户，年均增长率达 42.6%，高于全国平均水平（19.2%）。①

从发展机遇来看，深圳建设"发展型政府"，敏锐地抓住经济转型升级机遇，以引导为主，与市场共同推动城市产业转型升级。特区设立之初，深圳通过吸引大量外资和先进技术，依靠廉价劳动力和土地优势，发展"三来一补"产业，经济迅速增长，这与政府的协调与指导密不可分。这一时期深圳政府积极协调外商、企业、劳动者等市场主体和各职能部门的关系，为优势产业提供政策便利和资源支持。1995 年出台《关于加强"三来一补"管理的若干规定》，在基础设施建设、劳动用工制度、减免企业所得税等方面作出明确规定。这一阶段，深圳政府的支持与协调是劳动密集型产业发展、经济迅速增长的重要因素。21 世纪初，劳动力和土地价格上涨、改革开放程度加深，深圳经济发展面临转型升级，深圳政府继续扮演"发展型政府"角色，推动产业重心由劳动密集型产业向高新技术产业升级。1998 年，颁布《关于进一步扶持高新技术产业发展的若干规定》，在税收优惠、经费投入、风险投资和人才培育等方面加大对高新技术企业的支持力

---

① 深圳年鉴编纂委员会编《深圳经济特区年鉴》（1993-2020），深圳年鉴社，1993~2020。

度；2002 年，出台《深圳工业结构调整实施方案》，指出深圳工业发展要以市场为导向，大力发展优势战略产业，积极扶持新兴产业，改造和提升传统支柱产业，发展高新技术产业和先进制造业，形成具有区域经济特色的合理工业布局。

从发展方式来看，发挥市场在资源配置中的决定性作用和更好发挥政府作用，从理论高度解决了政府行为与市场机制相融共生的问题。由此引出来的问题是：在一定时期，一定领域，一定会存在着市场作用和政府作用的不同搭配方式，即发挥市场作用更多一点，还是发挥政府作用更多一点的问题，也是在实现有效市场与有为政府融合中可能存在的方式与手段选择问题，这就意味着无论是在理论还是实践上，深圳都需要研究在二者融合中存在的多种实现方式。问题在于，我们是否有可能对市场作用与政府作用的界限与程度给出一般性的区分，并以此为依据对政府行为与市场机制之间的相融共生的水平与效率进行研究。

从理论上分析，市场失灵的原因是价格信号不能有效地调整供求关系。尽管价格机制不能有效地调整供求的原因很多，但我们还是可以不失一般性地作出三种假设：价格对供求的调节能力为 1；价格对供求的调节能力小于 1；价格不具备调节供求的能力，或者价格对供求调节的能力接近于 0。很显然，当价格对供求的调节能力为 1 时，意味着价格能够有效调节供求关系，此时应当放开不适宜的政府管控，充分发挥市场在资源配置中的决定性作用，由市场竞争决定供求关系，在市场竞争中实现优胜劣汰。

当价格对供求调节的能力接近于 0 时，诸如，在基础教育、公共卫生等领域，因市场机制几乎不可能给出合理的边际产出水平的评价，加之此类公共产品具有显著的正外部性，需要更多地发挥政府在资源配置中的引导作用，更好地推进市场配置资源的改革。以基础教育为例，世界各国基本上以公立基础为主体，一个重要的原因是，除去学生的考试分数外，我们几乎无法准确量化一位小学教师甚至是中学班主任的边际劳动贡献，但每个人又都知道，单纯以考试分数作为评判标准会对教育体系产生长期深远的伤害。经济学经历了努力探索，还是不能说明一位小学老师对学生一生收入的影响到底有多大。

随着科学的进步，经济学对基础科学的研究成果对经济长期增长的贡献已经可以量化，但迄今为止，对基础科学的研究成果进行市场定价仍然无法做到。基础科学研究的显著特征是研究成果的公开性，一个国家中从事基础科学研究的人员、机构与研究支出越多，该国家公共知识叠加倍增的趋势将越显著。由此可见，价格对供求调节的能力接近于 0 的确切含义是，劳动成果本身无法进行市场定价，劳动成果具有可认知但不可准确度量的正外部性，这是政府配置资源的依据。在价格对供求调节作用小于 1 而大于 0 的领域，此领域比较典型的产业是战略性新兴产业，其创新风险比较大、短期投资大但收益不高，企业甚至是政府都要有足够的定力，坚持久久为功。在此，我们尝试分析以下两种有针对性的情形：一种情形是，生产者和消费者普遍具有风险厌恶倾向，面对不确定的风险往往会选择保守主义的从众心理，促使社会创新意识低下。在此情况下，积极发挥政府引导作用将是有利于提高社会创新动力的原因。另一种情形是，政府直接参与资源配置，可能会出现类似于改革初期的"双轨制"现象，市场价与计划价差异引起了"寻租"与"搭便车"行为，寻租与搭便车的行为越严重，全社会创新意识受腐蚀的程度越高，全社会效率下降将越明显。发挥市场在资源配置中的作用和更好发挥政府作用都是重要的理论创新，在实践中充分发挥有效市场与有为政府的有机融合优势，仍然需要认真研究和不断探索具体的实现形式。

（二）开放型经济的先行者

1. 探索"经济特区"，开始融入现代世界经济体系

1979 年 1 月 6 日，香港招商局向国务院提交了一份《关于我驻香港招商局在广东宝安建立工业区的报告》（以下简称《报告》）。该报告提出："为了更好地贯彻党中央的批示，香港招商局要求在广东宝安蛇口公社建立工业区，这样可以利用国内较廉价的土地和劳动力，又便于利用国外的资金和先进技术，对实现我国交通航运现代化和促进宝安边防城市工业建设，以及对广东省的建设都将起到积极作用。"① 香港招商局起草的这份《报告》，摒弃了"一无外债，二无内债"的传统观念，郑重提出"多方吸引港澳与海外资金"等大胆设想。1979 年 1 月 31 日，中央政府决定在深圳成立蛇口工业区，并由香港招商局负责组织实施。就这样，蛇口成为中国第一

---

① 中共深圳市委党史研究室、深圳市史志办公室：《深圳改革开放四十年》，中共党史出版社，2018。

个外向型经济开发区。这里最早按照市场经济模式与国际惯例发展经济；最早更新思想观念、发展理念和经济动力；最早成功地建立全新的劳动用工制、干部聘用制、薪酬分配制、住房制度、社会保险制、工程招标制及企业股份制，蛇口被视作中国改革"试管"，开放的"窗口"。蛇口工业区的诞生，标志着深圳开始融入现代世界经济体系。

2. 探索"珠江模式"，逐步融入全球产业分工体系

深圳是距离香港最近的内地城市，是珠三角城市群内受香港辐射带动最强的城市，通过建设涵盖海运、空运、铁路、公路和陆路口岸等多元、便利的深港通道，港深两地可 24 小时全天候通勤。发达地区对周边城市的带动作用与距离密切相关，距离越近，接受辐射越强。深圳毗邻香港，陆路通勤距离仅 50 公里，而其他珠三角城市群的东莞、惠州、中山到香港的距离分别为 122 公里、125 公里、175 公里。深圳海岸线蜿蜒 260 公里，与香港有近 27.5 公里的陆地接壤，深圳地理优势突出。从交通网络来看，除1978 年设立的文锦渡口岸，国务院于 1984~2007 年在深圳增设沙头角、罗湖等 11 个陆路和水运口岸，2020 年设莲塘口岸，深圳已累计获批设立 15个对外开放的一类口岸。从公路运输来看，2007 年深港西部通道开通后，车辆往来两地仅需 10~15 分钟；多条巴士线路每 15 分钟一班，日均发车 50余次，实现 24 小时客运服务；从水运来看，深圳于 1993 年成立船务公司，运营深圳"蛇口—香港国际机场"海天客运码头客运航线，实现水上半小时直达香港国际机场。从铁路交通来看，1993 年深圳位于盐田港区的疏港铁路通车，至 2018 年广深港高铁开通，深圳福田站到香港西九龙站的运程缩短为 14 分钟，同年 6 月《广深港高铁（一地两检）条例》出台后，据中国铁路官网统计，深圳日均往来香港车次超过 100 趟，真正建立起先进、便利、多元化的区域联系通道，实现与香港的互联互通。①

改革开放以来，深圳探索"珠江模式"，实现开放、包容、创新的外向型经济发展，逐步融入全球产业体系。自改革开放以来，深圳利用国家赋予的特区政策，凭借廉价劳动力和土地等优势，引入外资与先进技术，探索出政府主导、政策优惠、联动国际市场发展外向型经济的"珠江模式"，形成规模产业集聚，实现港深区域协调发展。在香港的辐射带动下，深圳

① 广东省政协文史资料研究委员会编《经济特区的由来》，广东人民出版社，2002。

逐步走上工业化道路。经济特区设立之初恰逢全球产业转移潮，深圳承接香港的劳动密集型产业，引入资金和先进技术，摸索出"三来一补"的制造业模式，与香港达成"前店后厂"区域合作。20世纪90年代末，电子信息产业开始从发达地区向外转移，深圳抓住机遇，大力发展电子信息技术产业，成为全球制造业中关键一环。到21世纪初，深圳产业结构发生根本性变化，由原来以传统加工业为主，升级为以高新技术产业为主导的产业体系；知识和技术取代廉价劳动力与土地，成为深圳经济的新亮点。据深圳市统计局统计，1996~2006年，深圳高新技术产值占比工业总产值呈增长趋势，由1996年的28.7%攀升至2006年的45.6%。2006年，深圳高新技术产值已突破6294亿元，高于同期广州（2188亿元）、东莞（1900亿元）[1]。

3. 在"狼群"中成长，良性竞争提升了深圳企业整体素质

国际投资理论认为，当跨国公司进入投资目的国之后，会对当地企业产生正面的外部效应，即与当地供应商、分包商和客户通过实质性交易而产生包括示范和竞争等在内的关联溢出效应，这种互动也可以理解为竞争，也只有经过与外资外企竞争下依然屹立在中国乃至国际市场上的本土企业，才是企业中的佼佼者。

20世纪90年代国际巨头沃尔玛来深圳带来了示范效应，直接提升了深圳企业的整体素质。1992年7月，为尽快加入世界贸易组织，国务院作出《关于商零售领域利用外资问题的批复》，正式拉开了中国商业零售领域对外开放的序幕。中国同意在北京、上海、天津、广州、大连、青岛六个城市和深圳、珠海、汕头、厦门、海南五个经济特区试办一家至两家中外合资或合作经营的零售企业。自此，中国的零售业开始出现外资零售巨头的身影。1996年8月12日，全球规模最大的零售商沃尔玛正式进入中国市场，它的第一站就选择了深圳。根据当时中国法律的有关规定，零售业引进外资受到严格控制，并禁止设立外商独资的零售企业。因此，1996年沃尔玛在深圳的两家门店均以中外合资形式设立。两家颇有实力的深圳国有企业分别与沃尔玛签署了合作协议，一家为深圳国际投资信托公司，另一家为深圳特区发展公司。为了最大限度保持经营的独立性，沃尔玛在合资

---

[1] 深圳年鉴编纂委员会编《深圳经济特区年鉴》（1993-2020），深圳年鉴社，1993~2020。

公司的股权比重要达到当时中国法律规定的最高限度，即65%；同时，合资公司的经营管理全权委托沃尔玛负责，合资公司须向沃尔玛支付管理费。为了引进这家全球最大的零售商，深圳给予了积极的配合。

沃尔玛进入深圳后，同时设立了两家颇具规模的商店，一家位于深圳福田区的沃尔玛山姆会员店，经营面积近2万平方米；另一家为位于深圳蛇口的沃尔玛购物广场，经营面积约1.5万平方米。两间店在业种业态上有所区别。山姆会员店是仓储式折扣商场，采用会员制；沃尔玛购物广场则是大型的超级市场。但这两家店都具备了沃尔玛的主要特点：一是价廉物美，其商品价格普遍低于其他商家；二是商品丰富，商品品种接近3万种；三是拥有先进的零售经营方式和组织形式，同时非常注重服务殷勤。沃尔玛一经开业，就在深圳商业同行与消费者中引起了巨大的反响。消费者的热情大大超出了预料，逛沃尔玛成为当时深圳居民休闲的一项重要内容。面对1996年沃尔玛的开业，以及1997年另一大全球零售巨头家乐福的入驻，深圳商业领域出现了空前激烈的竞争局面，深圳本地的零售业惊呼"狼来了"。在全球零售商业"航母"面前，深圳本地商家无论在实力、规模、经营管理经验等方面都相距甚远，有业界人士甚至认为本土零售业将面临毁灭性的打击。事实上，的确有一些曾经令深圳市民记忆犹新的商场，诸如千百意商场、中百惠商场、金轮百货等，均在与沃尔玛和家乐福的竞争中相继倒闭。

不过，面对沃尔玛"咄咄逼人"的气势，深圳更多的零售企业选择了迎战。价格、服务和找准自己的市场位置成为深圳本土商家关注的焦点。更有趣的是，这一时期，在一些本土商场倒闭关门的同时，另外一些商场却"明知山有虎，偏向虎山行"，相继开业了一批规模更大的大中型商场。以万佳百货1994年7月入驻深圳华强北商圈为开端，这家百货店创造性地把国外成功的现代零售模式与我国的具体国情相结合，成为国际先进零售业态本土化的成功典范。此后，茂业百货、岁宝百货、人人乐集团、新一佳超市等本土优秀零售企业相继诞生，成立于较早时期（1984年）的天虹商场也在危机中成功转型。时至今日，深圳本土零售业并没有因外资进入而萎缩，相反它们在竞争中变得更加强大。

一组数字的对比或许更能说明这种变化。1996年以前，深圳零售业呈小和散的特征，大型零售企业仅有22家，最大一家的零售额尚没有进入全国 100 名行列。沃尔玛进入深圳之后，内资企业万佳百货、天虹商场、茂业百货纷纷开设分店扩大经营规模，尤其是香港华润集团收购万佳百货之后，在很短的时间里，深圳出现了具有区域影响力的零售业巨头。根据 2010 年 3 月公布的中国连锁百强榜，包括华润万家、新一佳超市、天虹商场、人人乐、海王星辰、岁宝百货等 9 家总部位于深圳的企业进入榜单。可以说，正是由于深圳本土企业经历了世界一流企业的竞争压力，以及随之而来的国际先进的经营理念、零售业态、经营管理技术，造就了深圳一大批优秀的零售企业，才有了今天中国零售业的"深圳军团"。今天回过头来看，沃尔玛、家乐福进军深圳的 1995 年前后，正是深圳零售业发展从量变到质变，也是奠定深圳零售企业未来在全国地位的重要阶段。

截至 2010 年，沃尔玛已经在深圳开设了 17 家商场，包括沃尔玛购物广场、山姆会员商店、沃尔玛社区店、惠选折扣店四种经营业态。以深圳为基地，沃尔玛迅速向广东省拓展。根据沃尔玛中国网站公布的资料，到 2010 年初广东省已有 48 家沃尔玛商场。相比之下，沃尔玛在中国华东地区，特别是上海的布局就显得不那么顺利了。上海其实一直是沃尔玛进入中国后的重要目标，直到 2003 年，沃尔玛才正式进入上海，其选址落在偏离市中心的杨浦区五角场。沃尔玛在中国华东地区布局受阻的原因众说纷纭，其中一个原因认为：上海的中心城区多数是已经成熟并且有着明确定位的商圈，特别是像徐汇区这样的商圈留给沃尔玛的空间本身已经不多了。不过，值得推敲的一个深层次原因，则是上海的本土大型零售企业多为具有国资背景的企业，这些企业除了因为扎根上海时间长，占据了较好的商业地段外，在外资进入的过程中也往往容易得到当地政府的大力扶持。一些知名的上海国有企业通过资产重组发展良好，在上海零售领域仍保持着龙头作用。相比而言，深圳的市场化程度高，深圳连锁零售企业发展速度快，但这也导致投资主体分散，使得深圳零售业集约化和规模化的程度不高。但毋庸置疑的是，外资企业特别是跨国公司进入深圳的确带来了示范效应，其产生的良性竞争效应更是直接提升了深圳企业的整体素质。

（三）创新型经济的赶路人

1. 适时调整人才政策

深圳"唯才是举"，结合城市发展需要，适时调整人才引进目标和策略，2017年首创人才立法，与"孔雀计划"等计划形成了深圳人才政策的"四梁八柱"。深圳从特区建立之初就大力推行人才体制改革，灵活运用人才政策，完善人才激励机制，吸引了国内外大量人才涌入深圳。从落户政策看，深圳将"来了就是深圳人"作为引才理念，长期保持极低的落户门槛，只要满足大专及以上学历、年龄小于35岁，且缴纳了6个月及以上的社保即可申请落户，且在全国率先实行个人申请入户制度，灵活运用入户方法，拓宽入户渠道。虽然2021年5月，深圳出台《深圳市户籍迁入若干规定（征求意见稿）》，学术型人才落户的学历门槛提高至本科，人才补贴和高层次人才政策也同步收紧，但"本科以上无限制"条件仍然相对较为宽松，仍对人才具有较大的吸引力。从人才政策发展看，深圳自特区成立以来多次根据城市特征调整人才引进策略，特区建设早期深圳重点引进技能型人才，1997年，深圳启动"每年接收万名毕业生工程"，把接收应届毕业生作为引才重点；2002年，深圳实施《关于引进国内人才来深工作的若干规定》，把引才重点转向引入高层次人才，此后不断出台"孔雀计划""十大人才工程"等计划；在2017年成为全国首个人才立法的城市，确定每年11月1日为"深圳人才日"，各项政策叠加形成人才政策的"四梁八柱"。

深圳"筑巢引凤"，设立人才安居集团，解决人才住房问题；打破体制机制束缚，放权于市场和企业，全国首创在高层次专业人才评价选拔中引入"举荐制"，助力吸引各类人才。深圳注重构建人才友好型城市环境，积极打造聚才高水平事业平台，提升城市宜居水平，增强城市的人才吸引力。从人才安居看，2018年，深圳市财政注资1000亿元设立了人才安居集团，专责筹建人才住房，同时积极探索人才住房先租后买、以租抵购制度，以及建立人才住房封闭流转机制等，并给予大学本科和海归人才1.5万元、硕士2万元、博士3万元的住房补贴，补贴力度较大，深圳也从子女入学、配偶就业、医疗保险等方面跟进待遇政策，打造人才宜居环境。2020年，深圳15~59岁人口比重达79.5%，高于北京（68.5%）、上海（66.8%）、广州（74.7%），成为"最年轻"的一线城市。① 从市场引导力看，深圳勇于打破权力"围城"，放权于市场和企业，赋予高校、科研机构高度灵活的人

---

① 《深圳市人才住房建设筹集和管理运营》，深圳市人民政府国有资产监督管理委员会官网，http：//gzw.sz.gov.cn/hdjl/zxft/wqhg/content/post_4603834.html。

事管理权限，同时在全国率先实现了职称评定职能向社会组织转移，2015年《深圳青年创新创业人才选拔扶持实施方案》提出，在高层次专业人才评价选拔中首次引入"举荐制"，评价人才让"市场和行业说了算"，真正让人才回归企业。根据《中国城市 95 后人才吸引力排名：2021》测算，深圳的 95 后人才吸引力位于全国第二，仅次于北京。高层次人才方面，深圳 95 后硕士及以上人才流入占比 5.1%，位居全国第三，仅次于北京和上海，人才集聚效应明显。①

2. 持续推动转型政策造就新产业发展基础

深圳有 8000 家中小微科技创新企业，政府设计产业转型支持政策，必须建立在对市场和企业行为有深刻了解的基础上。政策跟随和适应市场创新动态，政府通过公共政策规范市场、引导企业创新行为，政策实施产生明显效果。科创部门 3 年总支出 40 亿元，样本企业增加值从 600 亿元上升为 1800 亿元，净增加 1200 亿元。政府对创新扶持政策分类及效果评估：①创新券项目。创新券项目获资助比例为 88%，获批企业中 85% 是小微企业。提高了有 R&D 投入企业的比例，企业产出提高约 7%。②创业资助项目。创业资助获资助率约为 33%，其中 98% 是小微企业，主要是成立不到 4 年的科技企业，以及创业大赛获胜者支持项目，规模最高可到50 万元，获资助企业的 R&D 投入和专利申请数显著提高。企业产出提高约 22%。③技术开发项目获资助比例为 25%，技术开发项目是对新产品、新技术、新工艺研发及其产业化的资助。资助额度大，申请企业已处在试验开发期或产业化前期。获得资助企业的创新和市场表现极其显著。④金融科技扶持。协助贷款、免息、保险等方式。免息、保险资助规模较小。获得贷款资助的企业在专利数和 R&D 投入上更高。政府对转型政策能够成功的信心，在于可以了解和把握个别企业观察不到的优势信息，并通过针对性的政策措施支持特定产业的发展，有效的创新政策又增加了强大的微观产业发展基础。深圳的创新企业行业高度集中，80% 属于制造业或信息传输、软件和信息技术服务业，从二级行业分布来看，呈现明显的差异化分工形态，具有显著的知识溢出的互补性以及投入产出的需求关联的特征，这是创新的市场基础。深圳在推进经济发展方式转型过程中所采取的

---

① 深圳年鉴编纂委员会：《深圳经济特区年鉴》（1993~2020），深圳年鉴社，1993~2020。

支持创新创业政策，取得了阶段性成功。该成功依赖于有为政府和有效市场的有机结合。

3. 加工贸易持续推进制造业转型升级

加工贸易可谓是深圳高新技术企业形成自主开发能力和建立品牌的一条捷径。深圳的企业通过加工贸易方式，在技术跟踪和开发领域探索出了一条捷径，即通过技术和市场的不断渗透，本土高新技术企业可以在前期基础上，加快技术研究开发能力，建立自己的国际营销体系，形成自主知识产权，占领国际市场。经济学理论认为，加工贸易可以带来技术进步效应包括两个方面：一是出口部门自身要素生产率的提高，即出口部门自身结构的优化、技术含量的增强能够直接提高出口部门的全要素生产率；二是出口部门通过对当地企业的技术示范和竞争等途径，形成对国内部门的技术外溢和技术扩散效应，从而不断推动制造业转型升级。

应该说，深圳有不少高新技术产业是从传统"三来一补"的加工贸易企业转型而来，在促进劳动密集型传统产品向高新技术产品转化的过程中，形成了各自不同的发展模式，其中以代工硬盘设备闻名的深圳开发科技公司就是深圳比较有代表性的转型升级的企业之一。深圳开发科技公司成立于1985年，其前身是蛇口开发科技公司，最初主要从事硬盘磁头等高科技产品开发，采用加工贸易方式，由外方负责提供先进技术并承担外销全部产品。开发科技公司是深圳较早从事贴牌代工的中外合资企业，目前已发展成为全球主要的硬盘和相关产品专业制造商，同时也是中国国内主要的电表制造商。硬盘磁头客户为国际硬盘大厂希捷公司（Seagate Technology）、日立环球（Hitachi Global）及西部数据（Western Digital）；同时，深圳开发科技公司也为知名内存品牌金士顿（Kingston）代工内存模块，以及为韩国三星、中国的中兴通讯等代工生产手机相关产品。拥有多年的代工服务经验，深圳开发科技公司在同行业的部分技术领域内已达到国际先进水平，并随时紧跟国际最新潮流。根据深圳开发科技公司网站的资料，该公司90%的磁头产品实现了自动化或半自动化生产，磁头制造处于国际同行领先水平；公司还是中国电表行业标准的制定者之一，自主研发的远程控制电表及系统和防窃电电表达到国际领先水平，远程电表还被认定为国家级重点新产品；主导产品硬盘磁头占全球市场份额的10%

以上，是全球第二大磁头专业制造商；电表产品遍布欧洲、南亚和东南亚，累计出口近 2000 万台，成为中国最大的远程控制电表及系统研发制造商。深圳开发科技公司通过加工贸易方式占领国际市场，扩展了信息渠道，更多地了解了国际市场，提高了产品竞争力，把握住了产业升级方向，使产品技术紧紧跟上了世界先进水平。

第四章　深圳制造业发展面临的挑战与机遇

一　大变局下的严峻挑战

（一）国际挑战

1. 制造之争：狭路相逢

经过改革开放 40 多年来的发展，中国制造业已经发生了重大变化，创新能力持续增强，正在向全球价值链中高端环节迈进。然而，在百年未有之大变局下，全球制造业格局也在加速调整，发达国家推动产业链回流，发展中国家加快推进产业转移，深圳乃至中国的制造业正面临"两头挤压"的严峻挑战。

一方面，中国与欧美发达国家在先进制造业领域的竞争日趋激烈。近 10 年来，中国的出口商品结构中资本和技术密集型产品的比重快速上升，从 2014 年的 51.44% 逐渐增长到 2023 年的 56.21%，向高附加值领域加速转型。以深圳为例，2023 年制造业增加值占地区生产总值的比重超过 30%，其中超过 70% 来自先进制造业[1]。欧美发达国家通过实施再工业化战略，积极推动产业链回流和高附加值制造业发展，力图夺回全球制造业主导地位，对中国高端制造业形成了巨大的竞争压力。

另一方面，中国劳动密集型制造业的成本优势正在减弱。近年来，以越南、印度和墨西哥为代表的新兴经济体凭借低成本的劳动力和宽松的政策环境，积极承接劳动密集型产业和低附加值产业的转移，迅速成为全球中低端制造业的重要承接地。与此同时，中国制造业人力成本持续增长，成本优势逐步弱化。中国劳动密集型产品的出口占比呈现下降趋势，从

---

① 赛迪顾问先进制造业研究中心：《2023 先进制造业百强市》，2023 年 11 月 24 日。

2014 年的 43.65% 下降到 2023 年的 37.09%（见图 1）。①

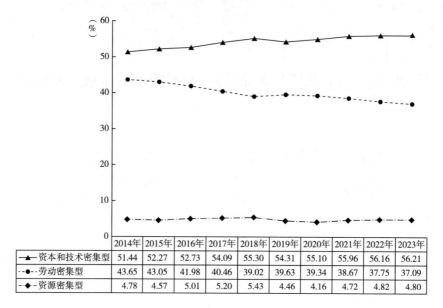

	2014年	2015年	2016年	2017年	2018年	2019年	2020年	2021年	2022年	2023年
—▲— 资本和技术密集型	51.44	52.27	52.73	54.09	55.30	54.31	55.10	55.96	56.16	56.21
--●-- 劳动密集型	43.65	43.05	41.98	40.46	39.02	39.63	39.34	38.67	37.75	37.09
-◆-- 资源密集型	4.78	4.57	5.01	5.20	5.43	4.46	4.16	4.72	4.82	4.80

图 1　2014~2023 年中国出口商品结构

资料来源：WTO 官网。

2. 依赖之困：高端制造业的桎梏

2023 年，深圳实现规模以上工业总产值 4.85 万亿元，规模以上工业增加值 1.11 万亿元，连续两年在全国城市中位列"双第一"。② 但在耀眼的数据背后，深圳的高端制造业仍面临着关键技术受制于人的严峻挑战，这已成为制造业高质量发展的桎梏。

电子信息产业作为深圳经济发展的王牌，2023 年实现产值 2.52 万亿元，占全国总量的 1/6，连续多年稳居内地城市首位。③ 尽管如此，在这庞

---

① 《中国城市 95 后人才吸引力排名：2021》，智联招聘，https：//baike. baidu. com/item/%
E4%B8%AD%E5%9B%BD%E5%9F%8E%E5%B8%82%95%E5%90%8E%E4%BA%BA%E6%
89%8D%E5%90%B8%E5%BC%95%E5%8A%9B%E6%8E%92%E5%90%8D%EF%BC%
9A2021/58902599。

② 《深圳规上工业总产值、工业增加值连续两年实现全国"双第一"》，广东省人民政府官网，
https：//www. gd. cn/gdywdt/zwzt/jfqyhl/cyyhsj/content/post_4357231. html。

③ 《"城市首位"：深圳成绩单有力印证经济光明论》，深圳特区报，https：//www. sznews. com/
news/content/mb/2024-02/02/content_30733555. htm。

大的产业中,部分关键技术仍然依赖进口,制约了深圳高端制造业的进一步发展。特别是在电子信息产业的中高频核心器件领域,虽然其成本在通信设备中占比不到 5%,但其在移动通信基站和终端设备中的作用至关重要,全球市场规模约 150 亿美元,反映了其不可替代的重要性。

核心技术是要不来、买不来、讨不来的。只有实现关键核心技术的自主可控,深圳才能真正从制造大市迈向制造强市,在全球制造业竞争中赢得主动权。

3. 逆流而动:保护主义和单边主义

近年来,单边主义和保护主义不断抬头,冲击多边机制和国际规则,给深圳制造业的高质量发展带来了挑战。为了重塑全球制造业格局并维护自身利益,一些发达国家相继推行"再工业化"战略,通过贸易保护主义、科技封锁和投资限制等手段,试图遏制中国高端制造业的发展。

深圳的制造业尤其是电子信息和智能制造领域,对国际市场的依赖度高。随着国际贸易保护主义的盛行,深圳企业面临的非关税壁垒显著增多,特别是针对技术出口管制和投资限制的措施,直接削弱了深圳制造企业的国际竞争力。2024 年上半年,深圳企业共遭遇 15 起反倾销、反补贴和保障措施案件,占全国 85 起案件的 17.65%,案件数量和涉案金额均位居全国前列[①]。这些案件不仅损害了企业的经济利益,更阻碍了深圳制造业在全球产业链中的战略布局。

单边主义和保护主义还对全球科技合作造成了重大影响。制造业的高质量发展高度依赖全球创新资源的协同,但受地缘政治干扰,国际科技合作正变得日益复杂。部分发达国家将高端技术视为竞争优势,实施严厉的技术封锁,深圳制造业在创新能力和技术升级方面受到压制。

(二)国内挑战

1. 要素成本上涨

要素成本上涨正逐步削弱深圳制造业的竞争力,尽管其在创新和技术上具有显著优势。作为全国工业重镇,深圳在土地和用工成本方面面临严峻挑战。

---

① 《公平贸易 | 2024 年上半年深圳市遭遇贸易摩擦情况简报(2024 年第 6 期)》,深圳市商务发展促进中心公众号,https://mp.weixin.qq.com/s/ar40ppx37WW7HOJrXyGSbQ。

在土地资源方面，深圳的工业用地成本持续高企，主要原因是可供出让的工业用地十分紧缺。2024年上半年，深圳市共成交18宗工业用地，同比下降25.00%，可提供的产业空间约为233万平方米，同比下降64.65%，无论在数量还是在规模上均处于近三年历史低位。[①] 2023年，深圳工业用地的平均成交价达到720元/平方米，为大湾区九城之首，远高于排名第二的广州（381元/米²）和第三的佛山（343元/米²）。[②]

除了土地成本，用工成本也是深圳制造业的重大压力来源。作为一线城市，深圳的工资水平在全国位居前列，仅次于北京和上海。高额的人工成本使得制造企业的运营负担加重，特别是对于劳动密集型产业，成本压力更加显著。企业在面对高额的人力支出时，往往难以兼顾技术研发和设备升级，导致整体竞争力的下降。

深圳制造业的高质量发展正受到要素成本上涨的制约。为应对这一挑战，深圳需要进一步加大对制造业的政策支持，优化土地供给和使用效率，缓解用工成本上升对企业发展的负面影响。

2. 企业资金压力

深圳制造业的高质量发展正面临严峻的国内挑战，其中企业所面临的资金压力问题尤为突出。不少企业由于全球经济疲软和订单减少，公司经营状况恶化，不得不提前结束运营。另有企业因长期亏损和资金链断裂，无法继续维持生产，导致全员解散。这些企业的倒闭反映了深圳制造业面临严峻的资金压力。

深圳市政府推出了"工业立市"和"制造强市"的发展战略，以期推动制造业的转型升级。然而企业在融资、订单和成本控制方面的难题依然制约着行业的整体发展。特别是大中型民营制造业企业，受到了较为明显的冲击。订单减少直接削减了企业收入来源，同时原材料价格波动和成本上涨使得企业利润进一步压缩。融资困难则加剧了这些企业的资金压力，部分企业应收账款长期拖欠，资金流转不畅，垫款现象普遍，导致企业无法正常运转。

---

① 《戴你了解深圳2024年上半年产业地产市场》，戴德梁行产业地产公众号，https：//mp. weixin. qq. com/s/F23AAbShu4bVuieaT79_yw。

② 《2023年粤港澳大湾区工业土地市场分析》，克而瑞不动产运营公众号，https：//mp. weixin. qq. com/s/CFUmSMygKu70KxpTdxCX_w。

根据 2023 年 8 月至 2024 年 8 月中国制造业 PMI 数据，新出口订单、采购量等多项指标整体上出现下降，反映出制造业整体需求不足，企业的内生增长动力仍显不足（见表 1）。面对这些挑战，深圳制造业的高质量发展亟须有效的金融支持和更有力的政策保障，帮助企业摆脱资金困境，提升竞争力与抗风险能力。

表 1 2023 年 8 月至 2024 年 8 月中国制造业 PMI 其他相关指标情况（经季节调整）

单位：%

时间	新出口订单	进口	采购量	主要原材料购进价格	出厂价格	产成品库存	在手订单	生产经营活动预期
2023 年 8 月	46.7	48.9	50.5	56.5	52.0	47.2	45.9	55.6
2023 年 9 月	47.8	47.6	50.7	59.4	53.5	48.5	45.3	55.5
2023 年 10 月	46.8	47.5	49.8	52.6	47.7	48.2	44.2	55.6
2023 年 11 月	46.3	47.3	49.6	50.7	48.2	47.8	44.4	55.8
2023 年 12 月	45.8	46.4	49.0	51.5	47.7	49.4	44.5	55.9
2024 年 1 月	47.2	46.7	49.2	50.4	47.0	48.9	44.3	54.0
2024 年 2 月	46.3	46.4	48.0	50.1	48.1	47.3	43.5	54.2
2024 年 3 月	51.3	50.4	52.7	50.5	47.4	46.7	47.6	55.6
2024 年 4 月	50.6	48.1	50.5	54.0	49.1	47.9	45.6	55.2
2024 年 5 月	48.3	46.8	49.3	56.9	50.4	46.5	45.3	54.3
2024 年 6 月	48.3	46.9	48.1	51.7	47.9	48.3	45.0	54.4
2024 年 7 月	48.5	47.0	48.8	49.9	46.3	47.8	45.3	53.1
2024 年 8 月	48.7	46.8	47.8	43.2	42.0	48.5	44.7	52.0

资料来源：国家统计局官网，https://www.stats.gov.cn/sj/zxfb/202408/t20240831_1956161.html。

3. 人才短缺与结构性问题

未来制造业人才短缺的压力还将不断加剧。根据《制造业人才发展规划指南》的预测，随着企业数字化转型的深入，到 2025 年，中国制造业在新一代信息技术、新材料等十大重点领域的人才需求缺口预计将达到3000 万人[①]。这一巨大缺口对制造业技能型人才的培养提出了更高的要求，

① 教育部、人力资源社会保障部、工业和信息化部：《制造业人才发展规划指南》，中国政府网，https://www.gov.cn/xinwen/2017-02/14/content_5167903.htm。

也进一步凸显了深圳在高端制造业中的人才紧缺问题。随着新兴产业和新业态的快速发展，新的技能和专业领域人才缺口正在不断形成，传统制造业的人才培养模式已难以适应这一变化。

深圳作为中国制造业的龙头城市，正面临制造业人才短缺与结构性矛盾的双重挑战，尤其是缺乏能够引领行业高质量发展的领军人才和"大国工匠"。

目前，深圳制造业的整体人才结构呈现出"质量换数量"的断层压力。当前，深圳高技术制造业人员需求的结构大致为 3∶5∶2。30% 的人员为管理、营销、研发等专业职员，20% 的人员则从事临时性、简单重复劳动，主要通过劳务派遣或市场解决需求，占据主导地位的 50% 技能工人，则是制造业的中坚力量。尽管"蓝领工人"的岗位需求规模庞大，但他们的工作环境相对恶劣、待遇较低，导致就业质量不高[①]。

4. 人口老龄化的"灰犀牛"问题

中国正面临日益严峻的人口老龄化挑战，与世界其他主要经济体相比，中国的老龄化进程更为迅速。日本从深度老龄化社会过渡到超老龄化社会用了 12 年（1994~2006 年），德国花费 36 年时间（1972~2008 年）从老龄化社会步入超老龄化社会阶段[②]。而据预测中国从深度老龄化到超老龄化社会的转变将在短短 9 年内完成[③]。如此迅猛的老龄化进程，不仅对国家的社会保障体系和公共服务带来巨大压力，更直接冲击了以制造业为主导的经济发展模式，特别是深圳这样依赖年轻劳动力的制造业重镇。

老龄化的加速直接推高了劳动力成本，对制造业产生了显著的负面影响。随着老龄化程度的不断加深，劳动力供给将逐渐萎缩，导致劳动力市场紧张，企业用工成本上升。印度尼西亚、越南、印度等新兴市场国家，则正在依靠充足且廉价的年轻劳动力迅速崛起。

作为中国最年轻的一线城市，深圳以年轻化的劳动力结构著称。根据

---

① 《基于需求层次，构建深圳制造业"蓝领"从业生态》，综合开发研究院公众号，https：//mp. weixin. qq. com/s/6FG_lA7qrhEW3c0uToMAjQ。

② 李迅雷：《老龄化加速的挑战》，中国金融四十人论坛公众号，https：//mp. weixin. qq. com/s/ZSGetKyquqNaQqs-npXTTw。

③ 人口老龄化是指 65 岁及以上老年人在总人口中的比例。根据学术界的定义，当 65 岁及以上老年人占总人口的比例在 7% 至 14% 之间时，被称为老龄化社会；在 14% 至 20% 之间则被称为老龄社会；超过 20% 则称为超老龄化社会。

第七次全国人口普查公报，深圳常住人口中 60 岁及以上占 5.36%，预计到 2029 年深圳常住老年人口将增至 149 万人，占比达到 10.52%，意味着 2029 年深圳将正式步入老龄化社会。虽然深圳目前仍是国内年轻人最多的城市，但老龄化速度明显加快。深圳制造业要实现高质量发展，需正视老龄化的长期挑战。

二 大变局下的发展机遇

(一) 国际机遇

1. "一带一路" 倡议和 RCEP 带来的贸易便利化

2013 年，习近平主席在访问哈萨克斯坦和印度尼西亚期间提出了建设 "丝绸之路经济带" 和 "21 世纪海上丝绸之路" 倡议。2020 年 11 月 15 日签署的《区域全面经济伙伴关系协定》（RCEP）涵盖了 15 个亚太国家，形成了全球最大的自由贸易区，涉及 22 亿人口，占全球 30% 以上的 GDP 和贸易量。"一带一路" 倡议和 RCEP 为中国制造业带来了广阔的市场机遇。

中国制造巨头在 "一带一路" 倡议下取得了显著发展。中兴通讯在这一倡议的推动下，业务已经拓展到 110 多个国家，海外员工总数超过 1 万人。比亚迪则成功将业务拓展至乌兹别克斯坦、泰国、新加坡、埃及等国家及日本、韩国等发达市场，其商业版图覆盖世界六大洲超过 70 个国家和 400 座城市。2023 年，比亚迪新能源乘用车的海外销量达 24.3 万辆，同比增长 334.2%，占比亚迪总销量的 8%。[①]

自 "一带一路" 倡议提出以来，深圳对共建国家的进出口额显著增长。从 2013 年的 7473.7 亿元跃升至 2023 年的 1.3 万亿元，增长幅度十分显著[②]。这一倡议覆盖了 60 多个国家，总人口约 44 亿人，经济总量约 21 万亿美元。2023 年，深圳与 RCEP 成员国的贸易往来迅猛增长，进出口总额达到了 1.04 万亿元，占同期深圳进出口总额的 27%。[③] "一带一路" 倡议和

---

① 《车企火速开 "卷"！》，中国基金报，https://baijiahao.baidu.com/s? id = 1791312461688529834&wfr = spider&for = pc。

② 《2023 年深圳外贸进出口基本情况》，深圳海关官网，http://shenzhen. customs. gov. cn/shenzhen_customs/zfxxgk15/2966748/hgtj40/tjfx3/5653730/index. html。

③ 《2023 年深圳外贸进出口基本情况》，深圳海关官网，http://shenzhen. customs. gov. cn/shenzhen_customs/zfxxgk15/2966748/hgtj40/tjfx3/5653730/index. html。

RCEP 不仅帮助深圳制造业拓展全球市场，还加强了与国际先进技术的合作，提升了全球竞争力。

2. 绿色转型孕育新增长机遇

根据国际能源署发布的《2023 年可再生能源报告》，2023 年全球可再生能源新增装机容量较 2022 年增长 50%，装机容量的增长速度超过了过去 30 年的任何时期。该报告预测，未来五年全球可再生能源装机容量将迎来快速增长期，进一步加速全球能源转型。

中国是全球可再生能源产业的领导者。目前，全球光伏产业近 90% 的产能集中在中国，光伏组件全球排名前十的企业中有七家为中国企业。此外，中国在风电设备的生产和出口方面也占据主导地位，约六成的全球市场份额由中国企业贡献。自 2015 年以来，中国风电设备出口装机容量的复合年均增长率超过 50%，显示出强劲的国际竞争力。[①]

与此同时，我国新能源汽车行业也正处于高速发展期。2023 年全球新能源汽车销量达到 1300 万辆，同比增长 30%，渗透率为 20%。预计到 2030 年，全球乘用车市场规模将超过 8000 万辆，新能源汽车渗透率有望提升至 50%。作为全球新能源汽车产业链最为完善的城市之一，深圳在该领域表现尤为突出。2023 年，深圳新能源汽车累计产量约 173 万辆，居全国首位，展示了其强大的生产能力和市场需求。根据深圳市统计局的数据，截至 2023 年底，深圳新能源汽车保有量达 86 万辆，市场渗透率超过 60%。在出口方面，深圳新能源汽车的国际市场表现同样抢眼。据深圳海关统计，2023 年前七个月，深圳新能源汽车出口额达到 151.5 亿元，同比增长 50.8%。[②]

在新能源领域的快速发展中，深圳不仅是中国，也是全球重要的创新和生产基地。根据《2023 胡润中国能源民营企业 TOP100》报告，新能源企业总部位于深圳的数量最多，共有 11 家，包括比亚迪、新宙邦、格林美等行业领军企业。深圳凭借完善的产业链、领先的技术研发能力以及日益提升的全球市场影响力，正引领中国新能源产业的快速崛起，为全球可再生

---

① 《国家能源局：中国光伏产业为全球市场供应了超过 70% 的组件》，中国政府网，https：//www.gov.cn/xinwen/2021-03/31/content_5597134.htm#1。

② 《电动汽车百人会与麦肯锡发布联合研报 展望全球新能源汽车产业新趋势》，新华网，https：//mp.weixin.qq.com/s/zITTjBnb98zIN6xu2Qme5w。

能源发展注入了强劲动力。

3. 数智化转型的大趋势

在生成式 AI 引发的新一轮技术变革背景下，深化大数据、人工智能等技术的研发与应用被纳入 2024 年的国务院《政府工作报告》。国务院常务会议明确指出，要统筹高质量发展和高水平安全，以人工智能与制造业的深度融合为主线，以智能制造为主攻方向，通过场景应用牵引，推动重点行业的智能化升级，为工业制造体系赋能，从而加快形成新质生产力。

人工智能正深刻改变制造业的面貌，通过数字化和智能化手段提升竞争力已成为制造企业的未来策略。生成式 AI 和大模型等新一代人工智能技术被广泛应用于制造环节，带来的回报包括缩短研发周期、优化产业链流程、降低运营成本等，为企业提供了显著的竞争优势。可以说，数字化转型是制造企业无法回避的选择，迟转不如早转，企业唯有迎头赶上才能避免被淘汰。

作为中国人工智能产业最为发达的城市之一，深圳在智能制造领域展现出强劲的竞争力。数据显示，2023 年，深圳拥有超过 2200 家人工智能企业，产业规模超 3000 亿元，同比增长超过 20%。[①] 在华为、腾讯等龙头企业的引领下，元象科技、思谋科技、兔展智能和深信服等高成长性企业，以及大量初创企业，共同构建了协同发展的创新生态。2024 年，深圳发布《深圳市加快打造人工智能先锋城市行动方案》，提出以十大人工智能集聚区建设为抓手，加快推进中国软件名城和人工智能先锋城市的建设。

深圳的智能制造产业正凭借人工智能的深度赋能，抓住全球市场机遇，为制造业高质量发展注入新动能。

（二）国内机遇

1. 国内大市场：新机遇与新方向

我国已形成了一个拥有 14 亿消费人口、4 亿中等收入群体和 1.5 亿户市场主体的超大规模市场，为构建国内国际双循环新发展格局奠定了基础。

① 《深圳人工智能产业发展位居国内第一梯队　产业规模超 3000 亿元》，深圳商报，https://www.sznews.com/news/content/mb/2024-09/09/content_31200381.htm。

然而，当前市场存在规则不统一、资源流动不畅、地方保护和市场分割等问题，限制了市场功能的发挥。为打破这些瓶颈，2022 年 3 月，中共中央、国务院发布了《关于加快建设全国统一大市场的意见》（以下简称《意见》），旨在通过破除壁垒，实现经济高质量发展。

建设全国统一大市场为制造业带来了巨大机遇。中国是全球唯一拥有全部工业门类的国家，制造业增加值占全球比重约 30%。随着经济由高速增长向高质量发展转型，传统的低成本优势逐渐减弱，资源环境约束增强，外贸依存度下降。中国制造业正依托超大规模市场的经济效应，逐步形成新的竞争优势。

作为中国特色社会主义先行示范区和粤港澳大湾区核心引擎，深圳将显著受益于全国统一大市场的建设。凭借独特的区位优势、开放的制度环境、完备的产业体系和创新土壤，深圳已成为国内循环与国际循环的连接点。《意见》提出完善统一的产权保护和公平竞争制度，强调"中性保护"和"竞争中性"，为深圳的民营企业和中小微企业提供平等的市场竞争环境。破除地方保护和区域壁垒，有助于产业集聚，尤其是深圳在电子信息、高端制造装备等战略性新兴产业的集聚效应进一步显现。

全国统一大市场的建设还将激励企业加大科技研发投入，推动深圳加快创新驱动发展。依托全国统一大市场的建设，深圳将在产业集聚、创新发展和市场扩展方面获得重要机遇。

2. 从"人口红利"转向"人才红利"

随着"人口红利"逐渐消退，深圳制造业的高质量发展正依赖于"人才红利"的释放。自 1999 年教育部提出提高高等教育毛入学率的目标以来，高校扩招极大地充实了工程师队伍，为深圳吸引大量技术人才奠定了基础。深圳从 1980 年仅有两名技术员，到如今拥有超过 600 万名的人才，其中科技人才超过 200 万名，这种巨大的"人才红利"正成为推动深圳制造业持续发展的核心力量。

根据《广东省第七次全国人口普查公报》，与 2010 年相比，深圳每 10 万人中拥有大专及以上学历的人数从 17175 人上升至 28849 人，总人数也由 179 万人增至 506.6 万人，增幅接近三倍。这一变化反映了深圳人口整体受教育水平的快速提升，进一步增强了城市的创新能力。2023 年，深圳市常住人口达到 1779.01 万人，比上年增加 12.83 万人，显示出深圳对国内外人才的强大吸引力。①

随着制造业向智能化、绿色化和高附加值转型，深圳对高技能人才的需求也越来越大。智联招聘发布的《中国城市人才吸引力排名 2024》显示，深圳的人才净流入率持续保持正增长，2023 年人才净流入占比达 1.2%。这得益于深圳的创新型产业结构、较低的落户门槛，以及较多的就业机会。②

面对"人口红利"逐渐消退的挑战，深圳正在通过大力培育和吸引高端人才来形成"人才红利"，以推动制造业的高质量发展。

3. 国产替代浪潮势不可挡

在全球供应链变革和技术竞争加剧的背景下，国产替代已成为中国制造业实现高质量发展的重要路径。作为中国改革开放的窗口和创新高地，深圳在这一大潮中迎来了前所未有的机遇。

许多曾经被封锁的行业，现在被证明一样可以实现国产替代，最典型的例子就是中国的核电设备。1987 年开工建设大亚湾核电站时，中国核电设备的国产化率仅为 1%，几乎所有设备都依赖进口。到岭澳一期核电站建设时，中国核电业开始积极推动设备国产化，国内制造企业承担部分采购，使得设备国产化率达到了 30%。随着时间的推移，中国核电设备的国产化水平持续提升。岭澳二期的设备国产化率已经达到了 64%。"国和一号"建设时更是实现 100% 的设备国产化率。中国核电工业在技术严密封锁下依旧取得了突破，得益于长期坚持自主创新为主、国外技术引进为辅的理念。

变局之下，制造业面临诸多不确定性，强化产业链、供应链的自主可控和安全稳定至关重要，而国产替代正是在这样的背景下涌现出新的机遇。深圳拥有显著的制造业产业基础、供应链优势，国产替代是深圳制造业高质量发展的大机遇。

---

① 《深圳市第七次全国人口普查公报（第五号）——人口受教育情况》，深圳政府在线，https://www.sz.gov.cn/cn/xxgk/zfxxgj/tjsj/tjgb/content/post_8772099.html。
② 《中国城市人才吸引力排名 2024》，智联招聘、泽平宏观，https://new.qq.com/rain/a/20240916A00ANG00。

三　发展优势

（一）产业基础扎实

1. 体系之基：产业体系完备

深圳拥有强大的产业基础，经过四十余年的发展，形成了完善的产业体系。早期通过"三来一补"模式起步，随着不断创新和拓展，逐渐构建起"四大支柱+七大战略性新兴产业"的产业结构。四大支柱产业支撑着深圳的经济基本面，而七大战略性新兴产业则成为驱动经济增量的关键动力。

2023年，深圳的经济总量达到3.46万亿元，展现了强劲的经济增长势头。固定资产投资规模由2019年的7355.6亿元增长至2023年的9921.7亿元，年均增长7.8%，同样高于全国和广东省平均水平。①

制造业作为深圳经济的核心支柱，2023年第二产业增加值达到13015.3亿元，居全国城市之首，充分展现了深圳制造业的竞争力（见表2）。深圳不仅在传统制造业上占据优势，还通过战略性新兴产业提升了经济发展的质量和创新水平。

表2　2023年全国部分城市的第二产业（工业和建筑业）增加值

单位：亿元

城市	第二产业增加值	城市	第二产业增加值
深圳	13015.3	宁波	7540.5
重庆	11699.1	佛山	7513.7
上海	11613.0	无锡	7376.9
苏州	11541.4	武汉	6800.9
广州	7775.7	北京	6525.6

资料来源：各地方统计局官网。

2023年，战略性新兴产业增加值达到1.45万亿元，同比增长8.8%，占GDP的比重提升至41.9%，提前完成"十四五"规划的目标。尤其是新

---

① 《全力推进先行示范区建设5年来 深圳在中国式现代化建设中勇当尖兵》，广东省人民政府官网，https://www.gd.gov.cn/gdywdt/dsdt/content/post_4479356.html。

一代电子信息产业，凭借其在网络通信、智能终端等领域的强劲增长，继续保持其核心地位。

深圳市政府于 2022 年发布的"20+8"产业集群化战略，明确了 20 个战略性新兴产业和 8 个未来产业的发展方向。在 2024 年政府工作报告中，深圳提出 2024 年战略性新兴产业增加值将超过 1.5 万亿元，增长 7% 以上。升级版的"20+8"产业集群设定了更高目标，基于 1.0 版实施方案，继续扩展产业"增量"，计划到 2025 年，战略性新兴产业增加值达到 1.6 万亿元，并形成 4 个万亿级、4 个五千亿级和一批千亿级产业集群。[1][2]

2. 绿色之变：新能源异军突起

新能源，作为 21 世纪最具活力和潜力的战略性新兴产业之一，近年来在全球范围内展现出强劲的增长势头。2020 年 9 月，国家提出了"碳达峰"与"碳中和"的战略目标，深圳迅速响应，积极推动新能源产业的发展，并将其纳入重点支持的战略性产业。

作为最早推动新能源汽车产业的城市之一，深圳的公共交通领域电动化水平处于全国领先地位。至 2023 年，深圳的公交、出租车、网约车实现了 100% 电动化，进一步巩固了其在绿色出行领域的领先地位。

2023 年，深圳新能源汽车产业取得了飞速发展。整车制造业产值同比增长 85.3%，产量达到 178.6 万辆，其产业产值达 3991 亿元（见表 3），渗透率达 67.9%。[3]

表 3　2021~2023 年深圳新能源汽车产值

单位：亿元

年份	2021 年	2022 年	2023 年
新能源汽车产值	957	2154	3991

资料来源：深圳市统计局官网。

---

[1] 《深圳市人民政府关于发展壮大战略性新兴产业集群和培育发展未来产业的意见》，深圳市人民政府官网，https://www.sz.gov.cn/zfgb/2022/gb1248/content/post_9918806.html。

[2] 《关于加快发展新质生产力进一步推进战略性新兴产业集群和未来产业高质量发展的实施方案》，深圳市工业和信息化局官网，https://www.sz.gov.cn/szzt2010/szcycx/ztgk/content/mpost_11917962.html。

[3] 《深圳加速驶向世界一流汽车城》，深圳新闻网，https://baijiahao.baidu.com/s?id=1794164529083436740&wfr=spider&for=pc。

此外，深圳大力推进新能源汽车基础设施建设，新增充电桩 16.1 万个，总量达到 28.7 万个，建成了超级快充站、车网互动站和综合能源补给站等多类型配套设施，为新能源汽车的广泛应用提供了强有力的支撑。

深圳是全球新能源产业链最为完善的城市之一。全市聚集了超过 2.4 万家新能源和数字能源相关企业，涵盖整车制造、充电设施、核心零部件、关键材料等各个环节，形成了完整的产业生态圈。2024 年上半年，深圳"新三样"中电动汽车、光伏产品出口额分别为 128.7 亿元、24.8 亿元，分别增长 51.7%、81.6%[1]，显示出在全球新能源市场中的强大竞争力。

3. 数字之舞：制造业数字化转型

制造业数字化转型是大势所趋，也是高质量发展的必由之路。作为全球数字经济前沿，深圳拥有独特的产业优势和良好的政策支持，推动数字化转型走在前列。

数字化转型是制造业升级的强大引擎。深圳汇聚了如华为、中兴通讯、平安科技、腾讯等科技巨头，形成了完备的数字产业链。深圳拥有超过 300 家大数据企业和 700 多家云计算企业，完善的数字产业生态为制造业数字化转型奠定了坚实基础。深圳的数字经济产业增加值占 GDP 比重达 29.5%，规模和质量均位居全国大中城市首位。在世界大都市产业数字化评测中，深圳更是稳坐榜首（见表 4）。[2]

表 4　世界大都市产业数字化水平

城市	产业数字化支撑得分	产业数字化绩效得分	总得分
深圳	1374.37	189.77	545.15
首尔	548.17	355.93	413.60
东京	614.78	176.42	307.93
新加坡	114.95	311.46	252.51

---

[1] 《深圳外贸创新高》，新华社，https://baijiahao.baidu.com/s? id = 1806536682363410389&wfr = spider&for = pc。

[2] 《世界大都市产业数字化水平评测：深圳第一，北京第五，上海第六》，上海战略研究所公众号，2024 年 2 月 4 日 https://mp.weixin.qq.com/s/RX4MSVZv7M65TVLWjEtECQ。

续表

城市	产业数字化支撑得分	产业数字化绩效得分	总得分
北京	468.12	108.74	216.55
上海	131.40	179.58	165.13
纽约	154.30	158.10	156.96
迪拜	2.70	212.78	149.75
慕尼黑	30.42	164.14	124.02
香港	113.28	115.60	114.90
多伦多	44.22	140.51	111.63
莫斯科	7.21	136.50	97.71
马德里	12.03	133.91	97.35
巴黎	70.51	97.08	89.11
伦敦	96.03	86.13	89.10
阿姆斯特丹	31.56	112.29	88.07
墨尔本	27.57	109.44	84.88
米兰	29.72	101.34	79.86
约翰内斯堡	3.79	29.03	21.46
孟买	4.44	25.59	19.24

资料来源：上海战略研究所官网。

在数据要素市场建设方面，深圳也率先试点。深圳通过深化数据要素市场化配置改革，推出了国内首部综合性数据立法，并制定了 12 项交易规则和管理制度。2023 年，深圳数据交易所累计交易规模超过 50 亿元，保持全国领先地位。同时，深圳率先实现了全国首批跨境数据交易，2023 年跨境交易额突破 1 亿元，为制造业的跨境数字化协作铺平了道路。

深圳的政策支持也是制造业数字化转型的重要驱动力。深圳围绕数字经济核心产业和基础设施建设，密集出台了一系列政策。例如，2021 年发布的《深圳市数字经济产业创新发展实施方案（2021—2023 年）》明确了十二个重点发展领域，并提出具体的任务目标。同时，深圳政府还推出了多项支持新型信息基础设施建设的政策文件，为数字经济提供了有力保障。

（二）创新能力

1. 从"寨都"到"中国硅谷"的蜕变

深圳的转型历程是中国改革开放政策下最为显著的成功案例之一。从20世纪90年代的"寨都"到今天的"中国硅谷"，深圳在短短几十年内实现了令人瞩目的经济和技术飞跃。这一转变不仅标志着深圳制造业的成熟，更体现了市场驱动型创新的成功实践。

在20世纪90年代，深圳华强北因其低成本的"山寨"产品而闻名，这些产品几乎可以与国际品牌同步推出。深圳的模仿制造能力在当时几乎无人能敌。随着市场的不断发展和技术的不断进步，深圳逐渐认识到，仅仅依赖模仿是不够的，创新才是发展的关键。

进入21世纪后，深圳开始重视自主创新。许多企业逐步摆脱了"山寨"产品的影子，转而投身于高技术领域，提升自主研发能力。华为、中兴通讯、大疆、比亚迪等企业不仅在技术上取得了突破，还在全球市场上占据了重要地位。华为从一家小型代理公司成长为全球领先的电信设备供应商，在5G技术领域更是拥有大量专利。中兴通讯则在全球通信设备市场中占有一席之地。比亚迪起初以电池制造著称，后来在电动汽车领域也取得了显著成就，成为全球知名的新能源汽车制造商。

深圳的这种转型不仅是个体企业的成功，更是整个城市经济结构的升级。企业通过不断的技术创新和市场适应，推动了整个制造业的转型升级。深圳的成功模式表明，市场需求的引导和企业的创新能力是实现经济飞跃的关键因素。今天，"寨都"已不再是深圳的代名词，深圳是全球创新型企业的聚集地。

2. 创造性破坏的试验场

"创造性破坏"这一概念由奥地利经济学家约瑟夫·熊彼特提出，用于描述通过不断创新摧毁旧有经济结构，创建新经济结构的过程。在深圳，这一理论得到了生动的实践。深圳不仅为大企业提供了创新的平台，也为中小企业创造了试验和发展的空间。

深圳的中小企业在这一过程中扮演了重要角色。深圳拥有众多商事主体，这些企业通过不断探索新技术、新产品，推动了产业结构的多样化和集群化。深圳的政策环境鼓励企业间的分工与合作，打破了创新的孤岛效应，形成了一个高效的产业链和技术创新生态系统。

深圳的创新模式证明了创造性破坏的有效性，这座城市通过不断的技术创新和市场调整，为企业提供了广阔的发展空间，也推动了产业的不断升级和优化。

3. 小政府和大市场

在经济学理论中，市场自我调节与政府适度干预的平衡一直是经济学家们争论的焦点。深圳，这座国际化前沿城市，巧妙地融合了市场力量与行政调控，彰显了"小政府、大市场"格局的独特优势。

在初创阶段，中小企业和创新型企业常常面临诸多挑战。这些企业需要一个宽松的环境来试错和调整战略。此时，政府的明智之举不是全方位地干预，而是提供宽松的成长环境和必要的支持，允许企业自主决策和自由竞争。深圳政府通过简化行政审批流程和减少政策障碍，为企业创造了一个相对自由的市场环境，这不仅降低了企业的运营成本，还极大地激发了市场的创新活力。

深圳的成功证明了适度政府干预与市场机制有效结合的重要性。政府的作用在于提供稳定的法治环境和支持，而市场机制则负责资源的优化配置和创新推动。通过"小政府、大市场"的理念，深圳释放了市场的创新潜力，推动了城市的快速发展和经济转型。这一模式不仅使深圳在全球经济中占据了重要位置，也为其他城市和国家提供了宝贵的经验。

4. 深圳精神：开放、包容和创新

深圳精神的核心在于其开放、包容和创新的城市文化。作为一座移民城市，深圳吸引了无数怀揣梦想的创业者和技术人才，他们带来了多元化的思想和创新活力。正是在这种包容的氛围中，深圳的企业家们得以打破传统观念，敢于尝试新技术、探索新市场，从而实现创新的跨越。

20 世纪 80 年代，深圳通过改革开放吸引了全国各地的创业者，他们以开放的心态迎接市场经济的挑战。任正非、马化腾、王传福等企业领袖的成功故事正是这种开放精神的真实写照。

深圳精神的开放包容不仅体现在企业文化上，也反映在政策环境中。政府允许企业自由探索，同时提供宽松的政策支持，鼓励创新、宽容失败。这种文化氛围吸引了大批优秀人才和创新项目，使深圳成为一个充满活力的创新之城。

（三）资本支持优势

1. "耐心资本"先行先试

"耐心资本"近年来逐渐成为各界关注的焦点。2023 年底，中央经济工作会议明确提出推进中长期资金入市，中国证监会顺势提出"壮大耐心资本"，以增强逆周期投资能力。

深圳作为中国创投发源地之一，早在 2003 年就出台了全国首个地方性创投条例，设立了千亿级市政府引导基金和百亿级天使母基金，涵盖初创企业和高新技术制造业。截至 2024 年，深圳私募创投机构的数量和规模位居全国前三。由深圳市天使投资引导基金管理有限公司运营的深圳天使母基金，设立了 80 余只子基金，总规模超过 200 亿元，投资了 900 多个天使项目，帮助了大批初创期企业发展①。天使母基金的种子子基金和天使子基金存续期长达 15 年和 10 年，为初创企业提供从概念验证到市场扩展的全方位支持。

初创企业面临的市场失灵问题，特别是在种子期的资金缺乏、资源匮乏、市场进入难等，正是耐心资本的关键支持领域。深圳天使母基金不仅为企业提供资金，还为其提供资源对接、战略支持，帮助企业跨越"死亡之谷"。例如，2021~2023 年，深圳市属国企深创投累计投资 500 多个项目，90%处于早期阶段，资金大多投向前沿硬科技领域，助力企业在半导体、新材料等行业打破国外垄断。②

深圳市属国企通过耐心资本，不仅扶持科创企业成长，还为传统产业升级和新兴产业发展提供了稳定的金融支持，形成了一个良性循环的天使投资生态。耐心资本在深圳"20+8"产业基金中的表现尤为突出。自 2022 年 12 月起，首批产业基金总规模达 165 亿元，涵盖合成生物、新能源汽车等重点领域；2023 年 7 月，第二批 85 亿元基金继续覆盖新材料和脑科学等创新产业，为深圳制造业的高质量发展提供了坚实的资本后盾。③

---

① 《深圳"耐心资本"浇灌初创企业》，深圳市人民政府国有资产监督管理委员会官网，https：//gzw. sz. gov. cn/gkmlpt/content/11/11450/post_11450960. html#1904。

② 《引导资本做"时间的朋友"深圳国资这么做》，证券时报，https：//baijiahao. baidu. com/s? id=1802478567724452949&wfr=spider&for=pc。

③ 《85 亿元！深圳发布"20+8"产业集群基金第二批》，科创板日报百家号，https：//baijiahao. baidu. com/s? id=1771846422132050352&wfr=spider&for=pc。

2. 发达的多层次资本市场

深圳拥有全球知名的证券交易所——深圳证券交易所，为制造企业提供了便捷的融资渠道。深圳资本市场体系完善，涵盖了主板、创业板和科创板等多层次市场，能够满足不同行业和不同发展阶段制造企业的多样化融资需求。根据 Wind 数据，2023 年深圳共有 419 家上市公司，合计营收达6.44 万亿元。[①] 深圳一向重视上市公司培育，2023 年 9 月发布的《关于进一步推动企业上市和上市公司高质量发展的若干措施》（以下简称《若干措施》）为企业上市及上市公司高质量发展提供了强劲动力和保障。深圳的目标是到 2025 年底，境内外上市公司数量突破 600 家。

在全球金融中心的竞争中，深圳也表现出色。根据最新的全球金融中心指数（GFCI34）报告，深圳在全球金融中心排名中位列第 12，紧随中国香港和上海，成为中国金融业的重要支柱之一（见表 5）。

表 5　亚太地区主要金融中心得分排名情况

单位：分，名

城市	GFCI34 得分	GFCI34 排名
新加坡	742	3
中国香港	741	4
上海	733	7
首尔	729	11
深圳	728	12
北京	727	13
东京	720	20

资料来源：英国智库 Z/Yen 集团、中国（深圳）综合开发研究院官网。

作为中国金融业高度发达的城市，深圳汇聚了大量银行、信托、保险和租赁等金融机构，中国平安、招商银行、平安银行等大型金融机构的总部或主要业务基地均设立于此。这些机构为制造业提供了多样化的金融服

[①] 《城市资本力｜深圳 419 家 A 股上市公司业绩出炉！实现总营收 6.44 万亿元，比亚迪营收连超三巨头》，时代周报，https：//baijiahao.baidu.com/s？id＝1798665379542598597&wfr＝spider&for＝pc。

务和融资支持，如供应链金融和跨境金融服务，进一步丰富了深圳制造业发展的资本支持体系。

3. 跨国资本的投资热土

深圳凭借开放的政策、优惠的营商环境和较低的准入门槛，成为全球资本的投资热土，吸引了大量国际资本。

2023 年，深圳新设外资企业 8002 家，同比增长 86.6%，占全国新设外资企业总量的 15% 以上，实际使用外资达到 626.2 亿元人民币[①]。2024 年上半年，深圳新设外商投资企业 3683 家，占全国比重为 13.7%[②]。目前，已有超过 310 家世界 500 强企业在深圳投资，进一步巩固了深圳作为国际资本投资热土的地位。

深圳的吸引力不仅源于其人才聚集优势和完善的产业链、供应链，还得益于其持续优化的营商环境。近年来，深圳通过推动市场化、法治化和国际化改革，出台了一系列扩大开放合作的政策，为外资企业提供便捷的服务和广阔的发展空间。2024 年 5 月发布的《进一步加大吸引和利用外资实施办法》提出了推动重点领域高水平对外开放的具体措施，明确了外资招引方向，并投入大量资金支持重大项目落地。2024 年 6 月，深圳发布了三份优化营商环境的工作方案[③]，从多维度营造一流的市场环境，保障全球高端要素汇聚和企业高质量发展。

（四）地缘优势显著

1. 粤港澳大湾区核心位置

粤港澳大湾区是中国经济最具活力的地区之一，由香港、澳门和广东省的 9 个城市组成，总面积超过 5.6 万平方公里，人口接近 8600 万人。深圳作为粤港澳大湾区的核心城市，拥有优越的地理位置和资源优势。

在金融领域，深圳与香港的合作日益紧密，香港作为全球金融中心，

---

① 《约 300 家世界 500 强企业在深落户》，人民网，http：//sz.people.com.cn/n2/2024/0328/c202846-40792014.html。

② 《上半年深圳新设外商投资企业 3683 家　占全国比重 13.7%》，湾区财经传媒百家号，https：//baijiahao.baidu.com/s? id=1807009523807484304&wfr=spider&for=pc。

③ 三份优化营商环境工作方案分别是：《深圳市 2024 年优化市场化营商环境工作方案》《深圳市 2024 年优化法治化营商环境工作方案》《深圳市 2024 年优化国际化营商环境工作方案》。

为深圳提供了丰富的资本市场资源。深圳的证券市场和金融机构得以借助香港的国际金融平台拓展全球业务。同时，香港的金融创新和风险管理经验也为深圳的金融行业发展提供了借鉴。

在物流方面，深圳港是全球最繁忙的集装箱港口之一，与香港的陆路和海上运输网络形成了密切配合。这种物流优势使得深圳能够高效处理大量的进出口货物，缩短了供应链周期，提高了制造业的运营效率。此外，深圳与澳门的经济合作也在不断深化，特别是在旅游、文化和创新产业方面，为深圳带来了更多的经济机会和发展空间。

2. 国际物流和贸易枢纽

深圳的国际物流和贸易枢纽地位是其制造业高质量发展的关键优势之一。深圳拥有全球最繁忙的集装箱港口之一——深圳港，其高效的海运物流网络覆盖了世界 200 多个港口，为制造业企业提供了快速、可靠的货物运输服务。

中国国际贸易促进委员会浙江省委员会于 2024 年 8 月发布的《全球集装箱港口吞吐量 TOP100 排名发布》中提到，深圳港以年吞吐量 2988 万标箱名列前茅（见表6）。[1]。

表6 2023 年全球港口吞吐量情况

单位：TEU，%

序号	港口	国家	2023 年吞吐量	2022 年吞吐量	同比
1	上海港	中国	49158000	47300000	3.93
2	新加坡港	新加坡	39013000	37300000	4.59
3	宁波舟山港	中国	35300000	33350000	5.85
4	深圳港	中国	29880000	30040000	-0.53
5	青岛港	中国	28750000	25670000	12.00
6	广州港	中国	25410000	24860000	2.21
7	釜山港	韩国	22750000	22078195	3.04
8	天津港	中国	22170000	21020000	5.47
9	杰贝阿里港	阿联酋	14472000	14000000	3.37
10	香港港	中国	14341000	16685000	-14.05

资料来源：中国国际贸易促进委员会浙江省委员会官网。

[1] 《全球集装箱港口吞吐量 TOP100 排名发布》，中国国际贸易促进委员会浙江省委员会官网，https://www.ccpitzj.gov.cn/art/2024/8/26/art_1229557691_45496.html。

此外，深圳还拥有便捷的空运网络，包括深圳宝安国际机场和邻近的香港国际机场。这些机场的货运服务使得高附加值、时间敏感的产品能够迅速送达全球市场，从而支持了深圳在高科技和电子产品领域的领先地位。

3. 与东南亚市场的密切联系

东南亚国家联盟（ASEAN）自 1967 年成立以来，其成员国总人口超过 6 亿人，GDP 总量超过 3 万亿美元，成为全球重要的经济体之一。

深圳与东南亚国家在地理上的接近为其制造业的高质量发展带来了显著的优势。作为中国南部的重要城市，深圳与东南亚国家如越南、泰国、马来西亚和印度尼西亚等国地理位置接近，这使其能够迅速进入这些充满潜力的市场。深圳制造业企业能够利用这一地理优势，快速扩展出口和投资领域。此外，通过"一带一路"倡议和《区域全面经济伙伴关系协定》（RCEP），深圳与东南亚国家的经济合作日益密切，推动了区域内的贸易便利化和投资合作。

2023 年，东南亚成为深圳市仅次于香港的第二大贸易伙伴，双方进出口总额达到 6147 亿元，占深圳总进出口额的 15.49%，同比增长了 5.6%[①]。这一数据彰显了深圳与东南亚市场的紧密联系及其在制造业国际化发展中扮演的关键角色。

四　存在问题

（一）基础创新投入

1. 基础研究的短板

深圳作为中国的科技创新中心，尽管在应用研究和技术创新方面表现出色，但其基础研究投入却显著不足。全球领先的创新城市如纽约、伦敦和新加坡，都在基础研究上投入了较多的经费，基础研究方向的投入通常占其整体研发投入的 15%~25%。相较之下，深圳的基础研究经费仅占整体研发投入的约 3%，低于全国平均水平的 6.0%。应用研究的投入也不足 10%，而国内平均水平为 11.3%[②]。

① 《2023 年深圳外贸进出口基本情况》，深圳海关官网，http://shenzhen.customs.gov.cn/shenzhen_customs/zfxxgk15/2966748/hgtj40/tjfx3/5653730/index.html。

② 《综研观察：深圳基础研究的问题、方向及策略建议》，综合开发研究院官网，https://news.qq.com/rain/a/20210818A049EW00。

纽约在 21 世纪初的基础研究经费占研发总投入的 18%，这得益于政府的战略性支持；伦敦的基础研究经费占比更是高达 25%；即便是后起之秀的新加坡，其基础研究经费也占到了 20% 左右。这表明，深圳在这一领域的投入仍需显著增加，以追赶全球领先水平。

深圳的创新呈现出"四个 90%"的特点，即 90% 以上的研发人员、研发资金、研发机构及职务发明专利均源自企业，这一现象固然显示了深圳在遵从市场机制引导创新方面的高效，但也恰恰折射出其在基础研究投入上薄弱的问题，深圳在这方面仍有很大的提升空间。

要实现长期的高质量创新发展，深圳必须大幅增加基础创新投入，建立起坚实的科研基础。

2. 基础创新的"马拉松"特性

创新是一场马拉松，而不是百米短跑。基础研究往往需要长期的积累和坚持，但深圳的许多基础研究项目在初期阶段的时间安排却显得过于紧凑。这种短期思维与基础研究所需的长期沉淀显然不符。

根据美国国家科学基金会的研究，从基础研究成果的初步显现到最终转化为商业应用，通常需要 20～30 年的漫长过程。这一点在科研人员的成长历程中尤为明显。科学家们从起步到取得重大突破，平均需要 22 年的时间。中国科学院物理研究所的研究显示，诺贝尔奖得主的科研突破通常发生在他们 44～47 岁时，而国内的院士也需要经过近 20 年的积累，才能在科研界建立核心地位。[①]

基础研究就像"马拉松"赛事，不仅需要科研人员的毅力和韧性，也依赖于社会的持续投入和长远规划。只有长期稳定的资金支持和政策保障，才能确保基础研究在漫长的赛道上不断前进，实现真正的科研辉煌。

3. 市场导向的创新局限

美国硅谷的创新模式，特别是以斯坦福实验室为核心的成果转化路径，曾被广泛推崇，并深刻影响了中国的科技创新理念。这种模式强调从基础研究到技术转化的线性路径。然而，深圳的创新故事却展现了不同的轨迹。

---

① 文亚、王文军、朱春丽等：《全链条科技创新周期初探 ——以中国科学院物理研究所碳化硅研究为例》，《中国科学院院刊》2020 年第 6 期，第 771～778 页。

深圳创新的独特之处在于，它摒弃了传统科研体制的束缚，将创新活动紧密融入企业的经济实践中。深圳企业，如华为和中兴通讯，展示了市场导向的创新模式。它们从代理商起步，通过销售和市场反馈逐步明确产品需求，随后开展自主研发，并利用产学研合作补充技术短板，建立了完整的研发体系。

深圳在过去四十多年中创造性地提出了市场需求引领的创新思路，这使其在市场化创新领域取得了显著成绩。然而，这种以市场为导向的创新策略，虽有助于快速响应市场需求，却无法替代基础创新的必要性。深圳如何在保持市场导向优势的同时，增强基础创新投入，平衡两者之间的关系，依然是未来面临的关键挑战。

（二）成果转化率

1. 高校基金会规模相对较小

深圳高校的基金会体量在全国范围内相对较小，这反映出深圳对教育资源和科研创新支持的不足。在美国，高校捐赠基金扮演着至关重要的角色。捐赠基金不仅能在学校面临生源减少或突发事件时提供支持，还赋予学校在科研创新和成果转化方面更大的灵活性。

美国的大学基金规模庞大。2023 年，共有 688 所美国高等教育机构管理着总计 8391 亿美元的捐赠基金，约合人民币 6 万亿元，这一数额与我国 2022 年度的教育经费总投入相当。投资收益率是衡量这些基金表现的重要指标。2023 年，美国高等教育基金的回报率为 7.7%，较 2022 年的 -8.0% 大幅回升，虽然 2021 年的回报率达到了 30.6%。[①]

在国内，2023 年《新财富》杂志发布的"中国 Top50 高校基金会榜单"显示，清华大学基金会以 152.91 亿元的捐赠额排名第一，是捐赠额唯一突破百亿元的高校。2021 年底，清华大学基金会的净资产高达 168.1 亿元，遥遥领先。浙江大学和北京大学紧随其后，捐赠额分别为 49.31 亿元和 47.02 亿元，而在净资产方面，北京大学基金会凭借 76.1 亿元领先于浙江

---

① "U. S. Higher Education Endowments Report 7.7% Return for FY23 While Spending More in Support of Their Missions", *The National Association of College and University Business Officers (NACUBO)*, https://www.nacubo.org/Press-Releases/2024/US-Higher-Education-Endowments-Report-7-7-Return-for-FY23-While-Spending-More.

大学的 49.8 亿元。①

深圳的高等教育机构在这份榜单上显得略为单薄，仅南方科技大学和深圳大学跻身前 50 名，分别排名第 32 和第 45，2018～2022 年，两校获得的捐赠分别为 3.3 亿元和 2.43 亿元。深圳高校基金会不仅规模较小，而且投资运营模式相对单一，缺乏多元化投资渠道和策略。这导致用于支持科研创新和成果转化的资金有限，间接影响了科技成果的转化率。

2. 科技成果与市场需求的脱节

在深圳及全国范围内，科技成果转化一直是一个突出问题。我国的科研管理体系深受行政化影响，与市场化的企业运作机制之间存在明显的隔阂，这使得科技成果从实验室到市场的转化过程曲折且低效。

我国科研体系的运作主要由各级政府负责确定科研项目、调配资金，并执行严格的项目验收流程。在这一过程中，科研机构和科研人员繁忙于项目申请、筹资、评审和验收，科技成果是否真正满足市场需求往往被忽视。

国家知识产权局的统计数据显示，我国高校发明专利的实施率仅为 16.9%，实现产业化的比例更低，仅为 3.9%②。这一数据揭示了大量宝贵的科研成果未能有效转化为推动经济发展和社会进步的现象。

科技成果的应用价值应始终紧扣市场需求。消费者的选择才是衡量科技产品成功与否的最终标准。我国科技成果转化率偏低的根源在于科技成果与市场需求之间的脱节。这一现象值得深思：为什么我国大多数科技成果无法适应市场需求？哪些环节出现了问题，导致了科技成果与市场需求之间的巨大鸿沟？要解决这些问题，需要我们从科研体制和市场需求的对接机制上进行深入改革。

3. 技术经理人的缺乏

"技术经理人"在科技成果与市场成功对接中扮演着至关重要的角色，但这一角色在国内却显得尤为稀缺。由于缺乏高效且专业的技术经理人，

---

① 《创纪录！雷军豪捐武大 13 亿元！中国 Top50 高校基金会榜单出炉，你的母校上榜了吗？有高校 5 年进账超 150 亿》，新财富公众号，https://mp.weixin.qq.com/s/8yba3i7e7r9-wlwHszFaMCA。

② 《高校发明专利产业化率仅为 3.9%，教育部答界面新闻：加快推动向现实生产力转化》，界面新闻，2023 年 10 月 26 日，https：//www.163.com/dy/article/II089J580534A4SC.html。

许多科研项目在市场化运作中陷入困境。科研人员往往不得不从实验室走向商业领域，亲自开拓市场。这不仅增加了科研人员的负担，也影响了科技成果的市场化进程。

尽管我国在专利申请量上连续多年领先全球，但科技成果转化的实际效果却不尽如人意，能转化为产业效益的科技成果寥寥无几，与欧美发达国家存在显著差距。

我国虽然拥有庞大的科研人才队伍，但在技术经理人的培养和储备方面明显短缺。以欧洲为例，每百名科研人员中通常有 4 位技术经理人，而我国这一比例则明显偏低，显示出人才结构的不对称。

为了解决这一问题，国家层面已在 2021 年出台的 17 项科技成果转换政策中，明确提出要加强技术经理人的培养。同时，上海、江苏、广东（广州、深圳）、浙江（杭州）、四川（成都）和重庆等地的地方政府也在积极推动技术转移经理人的培养，并将其列入各自"十四五"期间的重点发展对象。

技术经理人作为科技成果从实验室迈向市场的"最后一公里"导航者，是解锁科技创新与市场需求结合难题的金钥匙。打破这一瓶颈，将有助于提升科技成果的市场化水平，推动科技创新的实际应用。

（三）共性技术研发力度

1. 资金投入不足

在共性技术研发领域，我国面临着明显的投入不足和资源配置失衡问题，尤其是政府财政对这类项目的扶持力度显得十分有限。

与此形成鲜明对比的是，发达国家如美国、德国和日本对关键共性技术给予了极高的重视。例如，美国在 20 世纪 60 年代就建立了数百家工业合作研究中心和科技研发中心，推动了多个跨企业的关键技术攻关项目。最具影响力的例子是半导体制造技术联盟（SEMATECH），这是由美国政府和本土半导体企业共同出资成立的公私合营研发组织，对美国在全球集成电路领域的领导地位确立起到了决定性作用。目前，美国国家标准与技术研究院的年度预算超过 17 亿美元，欧盟"地平线 2020"计划中，单为共性技术研发投入就超过 240 亿欧元。

相对而言，中国在关键共性技术研发方面的投入显著不足。例如，华为在面对国际制裁时，意识到 EDA 软件的自主可控性至关重要，决定自力更生，经过三年的努力，成功研发出具备国际竞争力的 EDA 软件，并在部分芯片项目中得到应用。但这类成功案例仍较为有限，显示出整体研发投入的不足和资源配置的短板。共性技术研发需要国家层面的大力支持和资源整合，以形成有效的研发体系和产业链条。

2. 体系布局不够

我国在共性技术供给体系方面仍存在体系布局不够健全，缺乏高效的统筹和协同机制等问题。各主管部门在平台建设和项目安排上存在重复设置和分散支持的问题，导致资源难以形成合力。专项计划对共性技术的支持比例低，周期短且缺乏连续性，形成了"撒胡椒面"式的支持方式。这种现象不仅未能解决问题，还加剧了资源的分散浪费。

国家实验室、科研机构、高水平大学和科技领军企业的定位仍不明确，甚至存在相互竞争、抢夺资源的现象。各类战略科技力量向产业链和创新链的上下游延伸，往往依赖短期的大量投入，创造出"虚假繁荣"，而缺乏可持续性。这种情况导致了恶性竞争和资源浪费，无法有效推动技术的实际进步。

此外，各部门、地区和行业围绕产业发展和转型升级布局的创新平台和科技项目，也存在技术攻关方向的同质化问题。这使得长远目标与短期效益的平衡难以实现，无法与国家重大工程和任务有效协同。整体来看，我国在共性技术供给的体系布局上，仍需加强统筹协调，优化资源配置，以提高整体研发效率和成果转化效果。

3. 有效供给不够

部分科研院所转制后，逐步由公益服务转向市场化经营，这种转变导致其对基础性、高风险、长周期的关键共性技术研发的积极性降低。转制院所与其他企业的"竞合"关系复杂，牵头组织实施产业共性技术攻关的功能也随之丧失。转制院所在晋升通道、薪酬待遇方面与企业相比竞争力不足，导致高层次人才引进困难，人才流失严重，从而影响了关键共性技术的有效供给。

此外，产学研各方之间缺乏有效沟通，企业普遍重视产品技术而忽视共性技术。这使得科技创新需求的引领能力和科技成果的承接能力不足。高校和科研院所的研发成果与企业需求脱节，加之缺少共性技术的二次开发和中试熟化设施，大量科研成果未能有效转化，陷入"死亡之谷"，难以成为现实生产力。整体来看，科研院所与企业之间的协作不够紧密，导致科技成果转化的难度加大，制约了关键共性技术的有效供给。

（四）制造业服务化

1. 服务业根基小

服务业可分为生活性服务业和生产性服务业，虽然这两大板块深圳都有着良好的发展基础，但也存在一些短板，尤其是在支撑制造业高质量发展方面。

尽管深圳的服务业近年来取得了长足发展，服务业增加值从 2015 年首次突破 1 万亿元，到 2023 年突破 2 万亿元，2024 年上半年第三产业增加值为 10962.67 亿元，占 GDP 比重达 63.3%。但与全球经济中心城市如纽约、东京相比，这些城市的第三产业占 GDP 比重高达 90% 左右，而深圳的服务业规模相对较小。[①]

深圳服务业对制造业的支持不足，与其对工业用地的过度依赖不无关系。尽管服务业总量在不断增长，服务质量和附加值仍未达到理想水平，特别是在高附加值的研发创新、市场营销等领域，深圳的服务业尚有较大提升空间。要实现制造业的高质量发展，深圳必须进一步扩大服务业规模，提升服务业的深度和专业化水平，推动服务与制造业的深度融合，才能在全球竞争中赢得更大的主动权。

2. 制造业服务化程度低

《制造业导向型发展的未来》报告揭示了制造业与服务业融合的重要趋势。发达国家的制造业产品总价值中，制造环节创造的价值仅约占40%，剩余 60% 由服务环节贡献。全球 500 强制造业企业中，四分之一的收入来自服务业务，其中一些跨国企业的服务收入占比超过总收入的一半。例如，全球工程机械巨头卡特彼勒在 2023 年前三季度的服务业务收入达到 220 亿美元，占总营收的近三分之一，并计划到 2026 年将这一收入金额提升至 280 亿美元。这些数据表明，服务化已成为制造业保持竞争

---

① 《第三产业上半年破 1 万亿 深圳服务业两种"升级"路径渐显》，证券时报网，2024 年 8 月 2 日，http://stcn.com/article/detail/1276886.html。

力的核心战略要素。①

然而，深圳的制造业服务化程度仍然较低。根据九三学社深圳市委会的提案数据，深圳制造业上市公司的服务收入虽然以每年 15% 的增速增长，但在 2021 年服务收入仅占总营业收入的 4.8%，远低于发达国家接近 30% 的水平。这表明，深圳在推动制造业服务化方面还存在巨大差距。制造业服务化不仅仅是增加服务收入，更要提升服务质量和附加值，以支持制造业的高质量发展。②

深圳制造业的服务化进程需要加快。企业应重视服务业务的发展，提升服务在总收入中的占比。只有通过提升服务的附加值和质量，才能增强制造业的竞争力，推动其从传统的制造向现代服务型制造转型。这一转型将有助于深圳制造业在全球市场中占据有利位置，实现高质量发展。

3. 两业融合发展生态体系尚未成形

制造业与服务业的深度融合是当前经济发展的重要趋势，但深圳这一融合生态体系尚处于初步阶段，面临诸多挑战。在企业层面，创新产品研发的复杂性要求跨领域专家团队的协作，但高昂的整合成本使得这一过程更加艰难。特别是高度专业化的知识型服务与生产流程的紧密结合，增加了原本可以通过外包降低成本的难度，企业需要寻找新的模式来平衡成本与效益。

在宏观环境方面，现行的市场监管体系和数据统计方法未能完全适应制造业与服务业融合的需求。现有的管理机制、监督手段和整体规划缺乏协同性，无法有效支持两业融合的发展。生产性服务业的发展步伐缓慢，高门槛、严监管和较低的市场化水平制约了其快速成长。此外，服务业本身的专业化水平不足，大多数服务企业规模偏小，服务质量不高，难以在全球竞争中占据一席之地。

制造业与服务业的深度融合还需要克服政策短板和税收制度的不足。部分制造业企业在面对竞争压力时，选择引进国外服务资源以提升服务质量，但高昂的融合成本和相关政策的短板显现，使得生产性服务业与制造

---

① 《遭遇麻烦？制造业导向型发展的未来》，世界银行官网，https：//www.shihang.org/zh/topic/competitiveness/publication/trouble-in-the-making-the-future-of-manufacturing-led-development。

② 《从"卖产品"到"卖服务+产品"》，深圳创新创业论坛公众号，https：//mp.weixin.qq.com/s/gb79DhJU-r9B4XUau5ir4g。

业的有效联结仍显薄弱。构建完善的两业融合生态体系，需要从政策、市场和企业三个层面入手，推动融合进程，为制造业的高质量发展奠定坚实基础。

（五）国际规则对接

1. 国内规则统一的紧迫性

目前，国内规则的统一仍存在较大问题，例如，珠三角地区的 9 个城市在投资和贸易规则上各有不同，这种不统一不仅削弱了市场的整体竞争力，也使得中国在国际市场上难以形成有效的话语权。

以欧盟为例，其规则统一的过程始于各主权国家内部规则的整合，然后才是向超国家层面的规则扩展。欧盟在互联网规则等领域已有成熟的框架，而中国特别是深圳，尽管在互联网和汽车产业中占据全球重要地位，却尚未建立相应的国际规则。这种现状使得深圳在国际规则制定中缺乏话语权，制约了其在全球市场上的影响力。

此外，深圳在跨境商事法律规则的建设上还处于起步阶段，构建稳定的规则体系需要时间。为了在国际规则对接的竞技场上占据一席之地，深圳必须学习欧盟的经验，先做好内部规则的统一，以减少内部竞争，增强全球规则对接中的竞争力和话语权。

2. 合规：全球市场的生存法则

国际社会的游戏规则，特别是英美法体系下的规则，已成为全球商业活动的"标准剧本"。中国企业若未能有效理解和遵守这些规则，将面临严重的法律风险。虽然中国在贸易和技术领域取得了显著成绩，但若无法在国际规则中游刃有余，将随时面临"犯规"的风险，可能导致市场地位的丧失。

因此，对于深圳的制造业企业而言，深刻理解和遵守国际规则是生存和发展的基本要求。只有真正掌握这些国际规则，才能在全球市场中稳步前行，避免因规则不符而遭受损失。

3. 国际人才流失的困境

在全球化的背景下，掌握国际规则的高层次人才是深圳制造业实现国际化的重要支撑。然而，目前深圳在国际人才储备方面显得捉襟见肘。深圳常住外籍人口占比相对偏低，持有工作许可的外国专家不到两万人，仅占全市常住人口的 0.3%。相比之下，硅谷、纽约、新加坡和中国香港的外籍人口比例分别为 67%、36%、33% 和 8%，深圳的差距显而易见。[①]

　　深圳在引进国际人才时存在"重引进，轻留用"的问题。尽管深圳在过去十余年中投入了超过 10 亿元人民币用于高层次人才引进，并实施了"孔雀计划"等政策吸引海外人才，但实际情况是，尽管引进了大量国际人才，长期留在深圳的比例仍然不高。

　　为解决这一问题，深圳需要在引才后提供更完善的生活融入、职业发展和养老保障等服务。只有切实满足国际人才的实际需求，深圳才能有效留住这些关键人才，为制造业的国际化提供坚实的人才支持，推动深圳在全球化浪潮中获得更大成功。

---

① 《粤港澳大湾区人才发展报告》，澳门招商投资促进局官网，https://www.ipim.gov.mo/wp-content/uploads/2019/01/yuegangaojian20181213.pdf。

第五章　他山之石与本土样板

一　国际先进制造业转型启示

（一）新加坡

新加坡，以其独特的地理位置和有限的自然资源，创造了举世瞩目的经济奇迹。尽管土地面积和资源有限，新加坡自独立后，迅速崛起为全球重要经济体之一。2022 年，新加坡的 GDP 达到 4667.9 亿美元，人均 GDP 高达 82808 美元，经济增长率稳定在 3.6%。① 这些数据不仅印证了新加坡作为高度发达国家的地位，也反映出其经济的稳健和持久增长。

1. 小国大志：狮城的崛起

李光耀先生曾在回忆录中动情地写道："在 42 岁那年接手管理新加坡时，我不仅要照料 200 万人的生活，还要面对脱离马来西亚后的未知前途，那种压力和迷茫难以言表。"② 1965 年 8 月 9 日，当李光耀宣布新加坡独立时，泪水与决心在他脸上交织，那一刻的泪水既不属于独立的庆祝，也不仅仅是对未来重责的忧虑。

新加坡为了摆脱殖民经济对未来的束缚，走上独立道路。新加坡必须在资源有限的情况下实现经济自给自足。李光耀与其团队深知，只有通过有效的经济政策和产业策略，才能在国际竞争中立于不败之地。

新加坡立国初期的工业基础极其薄弱。为了加快工业化进程，新加坡政府巧妙地运用了"进口替代"策略，扶持劳动密集型产业的发展。他们聘请了荷兰经济学家阿尔伯特·魏森梅斯博士作为经济顾问。这位经济学界的智者为新加坡提供了宝贵的经济建议，帮助其建立了以出口导向为主

---

① 《新加坡 2024 年经济现状－产业发展、总体市场分析》，OOSGA，https：//zh.oosga.com/economies/sgp/。

② 《李光耀的黑与白》，新民周刊，https：//m.xinminweekly.com.cn/content/5344.html。

的经济结构，为新加坡的后续发展奠定了坚实的基础。

魏森梅斯博士在 1961~1983 年担任新加坡经济顾问期间，全力引导新加坡扩大衬衫、睡衣等劳动密集型产品的生产规模，并成功吸引了荷兰皇家壳牌、美国埃索等国际大石油公司在新加坡设立炼油厂。随着全球化浪潮的席卷，新加坡顺应趋势，积极吸引劳动密集型跨国企业投资，涵盖石油设备制造、服装、玩具、食品、皮革、造船等多个领域，实现了短期内的快速崛起。

2. 从劳动密集到出口导向：产业转型的第一步

进入 20 世纪 70 年代，在全球经济结构调整的大背景下，新加坡意识到不能满足于生产低附加值产品，于是，政府鼓励发展电子、化学、机械及运输设备等高资本、高技术密集型产业。通过实施工资增长政策，激励企业提升生产技术和工艺水平，逐渐淘汰劳动密集型产业，向技术密集型产业转变，特别是电子信息产业的迅猛发展，使得新加坡产业格局向高附加值、高技术含量转型升级。

为实现这一产业升级壮举，新加坡政府打出了一套组合拳：一是调整外资政策，引导外资投向高科技领域而非技术水平较低的劳动密集型产业；二是加大基础设施建设力度，营造良好的经济发展环境；三是高度重视人力资源开发，提升劳动力素质以匹配技术密集型产业需求。新加坡政府还设立了多个技术研究中心和高科技园区，以推动科技创新和产业升级。

在优惠政策和优越地理位置的双重引力作用下，新加坡吸引了一大批跨国企业在本地投资建厂，一跃成为全球投资热点和制造业重镇。短短几年间，制造业、炼油业、金融业及服务业百花齐放，贸易额猛增五倍，人均收入飙升至亚洲第二位。

到了 20 世纪 70 年代末，新加坡已傲然矗立在"亚洲四小龙"之首。其成功的秘诀在于不仅利用了外资的流入，还通过自主创新和技术引进，推动了本国经济结构的升级转型。

3. 从劳动密集到高科技制造

1979 年 7 月，新加坡政府推出了一项震撼人心的新经济发展战略，即"经济重组战略"。这一战略不仅包括了产业的技术升级，还强调了经济结构的调整，以应对国际市场的变化。

李光耀在阐述 20 世纪 80 年代经济发展战略时直言："过去的老办法已

经失效，我们需要拥抱新的经济策略，经济重组刻不容缓，而且必须成功，没有退路。"① 这一战略推动了新加坡在多个领域的深度改革，包括税制改革、公共部门改革以及教育和培训体系的优化。

此外，新加坡政府还加大力度引进石油、精密仪器制造、化学等资本密集型产业，并将金融服务业列为发展重点。同时，实施石油化学工业集群战略，将石油化工企业集结在裕廊岛，为新加坡经济转型注入澎湃动力。这一战略不仅提升了新加坡在全球石油化学行业的地位，也推动了相关技术和产业链的发展。

自此，一批世界著名的电子和计算机相关设备制造商如 Seagate、Connor、德州仪器、惠普等纷至沓来，在新加坡设立工厂。至 1985 年，已有超过 150 家跨国企业在新加坡从事电子产品及电脑配件生产，新加坡更是凭借硬盘驱动器产量占全球半壁江山的傲人成绩，成为全球硬盘驱动器产业的核心基地。这一时期，新加坡的电子制造业不仅实现了技术的突破，还在全球市场上占据了重要的份额。

4. 亚洲金融风暴后的涅槃

1997 年亚洲金融风暴来袭，新加坡经济遭受重创。市场需求萎缩加上劳动力成本上涨，致使诸多跨国公司纷纷撤离或转移生产线。原本热闹非凡的裕廊工业区瞬间变得冷清，其中硬盘驱动器行业的领头羊希捷科技将工厂迁至中国，新加坡在该领域的市场份额骤降。面对逆境，新加坡并没有选择退缩，反而痛定思痛，着手进行经济结构和产业结构的深度调整。

1998 年，东南亚金融危机进一步加剧，新加坡经济增长率下滑至 1.5%，失业率升至 3.2%，企业陷入困境，工人失业。这样的危机迫使新加坡重新审视自身发展战略，决定告别低端电子制造业，转而聚焦高端电子产品、生命科技、制药业等新兴产业。新加坡政府提出了新的发展战略，致力于将国家打造成全球领先的知识经济体，尤其是在高科技和创新领域取得了显著成绩。

2002 年，新加坡贸工部明确提出，知识经济的核心就是制造业与服务

① 《新加坡的经济奇迹》，香港城市大学官网，https://www.cityu.edu.hk/upress/pub/media/catalog/product/files/9789629371821_preview.pdf。

业的协同发展。新加坡经济发展局随后推出了"产业 21 计划"，旨在十年内把制造业和服务业打造为驱动新加坡经济发展的两大引擎。这标志着新加坡从单纯依赖制造业的经济模式，转向综合性的产业驱动模式，强调科技创新和服务业的协同发展。

5. 向天要地：应对土地紧缺的创新模式

进入 20 世纪八九十年代，新加坡的工业产业结构经历了从劳动密集型向资本和技术密集型的转型，高新技术、研发和服务业逐渐崭露头角。面对土地资源紧缺的挑战，新加坡创新性地采用了"堆叠式厂房"模式，即在高层建筑中整合生产、办公、研发和设计部门，开创了"工业上楼"的新概念。

这种模式的成功离不开市场机制与政府的政策扶持。新加坡通过精细的土地出让计划（GLS）调控土地价格，并利用土地强化津贴（LIA）激励企业，推动了"摩天工厂"项目的发展。成熟的"REITs+PE"双基金运营模式，助力项目能够顺利从孵化阶段过渡到成熟运营阶段。

进入 21 世纪，新加坡的工业组织体制实现了由政府主导向市场驱动的转型。2001 年，裕廊管理局重组为裕廊集团，全面负责裕廊工业区的运营管理。这一转型使得"摩天工厂"更加灵活，资金来源也更加多元，尽管占地面积不到新加坡全境的 1/10，裕廊工业区却创造了新加坡 20%以上的 GDP，并提供了 1/3 以上的就业机会，成为全球知名的"花园工业镇"。

此外，新加坡在 2014 年制定了"智慧国家 2025"蓝图，致力于成为全球智慧城市建设的领导者。新加坡在全球创新力榜单上排名第二，制造业竞争力稳居第三位，电子信息产业对 GDP 的贡献率高达 40%。新加坡在全球半导体产业链中占据重要地位，生产的半导体引线焊接机占全球市场的 70%。生物医药产业同样强劲，全球十大畅销药品中四款源自新加坡，助听器市场份额达到 30%。[①] 截至 2023 年，新加坡已成为全球第四大高科技产品出口国，涉足航空航天、半导体、化学和生物医学等多个尖端领域。

———————

① 《新加坡先进制造业发展经验及启示》，综合开发研究院官网，https：//www.cdi.org.cn/Article/Detail？Id＝19267。

（二）东京

日本东京都市圈是全球人口最多、基础设施最先进的超级城市区域之一。虽然其面积仅占日本国土面积的 3.5%，却承载了约 1/3 的日本人口，并且是全国经济的核心地带。该地区以东京都为中心，辐射至埼玉、千叶和神奈川三县，形成了强大的"一都三县"城市群。

2023 年，东京的 GDP 达到 9475.84 亿美元，占日本当年 GDP 的约 22.51%。① 东京不仅是日本的政治中心，也是经济和产业发展的重心。从幕府时代的资源集中，到现代制造业的转型升级，东京见证并书写了一部生动的产业升级史诗。

1. 战后废墟中的重建

1946~1960 年，第二次世界大战结束后，东京湾地区凭借独特的地理优势迅速展开了经济重建。

东京湾地区依托其发达的港口和优越的地理条件，迅速催生了京滨与京叶两大工业走廊，这些走廊成为日本经济复苏的核心引擎。京滨工业走廊，集中在东京和神奈川地区，主要以精密机械、出版印刷、汽车零部件等高科技和制造业为主要发展方向。京叶工业走廊则覆盖了千叶和周边地区，依托电力、石化、造船和物流等基础性支柱产业，为日本经济的复苏和持续增长提供了强有力的支持。

在这一时期，日本政府实施了"梯度生产类型"政策，以调配稀缺的资源和资金，重点支持关键产业的发展。这些产业不仅推动了日本重工业的快速复苏，还为东京湾地区带来了宝贵的发展机遇，更为后续的经济增长奠定了坚实的基础。

2. 从重工业到高附加值产业的演变

战后时代的到来标志着东京湾地区产业结构的深刻转型。原本以军工产业为主的经济结构，开始向民用制造业和其他高附加值产业领域拓展。这一转型过程在政府的主导和规划下得到了迅速推进。1950 年日本颁布的《港湾法》对各港口的战略布局进行了明确规定，为临港经济的发展提供了政策支持。这一法律促进了日本从重工业向民生制造业的转型，推动了区

---

① 《全球主要城市 GDP 排名》，聚汇数据，https://gdp.gotohui.com/topic-3965。

域经济结构的调整和升级。

进入 20 世纪 60 年代，日本重工业迅速崛起，时任首相池田勇人提出了"国民收入倍增计划"。这一计划不仅显著夯实了日本的工业基础，也推动了制造业的快速增长。然而，制造业的集中化带来了一系列问题，包括地价飞涨、人口拥挤和交通压力等。为应对这些挑战，日本政府实施了"工业分散"战略，鼓励部分制造业向周边的神奈川、埼玉和千叶等地区迁移，从而缓解东京核心区的压力。

1968 年，"第二次首都圈基本计划"的出台标志着"一都七县"都市圈框架的正式确立。该计划旨在将东京的压力分散到周边地区，并优化区域经济布局。随之而来的是重化工业向边缘地带甚至向海外迁徙，这为企业总部、研发中心和金融服务等高附加值产业提供了新的发展空间。通过这一系列政策和战略的调整，东京湾地区不仅成功解决了城市化带来的诸多问题，还为未来的产业升级和经济持续增长创造了有利条件。

3. 石油危机后的产业结构调整

20 世纪 70 年代的两次石油危机对全球经济产生了深远的影响，日本也不例外。这两次危机不仅带来了能源成本的急剧上升，还暴露了依赖重化工业的危险性。面对这些挑战，日本政府迅速采取行动，推动制造业的转型，向以知识密集型和技术驱动型产业为主导的方向转变。

在这一背景下，精密机械、运输机械和电气机械等领域迅速崛起，成为新的经济增长点。技术创新成为推动产业升级的核心力量。尤其是第二次石油危机后，日本政府把握住了新的机遇，积极推动超大规模集成电路半导体技术等前沿科技的发展。这一战略不仅增强了日本在全球电子信息产业中的竞争力，也使东京湾地区在高端制造业和高附加值服务业上取得了显著进展。

进入 20 世纪 90 年代中期，日本进一步加强了对科技发展的重视。政府通过立法形式明确了科技发展的长期规划，并设立了每五年制定一次的科技基本计划。这一措施旨在引导产业结构朝更高层次迈进，促进科技创新与经济发展的深度融合。例如，日本政府废除了曾经束缚产业发展的《工业等限制法》，并积极推动建设都市型科技园区。这些园区专注为半导体、汽车、机器人等尖端制造业服务，力求在全球产业链和价值链中占据领先地位。

4. "失落三十年"中的制造业转型

外界常将日本经历的经济低迷时期称为"失落三十年"，这一说法源自 20 世纪 90 年代初日本泡沫经济崩溃后的长期经济停滞。这一时期的挑战也促使日本在制造业领域进行了深刻的转型，产业结构向高端化发展。

在"失落三十年"期间，日本制造业并未陷入沉寂，而是悄然完成了从小而美到高精尖的转型。东京都市圈作为日本经济的核心区域，在这一转型过程中发挥了关键作用。日本制造业逐渐从单纯追求规模，转向专注于高技术、高附加值的领域，实现了质的飞跃。

20 世纪 90 年代初，日本提出了"技术立国"的方针，明确了向"创造性知识密集型"产业发展的战略。1997 年，日本政府在《实现经济结构变革及创造的行动计划》中确立了 15 个新兴成长性产业，涉及医疗福利、文化生活、信息通信、新制造技术、流通、环境、新能源及节能等领域。除了新制造技术外，其他领域均体现了强烈的信息化和服务化特征，标志着经济发展重心的转移。

日本对外直接投资（FDI）显著推动了其产业结构的转型与升级，加速了工业化进程。自 20 世纪末，日本的经济发展策略从"依赖贸易"转变为"倚重投资"，提升了企业的全球竞争力。日本企业积极开拓中国、东南亚国家和地区、美国和欧洲国家和地区市场，全球化布局增强了资产的多元化。例如，日本企业在美国建立制造基地，不仅降低了生产成本，还拓展了市场，通过出口商品获得丰厚利润。根据日本财务省的数据，截至 2022 年 9 月底，日本的对外净资产同比增长 20%，达 459 万亿日元，连续 31 年居世界首位，展示了其经济实力和市场影响力的持续增长。①

曾经活跃于消费市场的日立、夏普和索尼等企业，巧妙地退出了竞争激烈的大众消费品市场，转向高技术领域。日立专注电梯技术，夏普在显示屏技术上保持领先，索尼则在摄像头技术领域树立了标杆。此外，日本还积极进入高新技术产业，尤其是在环保技术和资源高效利用方面处于全球领先地位。企业在重金属处理、水质净化、废物处理等领域创新，牢牢

---

① 《世界最大对外净资产国日本》，日经中文网，https：//cn.nikkei.com/columnviewpoint/column/51258-2023-02-16-05-02-19.html。

占据了全球产业链的制高点。传统产业如纺织、石化和钢铁行业通过新材料的研发支持了半导体和汽车产业的发展。

日本的对外投资和全球布局不仅拓展了国际市场，还推动了全球产业链的优化，使日本在全球经济中占据了重要地位。

5. 东京都市圈的治理模式和城市规划

东京都市圈，作为全球最大的都市圈之一，占日本总面积的 3.5%，人口约占日本总人口的 1/3。它以东京都为核心，包括埼玉、千叶和神奈川等地，在治理模式和城市规划方面积累了独特的经验。

1958~2014 年，东京经过五轮规划，重点解决了人口和行政职能过于集中的问题，推动了多极分散的国土开发模式。这种模式通过加强地方间的互联互通，激发了地方自主创新能力，为可持续发展奠定了基础。如今，东京通过科学的城市规划，使高科技企业和总部得以在市中心立足，而小型企业则分布在外围地区。高效的交通网络和信息技术将两者紧密连接，形成了一个高效的产业链生态系统，推动了东京在全球制造业中占据领先地位。

东京都市圈的成功还在于其"双轮驱动"的治理模式。一方面，许多制造业企业将生产基地迁至周边地区或海外，但总部仍保留在东京，以便靠近金融机构和政府部门，并保持高素质人才的集聚。东京市中心逐渐转型为金融、信息服务、科研和高端制造业的核心区域。另一方面，研发活动则保留在东京都区部及多摩地区，这里拥有丰富的科研资源、人才储备和市场需求，适宜的研发环境和相对低廉的地价吸引了大量研究所和创新型工厂。重化工产业则布局在次级核心城市，并向外围扩展，大批量生产工厂则设立在成本较低的海外地区，靠近原料产地和交通枢纽。

在治理方面，东京都市圈特别重视法治化。日本政府通过《国土形成规划法》和《国土利用计划法》等法律法规构建了完善的国土空间规划体系，为东京都市圈的发展提供保障。同时，贯彻执行《首都圈整备法》，推动首都圈范围内的广域治理，将东京及其周边七县视为一个整体，确保东京都市圈建设的有序进行。面对发展过程中的阶段性问题，政府还适时推出专项法规，以确保针对性解决方案的快速落地。

（三）硅谷

1. 从半导体之源到全球科技创新中心

硅谷，位于美国加利福尼亚州的圣克拉拉峡谷，是全球科技创新与创业的象征。尽管其历史可追溯至 20 世纪初，但硅谷的现代化变革主要发生在第二次世界大战后。20 世纪 40 年代，斯坦福大学工程系主任弗雷德·塔曼（Frederick Terman）对硅谷的发展发挥了关键作用。他鼓励斯坦福的工程师和科学家创业，这一倡议奠定了硅谷创业文化的基石。1951 年，斯坦福工业园区（现斯坦福研究园区）的建立标志着硅谷向技术和商业中心转变。

1956 年，仙童半导体公司（Fairchild Semiconductor）的成立被认为是硅谷半导体行业的起点。由 8 位"叛逆"工程师创办的仙童半导体公司打破了当时由德州仪器主导的行业格局，其创新精神为硅谷在半导体领域奠定了领导地位，并催生了许多后来的科技公司。

进入 20 世纪 60 年代，硅谷逐渐形成以高科技产业为核心的经济圈。此时，许多技术公司如英特尔（Intel）迅速崛起，推动了个人计算机、微处理器等电子产品的广泛应用。20 世纪七八十年代，硅谷成为全球技术创新的中心，其影响力扩展至全球范围。

在 20 世纪 90 年代至 21 世纪初，硅谷迎来了互联网和数字革命的浪潮，成为全球软件、网络和数字媒体领域的领头羊。如今，硅谷不仅是科技公司的集中地，也是全球风投、初创公司和科技人才的汇聚地，其经济模式和创新文化深刻地影响了全球科技发展和商业模式。

进入 21 世纪，硅谷继续保持全球科技创新的领先地位，尤其是在互联网、人工智能、大数据和云计算等技术领域。互联网的普及使硅谷成为这一变革的核心推动力，谷歌、脸书、苹果和亚马逊等科技巨头在信息技术和社交媒体领域取得了显著成就，带来了巨大的经济效益，也构筑起强大的技术优势。

人工智能和大数据技术的兴起标志着现代硅谷的重要转型趋势。硅谷公司积极开发应用人工智能技术，包括机器学习和自然语言处理，这些技术正在重塑各个行业的运作方式，推动了自动驾驶、智能医疗和智能家居等领域的快速发展。

2. 半导体革命

半导体革命是硅谷崛起的核心事件之一，它标志着电子技术和计算机科学的重大变革。20世纪50年代初，半导体技术的突破为电子设备的发展铺平了道路。1947年，贝尔实验室的科学家们发明了晶体管，这是半导体革命的起点。晶体管替代了当时体积庞大的真空管，使得电子设备更加小型化、可靠和高效。

1956年，仙童半导体公司的创立被视为硅谷半导体革命的关键节点。该公司采用硅材料制造半导体器件，这种材料相对于早期使用的锗材料具有更好的热稳定性和电气性能，因此在后续的半导体产品中被广泛应用。仙童半导体公司还推动了集成电路的发明，这是一种将多个晶体管集成在一个芯片上的技术，大大提高了芯片计算能力并节约了成本。

半导体革命的成功促进了个人计算机和消费电子产品的普及。1971年，英特尔推出了世界上第一个微处理器——4004芯片，标志着计算机技术的重大飞跃。微处理器不仅使计算机变得更加小型化和便宜，还为后来的个人计算机革命奠定了基础。20世纪70~80年代，随着计算机技术的快速发展，硅谷逐渐成为全球科技创新的中心。

半导体革命的影响还远不止于此，它推动了整个电子产业链的发展，包括半导体制造设备、材料和设计工具的创新。今天，半导体技术已渗透到我们生活的各个方面，从智能手机、家用电器到汽车和医疗设备，都离不开先进的半导体技术。

3. 风险投资和创业精神

硅谷的成功离不开其独特的风险投资文化和创业精神。这一地区的风险投资文化不仅推动了众多科技公司的兴起，也成为全球创业者的楷模。风险投资的兴起可以追溯到20世纪50年代，当时硅谷的一些先驱者认识到，需要资金和资源来支持新兴的科技企业。最早的风险投资公司之一——美国风险投资公司，于1959年成立，为早期的科技创业者提供了资金支持。

风险投资的模式在硅谷得到了进一步发展和完善。风险投资公司通过提供资金、战略支持和资源，帮助初创公司快速成长。与传统银行贷款不同，风险投资公司通常采用股权投资的方式，即投资者以获得公司股份的方式来支持企业。这种模式不仅降低了初创公司的财务风险，还激励了创业者追求更高的回报。

硅谷的创业精神强调创新、冒险和突破常规。这种精神深深根植于硅谷的企业文化中，鼓励创业者挑战现有的市场和技术界限。成功的硅谷创业者通常具备强烈的使命感和风险承受能力，他们愿意投入大量时间和精力来实现自己的愿景。创业者们还强调团队合作和快速迭代的工作方法，以应对快速变化的市场需求。

硅谷的风险投资和创业精神还催生了一些重要的科技公司和成功案例，如谷歌、脸书和特斯拉等。这些公司不仅推动了技术的进步，还改变了人们的生活方式。硅谷的创业生态系统为全球的创新和企业家精神提供了宝贵的经验和借鉴。

4. 硅谷制造业转型

硅谷的发展为制造业转型提供了宝贵的经验，尤其是在从传统制造业向高科技制造业转型方面。过去，硅谷的经济主要依赖于半导体和电子设备的制造，但随着科技的发展和市场需求的变化，硅谷的制造业也经历了显著的转型。

硅谷的转型始于 20 世纪 80 年代，当时电子行业的快速发展促进了半导体和计算机设备的生产。随后，硅谷的制造业逐渐向高科技和精密制造领域转型。例如，英特尔和苹果等公司开始专注于生产高性能的半导体芯片和消费电子产品，这些产品在全球市场上占据了重要地位。

进入 21 世纪后，硅谷进一步推动了制造业的转型，特别是在智能硬件和创新技术领域。3D 打印、纳米技术和先进制造技术的应用，使得硅谷的制造业不仅限于传统的生产工艺，而是向更加智能化和自动化的方向发展。这种转型不仅提高了生产效率，还推动了新产品和新技术的开发。

硅谷的制造业转型还包括与全球供应链的整合。许多硅谷公司与国际供应商和制造商合作，以满足全球市场的需求。这种全球化的供应链管理，使得硅谷能够更灵活地应对市场变化，并实现规模经济。

硅谷的制造业转型经验还涉及与科研机构和大学的合作。许多硅谷公司与斯坦福大学、加州大学伯克利分校等学术机构合作，共同进行技术研发和创新。这种产学研结合的模式，不仅推动了制造业技术的进步，也促进了科技成果的转化和应用。

硅谷的制造业转型经验表明，高科技创新和制造业的结合是推动经济发展的重要途径。硅谷通过持续的技术创新和对市场的积极适应，成功地从早期的半导体制造基地转型为全球领先的高科技制造中心。

（四）洛杉矶

1. 从石油之城到航天科技中心

自 1892 年发现丰富的石油资源以来，洛杉矶开始了其辉煌的发展历程。石油的开采不仅推动了美国向西扩张，也促进了洛杉矶的崛起。石油产业的繁荣带动了制造业的快速发展，至 1900 年，洛杉矶的人口已经超过 10万。第一次世界大战爆发后，洛杉矶的工业规模迅速扩张，汽车和电影行业的兴起使其成为南加州的制造业中心。

在第二次世界大战期间，国防军工的蓬勃发展为洛杉矶的现代化奠定了基础。战争的需要促进了飞机制造等国防工业在当地迅猛发展，促使洛杉矶成为全美第三大制造业城市。

第二次世界大战后，尽管面临军工转型和经济动荡的挑战，洛杉矶敏锐地把握住科技革命的机遇。政府开始重视科技发展，提出信息产业优先发展的战略。洛杉矶的产业结构逐渐由军工向高科技产业转型，成为美国最重要的制造业和高科技产业研发中心。

今天，洛杉矶不仅是美国制造业的核心，还成为全球文化产业的重要枢纽、国防工业的领军者、生物医药科技的创新高地，以及国际贸易和物流的关键节点。根据 2022 年的数据，洛杉矶的 GDP 总量稳居全球第二位，制造业和信息技术业分别贡献了约 9.36% 和 13.07% 的 GDP 份额。从石油时代走来的洛杉矶已经成长为科技与创新的璀璨之地。

2. 影视产业、数字技术与制造业的融合

在城市转型过程中，洛杉矶致力于将传统制造业与新兴产业融合，特别是在文化娱乐、数字媒体和生物技术领域。这一转型不仅包括产品的更新换代，还涵盖了产业链的重组与整合。

随着数字技术的发展，洛杉矶的电影制作和特效技术得到了显著提升。传统的电影制作方法与先进的数字特效技术相结合，使得洛杉矶成为全球影视产业的创新中心。例如，计算机生成影像（CGI）技术的应用，极大地丰富了视觉效果，推动了新型电影和动画的创作。这种技术进步不仅提升了影片的质量，也创造了新的市场机会。

此外，洛杉矶还积极推动生物技术和数字技术相结合。生物技术领域的创新与数字技术的应用，促进了精准医疗和基因组学的发展。这种跨行业的融合，加速了新药研发和医疗设备的进步，提高了生产效率，并推动了相关产业的成长。

洛杉矶制造业的转型并非在单一领域进行改进，而是全产业链的全面升级。数字技术的引入重塑了传统制造业的运作模式，提高了生产的灵活性和智能化水平，推动了产业的现代化。

3. 多元文化驱动的科技创新生态

洛杉矶，这座多元开放的国际大都市，其产业结构的多样性深受移民文化的影响。城市内的移民来自140多个国家，占总人口的一半以上，这种文化背景为洛杉矶带来了丰富的创新动力和多样的科技人才。外籍科技人才的引入不仅减少了城市在教育方面的投入，还提升了科技创新水平，使洛杉矶始终处于全球科技前沿。

洛杉矶的科技生态系统得益于其勇于创新、敢于冒险的创业精神。企业、大学、研究机构和投资机构之间的密切合作，共同形成了开放包容的"加州文化"。在数字产业的布局方面，洛杉矶走在了全球前列，设立了首席数据官和首席信息官，推动了信息技术基础设施的建设，并建立了智能化交通监控系统，使其成为数字化时代的先行者。

在企业界，洛杉矶的高科技公司注重基础研究和技术创新，大量的研发经费用于新品开发和产品升级。洛杉矶在计算机和电子产品制造、软件开发、互联网及数据服务业等领域取得了显著成就，在生物技术领域也表现突出。教育的持续投入是洛杉矶的一大战略决策，市内拥有254所高等教育机构，其中包括全球知名的加州理工学院、加州大学洛杉矶分校和南加州大学，这些学府为洛杉矶的创新发展提供了坚实的支撑。

4. 国际化与全球化布局

洛杉矶的制造业转型不仅注重本地市场的优化，还积极拓展国际市场。通过与全球领先企业和研究机构的合作，洛杉矶有效推进了技术和市场的国际化进程。

特别是在生物医药领域，洛杉矶的企业通过建立全球合作伙伴关系，推动了新药的研发和国际市场的开拓。这些合作不仅包括技术共享，还涉及市场进入策略的联合制定。生物医药公司与国际顶级研究机构的协作，加速了新药从实验室到市场的转化过程，提升了洛杉矶在全球市场的竞争力。

此外，洛杉矶还通过多边合作协议和国际展会，扩大了其在全球制造业领域的影响力。洛杉矶企业在全球范围内寻求技术合作和市场机会，通过并购、投资和战略联盟等方式，进入了更多国际市场。这种全球化布局帮助洛杉矶企业获取了更多的资源和市场份额，提升了其国际竞争力。

洛杉矶的国际化布局还体现在科技领域。城市通过与全球科技创新中心的对接，吸引了大量国际高科技企业和人才。这些企业不仅带来了前沿技术，也推动了本地产业的技术进步和创新发展。

（五）纽约

纽约，这一美国东海岸的璀璨明珠，涵盖四大都会区及25个县，总面积达1.74万平方公里。到2023年底，纽约湾区人口达1947万人，约占全美人口的6%。在制造业方面，2023年纽约州的制造业产值为837.8亿美元，约占州内生产总值的4%。[①]

在纽约州，多家知名跨国银行和金融集团聚集，这使其成为世界金融中心。此外，该州的制造业在服装、化妆品、机器制造、石油加工以及食品加工等领域相对发达。文化创意产业在纽约市和布鲁克林市等地迅速发展。

康涅狄格州的军工及装备制造业在美国具有重要地位，特别是航天航空和运输装备制造业享誉全国。此外，康涅狄格州也被称为"保险之州"，拥有100多家保险公司的总部。

新泽西州是美国三大生命科学集群之一，拥有强生、默沙东、诺华、辉瑞、安进等世界级生物医药巨头的总部和研发中心。

1. 纽约湾区制造业的兴衰

从19世纪60年代至20世纪50年代，纽约湾区凭借独特的地理位置和港口优势迅速崛起。作为沟通北美与欧洲之间的桥梁，纽约港在第一次工业革命中发挥了关键作用，巩固了其全球贸易中心的地位。到19世纪末，纽约已成为美国制造业的龙头，吸引了全国超过1/10的制造业劳动力。

进入20世纪中后期，纽约的产业结构开始发生深刻变化。第二次世界

---

① 参见 National Association of Manufacturers，https：//nam. org/mfgdata/regions/new-york/。

大战后，随着流水线生产的普及，制造业对空间的需求激增，而城市中心的高地价、税负压力、基础设施老化和交通拥堵等问题，促使制造企业纷纷外迁。20世纪50年代，纽约市的服装制造业达到顶峰，但在接下来的30年间，其劳动力流失率高达95%。到1987年，纽约服装制造业的就业岗位减少了85%，昔日辉煌不再。①

进入20世纪80年代，纽约服务业迅速崛起，金融、保险、房地产等现代服务业逐渐取代制造业，成为纽约经济的主力。纽约逐渐发展成为全球金融中心，但这种转型也带来了新的挑战。纽约市提出了经济多元化的发展战略，推动生物科技、时尚设计、传媒技术等新兴产业的发展。然而，尽管这些新产业不断壮大，金融保险、专业服务、医疗和贸易等传统行业仍占据经济主导地位。

2008年国际金融危机使纽约遭遇了有史以来最严重的经济衰退。雷曼兄弟等金融巨头相继倒闭，金融业裁员人数激增，华尔街的动荡波及全国。虽然政府紧急救市，纽约的金融业仍受到重创，此次危机对纽约的经济转型提出了严峻考验。

2. 金融海啸后的转型之路

2008年国际金融危机后，纽约市政府深刻认识到依赖单一金融产业的风险，决定将城市转型为全球顶尖的"科技首都"。借此机会，"硅巷"模式得到了全面升级和扩展，布鲁克林、皇后区等地纷纷推广这一模式，吸引了各种科技企业的涌入。

早期的纽约"硅巷"旨在挑战硅谷那种远离城市中心的产业园区模式，探索对市区空间的新利用方式。随着时间推移，这一模式不仅超越了曼哈顿的地理界线，还成为全球都市利用现有空间推动科技产业发展的典范。

2009年，纽约市启动了"多元化城市：纽约经济多样化项目"，并实施了"东部硅谷"的发展战略。在"一个新的纽约市：2014—2025"发展规划中，纽约明确提出要成为"全球创新中心"的宏伟目标。今天的"硅巷"已不仅限于纽约市，而是象征全球城市中科技与创新力量的共生共荣。

尽管纽约是全球金融重镇，资金并非其创新发展的瓶颈。然而，创新

---

① 《纽约城市治理之都市制造业——服装业变迁》，同济城市研究公众号，https：//mp. weixin. qq. com/s/dctSu1WkqXF-FLEImTZn4Q。

型企业和人才的短缺却成为制约因素。为此，纽约市制定并实施了四大计划，以应对这些挑战。

目前，纽约的制造业正在稳步复苏。2023 年，纽约的科技产业价值达到 1470 亿美元，拥有超过 9000 家初创公司。纽约州的光电子制造业就业位居全美第一，国防电子制造业排名第二，高技术制造业排名第三。纽约的第二产业创造了 53 万个就业机会，自 2021 年以来新增制造业岗位超过 13300 个，工资中位数为 5 万美元，这一薪资水平吸引了大量移民，其中超过一半是非美国出生的美国人。[①]

3. 消费驱动下的曼哈顿服装区升级

在城市化进程中，传统制造业往往因地价上涨而迁离，产业基础和文化记忆也随之消散。然而，曼哈顿中城的服装区却通过消费端的反向牵引，成功保留并升级了这一历史悠久的传统产业。

曼哈顿中城的服装区位于第五大道和第九大道之间，自 19 世纪中叶以来，这里吸引了大量有制衣技能的欧洲移民。到 20 世纪初，服装业劳动力占纽约市工业劳动力的 46%，成为美国时装设计和制造中心。消费需求的旺盛，是该区服装业能够长期立足的核心动力。

近年来，服装区由于靠近百老汇、林肯中心等时尚潮流发生地，承接了大量的高端时装需求。这一地理优势使得服装区能与客户保持密切沟通，快速响应需求，尤其是在演出和时装秀前的紧急修改。虽然面临高房租和人力成本的挑战，服装区依然坚持以高端品牌和奢侈品牌为主，淘汰低端制造。

纽约市规划部门在 2014 年曾尝试将服装产业迁至布鲁克林日落公园社区，提供低租金和工人培训等优惠，但服装厂商普遍拒绝搬迁，认为专业化的服装产业需要集聚在一起，不能简单迁移。他们指出，服装制造涉及设计、钉珠、刺绣、接缝等多个工序，必须在同一地点完成，这样才能有效运作。

为进一步强化时装消费对产业的驱动，服装区还推出了一系列特色工业旅游线路，如徒步之旅、购物之旅和设计之旅，深度融合消费与生产，

---

① 《都在喊"制造业回流"，真正的差距在哪?》，城市进化论公众号，https://mp.weixin.qq.com/s/1SlF1hLYcN6iHCSzkAtT4A。

促进产业发展。服装区涵盖了从原料供应、印染纺织到设计、裁样、制衣，再到销售的完整产业链，拥有众多知名设计师及其生产设施、仓库、陈列室，以及面料和材料供应商，形成了完备的产业生态。这里的时尚技术工人和专业供应商，构成了纽约时尚产业的重要基石。

4. 曼哈顿之外：布鲁克林工业重生

2006 年，纽约市政府推出了"工业商务区（IBZ）"战略规划，意在振兴传统制造业区域，推动城市工业经济的发展。这一举措犹如"腾笼换鸟"，旨在保留并强化现有制造业基础，促进整个纽约市工业活力的提升。

以布鲁克林为例，曾经经历沧桑的工业码头在经过翻新后，焕发了新生。如今，这片曾以传统制造业为主的土地，正转变为都市科技和创意科技的集聚地。例如，布鲁克林滨水区曾是工业核心区，但在 20 世纪后半叶逐渐沉寂。现在，这里已变成纽约的新硅谷，孕育了一批前沿的城市科技产业。该区域不仅吸引了高科技企业，还为它们提供了丰富的智造测试应用场景。

布鲁克林在纽约市的工业与制造业税收中占据了 41.5% 的份额，成为都市制造业复苏的重要引擎。根据《愿景 2020：滨水区十年综合规划》，布鲁克林滨水区不仅要承担休闲娱乐和交通运输功能，还将成为海洋新能源开发应用的先行者，为自动驾驶船只和水下机器人等技术研发企业提供理想的实地测试场地。

布鲁克林正在打造一种新型制造业发展模式，专注于高单品成本和小批量的原型机制造及硬件测试。布鲁克林海军大院就是这种模式的代表。这里配备了 3D 打印系统和精密数控机床等先进设备，并特意设计了集创新交流于一体的办公空间。其中，宽敞的中央公共休闲区设置了共享办公室、开放式工作站、休息区和产品样品展示厅等功能区域，激发了科技人才间的创新交流。

（六）伦敦

老牌资本主义国家英国是第一次工业革命发源地，被誉为"工业革命摇篮"。

伦敦是全球金融中心之一，与纽约比肩。20 世纪 60 年代，伦敦开始产

业结构转型，制造业衰退及外迁，服务业占比大幅上升，占 GDP 比重达到
60%以上。经历了 60 年左右的产业调整，目前伦敦服务业占比已经稳定在
90%左右。

1. 伦敦工业变迁与经济转型

从 18 世纪中期至 19 世纪中期，英国经历了第一次工业革命，伦敦成为
世界工业中心，在煤炭、钢铁和纺织品领域占据领先地位。随着第二次工
业革命的到来，英国虽逐渐丧失了工业霸主地位，但其在传统劳动密集型
产业和金融领域仍保持重要地位。

20 世纪 20~30 年代，伦敦逐步建立新兴工业部门，如电器机械、汽车
和飞机制造，推动了城市经济发展。第二次世界大战后，伦敦制造业结构
逐渐调整，向专业化方向发展，产出显著增长。20 世纪 50 年代，伦敦制造
业创造了 140 万个就业岗位，产值占英国 GDP 的 40%，成为资本和劳动密
集型产业的集聚地。

过度的城市化导致"大城市病"，促使英国政府启动新城运动，疏散伦
敦的产业和人口。通过 1944 年和 1969 年的"大伦敦规划"，一系列新城镇
和外围城市逐渐建成，有效缓解了中心城区的压力。

尽管新城运动成功疏散了人口，但也导致制造业的衰退。到 20 世纪 70
年代，伦敦内城面临就业、财政和社会问题。1979 年，英国通过新自由主
义政策，转向以法律服务、会计服务和商业咨询为核心的商务服务业，制
造业逐渐被服务业取代，推动了伦敦中央商务区——"金融城"的诞生，
奠定了其现代经济结构。

2. 经济重心转向服务业与创新驱动

尽管伦敦取得了全球金融中心的地位，但 20 世纪 90 年代的欧洲货币体
系危机暴露了其金融服务业的脆弱性，导致 9 万个岗位流失，经济发展陷入
停滞。为应对未来经济的不确定性，英国政府于 1998 年提出建设"创新驱
动型经济"的战略，并通过 1999 年的城市复兴计划，吸引精英人才回归市
中心，推动创新经济崛起。

2004 年英国为进一步确立伦敦作为全球城市的定位，实施"中央活动
区"（CAZ）战略，推动大规模城市更新，形成了以金融服务业、创意产业
和国际航运业为核心的产业格局。目前，伦敦第三产业占比超过 90%，主
要涵盖批发零售、科研创新和健康社会服务等领域。

伦敦作为全球金融服务业中心，拥有超过 480 家海外银行，以及全球最大的外汇交易和国际保险市场。21 世纪初，伦敦的外资银行资产占英国银行总资产的近一半，欧洲债券一级市场的 60%～70% 交易在此进行。

与此同时，创意产业成为伦敦经济的新引擎。文化创意产业就业人数占城市总就业人数的 1/6，2018 年产值达到 470 亿英镑，成为增长最快的产业之一。创意产业就业人数已达 312 万人，1/5 的伦敦工作岗位来自创意经济。自 1997 年至 2020 年，伦敦创意产业产值持续快速增长，成为仅次于金融业的第二大经济部门。通过设立创意企业区和文化中心，伦敦巩固了其"创意之都"的美誉。[①]

3. 创意产业反哺制造业

伦敦的制造业和创意产业正相互促进，创造出更多高端消费品牌。以布朗顿（Brompton）折叠自行车为例，这一品牌在伦敦本地广受欢迎，其入门款新车的转售价高达 17000 英镑，显示了创意产业对高端制造业的强大推动力。

在伦敦下利亚山谷，奥运会后转型的科技创新区利用创意供应链增强制造能力，培育了众多创新企业。这一转型不仅带动了低端制造业的升级，也促进了城市服务业的发展。服务业和文创产业的繁荣吸引了大量科技人才和企业，形成了"长尾效应"，丰富的文化生活和包容性环境对人才极具吸引力。

自 21 世纪初以来，英国创意产业蓬勃发展。2001 年，创意产业产值达到 1125 亿英镑，占 GDP 的 5%，并在 2003 年超越了金融业，成为英国经济的重要支柱。1997 年，时任首相布莱尔提出将伦敦打造成"创意之城"，并出台了一系列支持创意产业的政策。[②]

伦敦东区基础设施的改造吸引了许多新锐设计师，缩短了创意产品的生产周期，催生了众多开放式工作室、艺术展览馆和设计师潮牌店。同时，服务于创意人群的生活配套设施也在不断增多。2010 年，英国政府推出"英国科技城"战略，投入 4 亿英镑打造东伦敦科技城，整合资源并进行营

---

① 《打造全球创意之都：伦敦文化创意产业战略新布局》，上观新闻，https：//sghexport. shobserver.com/html/baijiahao/2022/09/20/858810.html。

② 《500 亿英镑的雄心愿景背后，英国的创意产业是如何崛起的?》，36kr，https：//36kr.com/ p/2618635371798407。

销推广，进一步推动了创意产业的发展。

4. 独角兽企业的激增与创新生态的变革

伦敦科技行业的快速崛起令其在全球科技市场中占据重要地位。2022年，英国科技市场的总市值达1万亿美元，使其成为全球第三大科技市场，仅次于美国和中国。

2019年，伦敦的独角兽企业数量为深圳的一半，仅有9家。然而，到2023年，伦敦的独角兽企业数量猛增至46家，超过深圳12家。2024年，伦敦的独角兽企业中超过60%为科技公司，市值前七名均为科技公司，涵盖区块链、数字支付、移动支付、数字资产平台、金融大数据及云中立数据中心等领域。

《苏州高新区·2020胡润全球独角兽榜》曾指出，北京以93家独角兽企业居全球首位，上海和深圳分别位列第二、第三位。虽然伦敦曾在独角兽企业数量上落后，但近年来伦敦通过深耕战略性新兴产业和未来产业，科技行业得到了迅猛发展，独角兽企业数量实现逆转。[1]

自2010年伦敦启动"迷你硅谷"计划以来，伦敦逐渐成为全球创新中心。伦敦及其周边地区聚集了约48.4万名软件开发人员，凭借强大的教育体系和风险投资环境，2022年伦敦的科技创业生态系统价值达到1427亿美元，拥有约1400家风险投资公司，远超其他欧洲城市。在2021年，伦敦科技初创公司获得了高达133亿美元的风险投资。[2]

2022年，英国科技公司筹集资金达到240亿英镑，超过法国（118亿英镑）和德国（91亿英镑）的总和，过去五年筹集的资金总额接近1000亿英镑。2023年11月，英国商务贸易部发布了《先进制造业计划》，计划投入45亿英镑，以确保英国在能源转型和数字技术方面保持领先地位。通过这些政策和投资，伦敦不仅巩固了其全球科技中心的地位，还推动了科技创新的持续发展。[3]

---

[1] 《苏州高新区·2020胡润全球独角兽榜》，胡润百富，https：//www.hurun.net/zh-cn/info/detail？num=EH5O51YAJB9K。

[2] 《纽约及伦敦科技行业快速增长给深圳的启示》，综合开发研究院官网，https：//www.cdi.org.cn/Article/Detail？Id=19520。

[3] 《纽约及伦敦科技行业快速增长给深圳的启示》，综合开发研究院官网，https：//www.cdi.org.cn/Article/Detail？Id=19520。

二　跨国巨头的转型镜鉴

（一）特斯拉

1. 创立与初期挑战

特斯拉的故事始于 2003 年，当时马丁·艾伯哈德和马克·塔彭宁创建了这家电动汽车公司，以纪念伟大的物理学家尼古拉·特斯拉。初创的特斯拉面临巨大的挑战和困难。创立之初，公司需要在资金、技术和市场认知等方面突破重重障碍。

特斯拉的第一个重大产品 Roadster 是一款搭载锂电池的电动超级跑车。这款车以其创新的电动动力系统和出色的性能迅速引起了公众的关注。然而，Roadster 的研发并非一帆风顺。一个关键的技术难题是如何开发一个高性能且成本合理的变速箱。尽管经过了多次测试，二级变速箱依然未能通过美国交通部门的审核。最终，特斯拉决定放弃多级变速箱，转而采用单级变速箱，这在一定程度上牺牲了加速性能，但降低了研发复杂度和成本。

2008 年，特斯拉经历了重大的人事变动，多位创始人被解雇，公司面临着严重的内部危机和财务困境。这一年，特斯拉还遇到了市场价格的重大挑战——原定售价为 10 万美元的 Roadster，其实际成本却高达 12 万美元。这一情况迫使公司将售价提高至 11 万美元，尽管如此，特斯拉依然陷入了亏损的困境。

2. 关键转折与战略合作

特斯拉的命运在 2008 年迎来了关键的转折。戴姆勒公司的代表在参观特斯拉工厂时，深受其创新技术和先进工艺的吸引。此后，戴姆勒投资 5000 万美元购买了特斯拉 10% 的股份，这一战略合作为特斯拉注入了新的资本和技术支持，成为公司发展的重要契机。

此后，特斯拉与丰田达成了合作协议，为丰田提供电池组及电动发动机。这一合作不仅提升了特斯拉的技术能力，也为其后续发展奠定了坚实的基础。丰田还将其位于加利福尼亚州的工厂以 4200 万美元的价格卖给特斯拉，这个工厂后来成为特斯拉的第一座超级工厂——加州弗里蒙特超级工厂。

为了确保公司的现金流，马斯克个人将剩余的 6000 万美元全部投入公司的生产和工程中。2009 年，特斯拉获得了美国能源部低息贷款的支持，成功获得了 4.65 亿美元的资金。这一年，特斯拉工厂也迎来了奥巴马和朱棣文的参观，为公司赢得了更多的关注和信任。

3. 技术突破与创新

特斯拉的技术创新是其成功的核心。2010 年，特斯拉在纳斯达克成功上市，IPO 定价为每股 17 美元，筹集了超过 2 亿美元的资金，这不仅提升了公司的市场形象，也增强了其资金实力。此后，特斯拉推出了具有划时代意义的 Model S，这款车不仅在性能上突破了传统汽车的限制，还引领了电动汽车行业的新潮流。

Model S 的成功不仅在于其高性能和长续航，还在于特斯拉在技术上的不断突破。特斯拉引领了"软件定义汽车"的新时代，采用集中式电子电气架构，大幅度简化了电控单元，降低了成本并提高了空间利用率。特斯拉的车载系统基于 Linux 深度定制，融合了 AI、大数据和深度学习技术，这些创新技术使得特斯拉在电动汽车领域中遥遥领先。

此外，特斯拉在电池管理系统（BMS）技术上也取得了显著优势。其 BMS 可以有效管理和控制大规模电池组的一致性，大幅提高了电池的能量密度和安全性。特斯拉还采用了先进的电池冷却和安全技术，将电池组的能量密度提高，取代了传统的蛇形导管设计，从而进一步提升了电池的性能和安全性。

4. 全球扩张与市场布局

随着特斯拉技术的不断成熟，全球扩张成为其重要的发展战略。2017 年，特斯拉开始生产亲民车型 Model 3，虽然生产线遇到了"产能地狱"，但公司最终克服了困难，成功实现了规模化生产。上海超级工厂的建设和中国市场的快速增长对特斯拉来说至关重要。

2018 年，特斯拉与上海市政府达成了对赌协议，获得了超过 35 亿元的融资和临港区的工业用地。2019 年 1 月，特斯拉上海超级工厂奠基，11 个月后，上海生产的 Model 3 正式交付。上海超级工厂的产能迅速提升，到 2022 年，上海超级工厂的产量已达到 71 万辆，占特斯拉全球交付总量的一半以上。中国市场的支持在很大程度上"拯救"了特斯拉，使其重新走上增长轨道。

2020 年，特斯拉的市值超越了宝马、戴姆勒和大众三大汽车行业巨头的总和，并在 7 月成为全球市值最高的汽车制造商。2021 年，特斯拉在美国本土及德国等地增设新厂，全力提升产能。2023 年，特斯拉进一步扩展全球布局，计划在墨西哥北部建立新工厂，并在上海增设储能电池超级工厂，同时开放自家超充站服务其他品牌电动汽车。

5. 特斯拉的颠覆性影响

特斯拉的崛起不仅改变了汽车产业的格局，更推动了整个行业的转型。特斯拉通过其创新的商业模式和技术突破，彻底改写了汽车制造业的游戏规则。其成功的商业模式类似于 iPhone 对传统手机行业的影响——通过突破性的技术和市场策略，重新定义了行业标准。

特斯拉的成功离不开其创始人埃隆·马斯克的远见卓识。马斯克不仅有着对电动汽车和可再生能源的坚定信念，还通过创新思维和实际行动，将特斯拉推向了全球。特斯拉的技术突破和垂直整合供应链的策略，不仅提高了生产效率，还大幅度降低了成本，重新定义了汽车的生产和销售模式。

特斯拉的颠覆性影响还体现在对全球汽车产业的深远影响。特斯拉不仅推动了电动汽车的普及，也促进了其他车企对电动汽车技术的投资和研发。全球汽车产业正在经历一场由特斯拉引发的绿色革命，传统车企纷纷加速转型，向电动化、智能化方向迈进。特斯拉的成功案例为全球制造业企业提供了宝贵的经验，展示了如何通过创新和战略转型，实现企业的持续增长和市场领先。

（二）丰田

1. 从织布机到汽车制造的起步

丰田汽车的历史起点可以追溯到 1933 年。当时，丰田汽车是丰田自动织布机公司旗下的一个部门，由丰田创始人丰田佐吉的儿子丰田喜一郎负责。丰田喜一郎在 1929 年开始对汽车制造产生浓厚的兴趣，他的探索之旅包括对欧洲和美国汽车制造技术的深入考察。这些考察不仅为他积累了丰富的技术知识，也激发了他将丰田家族的业务从纺织转向汽车制造的决心。

丰田喜一郎的汽车制造事业在初期并不顺利。他从购买一辆雪佛兰开始，以这辆车为样车，通过不断拆解和重组，逐渐掌握了汽车制造的要领。

1935 年夏天，丰田团队成功制造出第一款原型车——A1 型轿车。这款车融合了当时流行的设计元素，如基于雪佛兰的发动机、仿造福特的底盘和克莱斯勒的外观。虽然 A1 型轿车在技术和设计上还不成熟，但它标志着丰田汽车进入了汽车制造领域。

2. 精益生产的创新与实践

丰田汽车在全球汽车市场上的成功，离不开其独特的精益生产系统。第二次世界大战后，在日本原材料匮乏的背景下，丰田公司艰难地建立了这一生产系统。精益生产系统的核心理念是以最低的成本实现最高的品质和利润，通过消除各种形式的浪费来提高生产效率。

丰田的精益生产系统不仅是一种生产方式，更是一种经营哲学的体现。丰田通过优化生产流程、减少不必要的环节和避免过剩库存，实现了生产周期的缩短和运营成本的降低。这种系统性的方法使丰田在濒临破产的危机中成功逆袭。

精益生产系统的关键在于其持续改进和按需生产的特质。通过不断优化流程、提高效率和减少浪费，丰田能够保持高效的生产能力和优质的产品质量。这种管理模式不仅助力丰田在全球范围内取得了巨大成功，也对其他行业产生了深远的影响。许多企业借鉴了丰田的精益生产理念，推动了自身的转型升级。

在全球经济的动荡时期，丰田的精益生产理念为企业应对危机、实现持续发展提供了宝贵的经验。这一理念展示了如何在资源有限的情况下提高生产效率，确保企业在竞争激烈的市场中立于不败之地。

3. 危中寻机的战略调整

1973 年和 1979 年的两次石油危机对全球汽车行业造成了重大冲击。石油价格的暴涨使得石油依赖进口的日本经济遭受重创，汽车制造商面临严重的困境。然而，丰田汽车在这些挑战面前展现了其卓越的危机应对能力，通过战略调整成功化解了危机。

在石油资源紧张的情况下，丰田提出了"节能"理念，将汽车制造的方向调整为节省能源和降低成本。这一战略不仅符合市场对节能环保的需求，还使丰田在石油危机中找到了一条生存和发展的道路。丰田推出了节能型汽车，成功迎合了消费者对环保的关注，增强了市场竞争力。

丰田不仅在石油危机中立足，还在国际市场上取得了突破。从 1980 年开始，丰田汽车的年产量超过了1000万辆，成为世界第一大汽车生产商。丰田的成功还体现在其海外市场的拓展，其在北美市场的表现尤其突出，可与福特和通用汽车一较高下。丰田的成功经验表明，企业在面对危机时需要保持敏锐的市场洞察力和灵活的应变能力，只有不断创新和调整战略，才能在竞争激烈的市场中取得成功。

4. 全球化扩张的战略布局

1983年，面对美国对日本汽车的贸易限制，丰田采取了全球化扩张策略。丰田与通用汽车达成协议，在加利福尼亚州弗里蒙特工厂合作生产汽车。这一策略帮助丰田绕过了贸易限制，并在北美市场建立了稳固的生产基础。随后，丰田在北美设立了全资工厂，生产凯美瑞和卡罗拉等车型，并于1989年推出了雷克萨斯品牌，进军豪华汽车市场。

丰田的全球化扩张策略显著提升了其市场份额，使其超越了通用汽车，成为全球汽车行业的领导者。丰田不仅在北美市场取得了成功，还在中国、澳大利亚、欧洲、东南亚、中东、非洲和拉丁美洲等国家和地区设立了工厂，实现了本地化生产。这一策略使丰田能够有效应对不同地区的市场需求，并进一步扩大了全球影响力。

自2000年起，丰田大举进军中国市场，并在全球范围内建立了多家海外生产子公司。2003年，丰田汽车销量超越福特，成为全球第二大汽车制造商；2008年，销量进一步增长，超越通用汽车，成为全球汽车市场的霸主。这一全球化扩张策略为丰田奠定了长期的市场领导地位，也为其他企业提供了全球化运作的成功范例。

三　国内制造业先锋的崛起之道

（一）华为：逆境中屹立的通信巨人

1. 从无到有的探索之路

1987年，任正非在43岁时，成立了华为技术有限公司，起步于深圳南油新村。这一年，他已经是"高龄"创业者，但深圳正是改革开放的前沿，政策宽松，民营经济如雨后春笋般发展，成为全国创业的热土。

当时，国家工商管理部门尚未允许民营公司注册，任正非只能以个体户的身份起步。然而，1987年深圳市发布的《深圳市人民政府关于鼓励科技人员兴办民间科技企业的暂行规定》，为高科技人才创业提供了便利，成为华为的"出生证"。任正非曾坦言："没有 1987 年深圳发布的这个文件，就没有华为的诞生。"①

华为的第一桶金来自与港商的合作。在改革开放初期，深圳凭借独特的地理优势，与香港的联系日益紧密，成为中国对外开放的重要窗口。香港的中小电信设备代理商纷纷进入内地，寻找商机。华为与港商鸿年公司及珠海的通信公司合作，成为 HAX 交换机的分销商，通过售卖交换机赚取利润，迎合了国内市场的需求。这一时期，华为迅速积累了第一桶金。

经过两年的经营，任正非意识到中低端电信设备的技术并不复杂，而随着市场竞争的加剧，代理市场的利润逐渐缩水。为了生存，华为决定转型，从代理商转向自主研发，实施"进口替代"战略。1989 年，华为开始自主研发产品，三年后，华为自主研发的 BH01 单位用交换机以其极高的性价比，赢得了大量采购订单，营业额突破 1 亿元，员工人数也迅速增长至100 人以上。

2. 拼出来的市场和打出来的国际化

21 世纪初，华为决定进军海外市场，开启国际化新篇章。公司研发UMTS 和 CDMA 标准的 3G 产品，并收购瑞士 HUBER+SUHNER 基站天线业务。至 2013 年，华为已成为全球通信设备行业的领头羊，市场份额达 30%。在 2010 年至 2019 年间，华为强化消费者与企业业务，形成五大业务板块。

在海外市场发展阶段（2005~2013 年），华为的海外销售收入首次超过国内销售收入，2005 年占总收入的 58%。尽管起初缺乏手机产品，华为仍推出自主研发的 3G 手机，逐步克服技术和市场挑战。苹果手机的问世促进了应用模式的成熟，使华为的终端业务迅速发展。

到 2014 年，华为智能手机发货量接近 8000 万台，并建立多个 5G 创新研究中心。作为非上市民营企业，华为自 2010 年进入世界 500 强，并逐步攀升至百强，业务覆盖 170 多个国家和地区。

华为经营业绩持续增长，2019 年销售收入 8588.33 亿元，2020 年达8913.68 亿元，2021 年保持 6368.07 亿元。华为在全球通信设备市场的份额

---

① 《从追赶时代到引领时代——从深圳发展奇迹看中国改革开放 40 年》，人民网，http://politics.people.com.cn/n1/2018/0521/c1001-30001573.html。

为28.7%。

华为的国际化历经了三个阶段：第一阶段（1996~2004年）为初步国际化阶段，通过与香港和记黄埔合作进入俄罗斯及东南亚市场；第二阶段（2005~2010年）为商业模式变革阶段，从设备供应商转型为电信解决方案提供商；第三阶段（2011年至今）致力于5G技术全球推广阶段，推动云计算与技术创新。

华为的国际化战略体现在市场开拓、管理机制、人才培养和营销策略等方面。通过"先易后难"的市场策略，华为成功进入各国市场，逐步建立全球品牌。同时，华为注重管理国际化，学习先进经验，构建适应全球竞争的管理体系，培养国际化人才，增强创新能力，并在营销中坚持高质低价，赢得消费者广泛认可。

3. 技术为根，人才为本

自2005年起，华为开始引入国际化管理所需的高端专业人才，加快提升管理水平。此外，华为还加大了海外本地化人才布局，随着公司的发展，华为在海外招聘了大量优秀人才，以推动人才全球化，更好地适应当地文化和市场。

华为的成功离不开持续的研发投入。公司坚持每年将超过10%的销售收入投入研究与开发中，近十年来累计投入研发费用已超过1.11万亿元。2023年，华为的研发投入达到1647亿元，占全年收入的23.4%。若将华为视为独立的经济体，其研发投入在全国仅次于6个省市，超越其他25个省份。[①]

截至2023年12月31日，华为的研发团队约有11.4万名员工，占总员工数量的55%。同时，华为在全球持有有效授权专利超过14万件。这些数据充分体现了华为对技术创新的重视，以及在全球技术竞争中的领先地位。[②]

4. 砥砺前行，创新破局

在逆境中奋进，华为展现了"向死而生"的精神。2019年5月，华为

---

① 《2023年年度报告》，华为投资控股有限公司官网，https：//www.huawei.com/cn/annual-report/2023。

② 《2023年年度报告》，华为投资控股有限公司官网，https：//www.huawei.com/cn/annual-report/2023。

被美国政府列入制裁实体名单，面临供应链断裂和技术研发受阻的严峻挑战。华为积极应对，通过自主研发和技术突破，成功推出鸿蒙 1.0 操作系统、麒麟 9000 芯片以及 Mate60 系列手机，再次确立了其在高端手机市场的领导地位。

早在 20 年前，华为创始人任正非便强调自主研发的重要性，并于 2004 年成立了芯片公司海思。华为早已为失去美国先进技术做好了极限生存的准备，海思的使命是打造"备胎"。如今，这些"备胎"已转正，海思在芯片设计方面已达到世界级水平。尽管华为在设计上领先，但在芯片生产、制造和封装上仍存在短板。随着美国制裁的加剧，台积电、三星等芯片制造商停止对华为提供芯片，华为面临"顶级设计但缺芯"的困境。不过，华为多年的研发投入为中国高端芯片领域填补了空白，也为华为的生存提供了空间。

面对制裁，华为依托"军团模式"寻求生存，打破公司事业群边界，聚焦行业单点突破，快速高效地配置资源。自 2021 年以来，华为成立了 20 个军团，涵盖信息基础设施、数字化转型和新能源等领域，积极抢占未来发展先机。这种灵活的组织结构使华为能够在充满挑战的市场环境中不断创新，继续引领行业发展。

（二）大疆：无人机之王

1. 全球无人机行业的领航者

大疆创新科技有限公司是一家来自深圳的高科技企业，成立于 2006 年。经过十几年的发展，它已经成为全球无人机行业的领导者。大疆的无人机产品不仅多次被《时代周刊》和《纽约时报》评为年度科技杰作，还广泛应用于全球 80 多个国家的军事、农业、消防、影视拍摄等多个领域。自 2015 年以来，大疆在全球无人机市场的份额从未低于 70%，这标志着它在技术和市场上都处于无法撼动的地位。2023 年，大疆以 1250 亿元的估值位列中国企业第九，进一步彰显其全球科技领航者的地位。

大疆的成功不仅仅体现在市场占有率上，它还通过持续的技术创新，改变了人们的生产和生活方式。从无人机到手持影像设备，再到机器人教育，大疆始终站在科技发展的潮头，不断推出革新性的产品和解决方案。如今，大疆已经是全球领先的无人飞行器控制系统及无人机解决方案的开发商和制造商，客户遍布全球 100 多个国家和地区。它提供的智能飞控产品不仅在航拍市场独占鳌头，还在工业无人机、专业摄影、应急救援等领域展现了强大的技术优势。

2. 汪滔的无人机梦

1980 年出生于浙江杭州的汪滔，自幼便展现出对航空模型和机械知识的浓厚兴趣。受工程师父亲和教师母亲的影响，汪滔从小就在阅读与航模相关的书籍中遨游，特别是漫画《动脑筋爷爷》中的红色直升机，激发了他创造自动控制直升机的梦想。16 岁时，他获得了梦寐以求的遥控直升机，然而这架飞机并未实现他心中的理想，反而坚定了他自己制造完美飞行器的决心。

汪滔最初就读于华东师范大学电子系，但在大学三年级时，他因不满足于理论学习，选择退学并转入香港科技大学攻读电子与计算机工程学。2005 年，临近毕业的汪滔将遥控直升机飞行控制系统作为毕业设计，虽然在展示时未能成功悬停，只获得了 "C" 的成绩，但他的创新潜力引起了教授李泽湘的注意。李泽湘提倡 "新工科" 教育，主张培养能通过科技创造新事物的人才，因而对动手能力强、敢于创新的汪滔十分欣赏，推荐他继续攻读研究生。

在研究生阶段，汪滔投入全部精力研究飞行控制系统。经过无数次失败后，终于在 2006 年 1 月成功制造出飞行控制系统原型，开启了他通向无人机行业的辉煌之路。汪滔的坚持和天真的梦想，最终改变了全球无人机产业。

3. 危机中的逆袭之路

汪滔在科研之外，还活跃于航模爱好者论坛，推广自己发明的飞行控制系统，意外收获的订单促使他萌生了创业的想法。2006 年初，汪滔带着家里资助的 20 万元和两位同学来到深圳，在舅舅杂志社的库房里创立了大疆。然而，创业初期的困难远超预期。公司设在简陋的民房，导致招聘人才困难。为了吸引人才，汪滔不仅亲自担任导师，还分配股权，尽管如此，2008 年公司仍面临员工流失和内部危机的双重挑战。

关键时刻，汪滔的导师李泽湘伸出援手，带来了资金和人才支持，并邀请哈尔滨工业大学深圳研究生院自动化博士生导师朱晓蕊担任大疆的首席科学家。大疆的技术团队由此步入正轨。2008 年，大疆开发出可让飞机自动悬停的飞控系统，这标志着汪滔梦想的实现。此后，大疆逐步走向盈利。

2013 年，无人机在美国油气站救火事件中的表现，使大疆发现了行业级无人机的潜力。此后，大疆将业务拓展至消防、农业等领域，推出了Phantom 和 Mavic 系列无人机，获得业界瞩目。大疆的产品创新与品牌营销相结合，使其在全球无人机市场占据领先地位。

大疆经历多轮融资后，采用独特的竞价融资方式，进一步巩固了其无人机市场的霸主地位。大疆如今占据全球民用无人机 80% 以上的市场份额。

4. 深圳：大疆崛起的沃土

2006 年，汪滔面临创业选址的关键抉择：是选择金融中心香港，还是制造业重镇深圳。导师李泽湘建议他选择深圳，他认为这里完备的供应链体系更适合初创的无人机制造公司。珠三角地区拥有全球最成熟的模具和零配件生产能力，李泽湘在教学中发现，深圳的机器加工速度比学校设备快 2~3 倍。这一显著差异凸显了深圳的物流和产业链优势。

在深圳华强北，汪滔能迅速找到所有所需的无人机零件，这得益于深圳的碳纤维和传感器产业发展。早期的深圳制造业为钓鱼竿和羽毛球拍提供了原材料，而这些材料与无人机的主体材料相似，形成了共同的供应链基础。同时，深圳的传感器生产因智能手机产业而成熟，帮助大疆无人机实现低成本量产与快速迭代。

李泽湘认为，深圳不仅具备供应链优势，更拥有丰富的人才资源。2007年，大疆遭遇危机，但哈尔滨工业大学深圳研究生院的毕业生为大疆注入新鲜血液。李泽湘的投资也促成了博士生导师朱晓蕊成为大疆首席科学家，奠定了核心技术团队的基础。

深圳政府的支持更是为大疆的发展铺平了道路。2008 年政府的资金扶持使大疆首次搬入宽敞的办公室。通过各种创新创业大赛，深圳不断为科技型企业提供资源支持，助力大疆取得初步成功。

政府的包容性使得企业在试错中成长，形成了良好的创新生态。如今，大疆已成为无人机行业的佼佼者，这与深圳的资源丰富、政策支持密不可分。作为粤港澳大湾区的核心城市，深圳为大疆的国际化发展提供了无数机遇，进一步巩固了其在全球市场的地位。

（三）比亚迪：从电池厂到全球新能源巨头

1. 始于电池，崛起于技术与成本优势

比亚迪靠着强大的技术积累与卓越的成本控制能力迅速崛起，成为全球领先的电池制造商之一。20世纪90年代中期的深圳是中国改革开放的前沿地带，各种商业机会涌现，深圳迅速成为中国制造业的重镇。比亚迪创始人王传福敏锐地发现了当时手机产业的一个巨大商机，尤其是早期"大哥大"手机使用的电池价格昂贵，市场上对更便宜、更高效的电池有着巨大的需求。1994年，王传福在深圳成立了比亚迪科技有限公司。创业初期，比亚迪的规模很小，只有20多名员工，厂房设在布吉的一处冶金大院。

依靠深圳劳动力红利，比亚迪的生产成本比日本厂商低了40%。这种独特的低成本高效生产模式使比亚迪在电池行业中迅速占有一席之地。即使在1997年亚洲金融危机期间，电池价格大幅下跌的情况下，比亚迪反而逆势增长，继续扩大市场份额，逐步成为国际电池市场中的佼佼者。

比亚迪不仅凭借低成本优势崛起，更通过技术积累快速开发出性能与日本电池产品相当、价格却远远低于其竞争对手的锂电池产品。1997年，比亚迪成功开发出新一代锂电池，其价格仅为竞争对手的1/3，这使得比亚迪迅速崛起，成为全球第二大电池制造商，仅次于三洋。2000年，比亚迪成为摩托罗拉在中国的首个锂离子电池供应商，随后在2002年赢得了诺基亚的青睐，成为其在中国市场的电池供应商。

2002年，比亚迪成功在香港上市，创下当时H股最高发行价的纪录。比亚迪的电池产品逐步进入全球市场，成为许多国际知名手机厂商的主要电池供应商。凭借成本控制和技术研发的双重优势，比亚迪迅速从一家小规模工厂转型为全球电池巨头，也奠定了其未来发展的坚实基础。

2. 大胆进军新能源汽车领域

在电池业务成功的基础上，王传福带领比亚迪果断进军汽车行业，尤其是新能源汽车领域。

2003年，王传福大胆迈出了进军汽车行业的第一步，成立了汽车研发部门。同年，比亚迪收购了西安秦川汽车公司77%的股权，获得了生产汽车的资质，这为比亚迪进入汽车制造领域铺平了道路。然而，进入汽车行业的第一天，资本市场并不看好这家以电池起家的公司，公司的股价一度下跌了 20%，股东们对王传福的这一举动表示担忧甚至反对。但面对质疑，王传福并没有退缩。他认为，汽车电动化的趋势不可阻挡，而比亚迪拥有在电池领域的技术积累和成本优势，能够在新能源汽车领域占据一席之地。

比亚迪进军汽车行业的初期并非一帆风顺。2004 年，比亚迪在北京车展上首次展示了三款新能源汽车。然而，当时的市场对新能源汽车的接受度极低，甚至"新能源汽车"这个词语也尚未在公众中普及。比亚迪的新能源汽车在当时燃油车占据绝对主导地位的汽车市场中显得"孤军奋战"，未能引起广泛关注。

比亚迪的转折点出现在 2006 年。当年，比亚迪推出了 F3 车型，这款车的销量迅速攀升，成为中国自主汽车品牌中脱颖而出的代表车型。F3 的成功不仅仅在于其低价竞争策略，更因为它通过"逆向开发"，将丰田花冠的设计进行改造，以更高的配置、更具性价比的价格成功吸引了消费者。2007 年，F3 月销量突破 10000 辆，成为中国汽车市场上首个进入"万辆俱乐部"的自主汽车品牌车型。

虽然早期的新能源汽车未能在市场上引起巨大反响，但比亚迪从未停止在这一领域的投入和研发。2008 年，比亚迪推出了全球首款不依赖专业充电站的双模电动车 F3DM，继续向新能源汽车领域迈进。尽管这款车的市场表现不如预期，但比亚迪已经确立了其在新能源技术领域的领先地位。此后，比亚迪加大了对新能源技术的投入，逐步在电动车市场上积累了更多的技术优势。

3. 技术创新推动市场突破

比亚迪的发展不仅依赖于大胆的战略选择，更重要的是其对技术创新的持续投入和追求。2012 年，比亚迪凭借推出的混合动力车型"秦"，在国内新能源汽车市场迅速崛起。比亚迪"秦"的成功标志着其在新能源汽车赛道上实现了厚积薄发，这不仅是销量上的突破，更是比亚迪在新能源技术上逐步成熟的体现。

比亚迪的技术创新一直是其在市场中脱颖而出的关键因素。2013 年，"秦"搭载了第二代 DM 双模技术，既可以通过充电实现纯电动模式，又能够切换到混合动力模式，这一技术的创新大幅提升了比亚迪新能源汽车的实用性和市场竞争力。在此之前，国内 A 级燃油车市场几乎被合资品牌垄断，而"秦"的出现打破了这一局面，成为我国自主品牌在新能源汽车领域的重要突破。

比亚迪不仅在技术上实现了进步，还通过设计上的创新，进一步提升了品牌的市场竞争力。2016 年，比亚迪聘请前奥迪设计部门负责人沃尔夫冈·约瑟夫·艾格加入公司，担任全球设计总监。艾格为比亚迪引入了全新的"龙脸（Dragon Face）"家族式设计风格，将中国传统文化中的龙元素与现代汽车设计理念相结合，让比亚迪的汽车外观焕然一新。这一设计语言不仅让比亚迪摆脱了早期模仿争议，更赋予其独特的品牌识别度，迅速赢得了消费者的青睐。

此外，比亚迪也在国际市场上崭露头角。2018 年，比亚迪新能源汽车销量首次突破 20 万辆，稳居中国市场头把交椅的同时，也成功进入了挪威、德国、日本、泰国等多个国家市场。比亚迪通过不断创新的产品和技术输出，展示了中国品牌在全球新能源汽车领域的竞争力。

2019 年，随着特斯拉在上海建厂并投产，比亚迪作为国内新能源汽车领头羊并未退缩，而是加速了自己的进化步伐。比亚迪在 2020 年初推出了具有划时代意义的刀片电池技术，这一电池凭借安全性与续航里程的平衡，迅速成为市场中的热门产品。与此同时，比亚迪的多款新车型也在这一时期密集发布，这标志着比亚迪进入了技术创新和市场拓展的快车道。

4. 深圳：比亚迪崛起的摇篮

比亚迪的崛起不仅依赖于其在技术积累和市场拓展上的努力，还得益于深圳市政府对新能源汽车领域的大力支持。作为比亚迪的总部所在地，深圳提供了优越的产业发展环境，尤其是政策上的倾斜，显著助力了比亚迪在新能源汽车市场的快速成长。

自 2012 年中国政府明确提出新能源汽车产业化发展战略以来，深圳市作为首批推广新能源汽车的试点城市，积极响应国家号召。早在 2011 年，深圳便开始逐步推广新能源汽车，并为比亚迪提供了首批订单。这些订单不仅帮助比亚迪建立了稳固的国内市场，大量的使用反馈，还为其技术优化和成本控制积累了宝贵的经验。

深圳市的电动公交项目是比亚迪获得政策支持的一个经典案例。

2011 年，深圳启动电动公交项目，计划到 2015 年实现公交系统的全面电动化。比亚迪成为这一项目的核心合作方，提供了大批电动公交车，成为深圳公共交通体系电动化进程中的中坚力量。

在新能源汽车领域，深圳政府通过各类政策和补贴，大力扶持比亚迪发展。2009 年启动的"十城千辆"工程，以及 2011 年深圳市大运会期间新能源汽车的推广，进一步推动了比亚迪的市场拓展。

比亚迪首款自主研发的纯电动汽车 E6 于 2012 年面世，深圳市政府率先采用 E6 作为公务用车，不久后，深圳的出租车车型也逐步更换为比亚迪 E6。这不仅提升了比亚迪的品牌影响力，还加速了新能源汽车在深圳的普及。

在深圳市政府的帮助下，比亚迪不仅实现了从传统电池制造商到新能源汽车领跑者的成功转型，也成为全球新能源汽车市场的领军者。深圳的政策环境和市场机会，无疑是比亚迪腾飞的关键因素之一。

（四）中集集团：跨国制造业巨头的崛起

1. 中集集团的起源与发展

中国国际海运集装箱（集团）股份有限公司（简称"中集集团"）成立于 1980 年，总部位于深圳，是全球领先的物流与能源装备供应商。作为中国改革开放的先锋项目，中集集团的创立不仅是国家引进外资的成功案例，也是推动中国制造业现代化的重要一环。

中集集团的成立是我国早期中外合资模式的范例。该公司由招商局轮船股份有限公司与丹麦宝隆洋行合资成立，初期引进丹麦技术生产 20 英尺国际标准集装箱。这一外资背景和管理经验，为中集集团的国际化和市场化奠定了基础。公司致力于在集装箱、道路运输车辆、能源化工与食品装备、海洋工程、重型卡车、物流服务等多个领域提供高品质、可信赖的装备与服务。

随着时间的推移，中集集团的业务不断扩展，逐渐形成多元化的产业布局。中集集团在全球设有 300 余家成员企业和 3 家上市公司，客户网络覆盖超过 100 个国家和地区。2022 年，6 万名员工共同创造了约 1415 亿元的销售业绩，净利润约 46 亿元。这一成就的背后，是公司对技术创新和管理效率的长期追求，使其迅速崛起为多个行业的领导者。

中集集团在资金管理方面也表现出色，设立了财务公司和融资租赁公司，以支持各项业务的发展。这些举措使中集集团能够在全球市场中保持竞争优势，不断推进业务的可持续增长。

2. 开创改革的蛇口工业区

中集集团的成功与创始人袁庚以及蛇口工业区的创建密不可分。1976年底，交通部的考察让袁庚意识到中国在造船技术上与国际先进水平的差距，进而提出建设集装箱码头和生产集装箱的想法。1978年，袁庚被任命为香港招商局常务副董事长，负责设立蛇口工业区，以实现这一目标。

蛇口工业区于1979年正式成立，袁庚为其引进外资制定了"三个为主、五不引进"的原则，以确保工业区的健康发展。在这一政策指导下，招商局决定在蛇口引进丹麦先进的集装箱项目。1980年中集集团正式成立，初期投资300万美元。初期的成功运作为中集集团日后的快速发展奠定了基础。

袁庚将中集集团视为蛇口工业区的重要项目，中集集团作为深圳第一家"国字号"企业，得到了中央政府的关注和支持。这一时期的努力，不仅推动了中集集团的发展，也为深圳地区的工业化发展提供了范本，成为改革开放初期的一次成功实践。

3. 承接国家战略，发展海洋产业

近年来，随着中国海洋产业的迅速崛起，中集集团积极响应国家战略，深入布局海洋工程装备领域。2017年，中集海洋工程有限公司研发的"蓝鲸1号"钻井平台在南海成功试采可燃冰，创造了多个世界纪录。这一成就不仅展示了中集集团在深海开发技术上的重大突破，也标志着其在海洋工程领域的强大实力。

中集集团的业务不限于海洋能源装备的研发，还积极拓展至深海养殖和海洋旅游等领域。公司自主设计并建造了多座海洋牧场平台，包括我国首个座底式深水网箱"长鲸一号"，以及全球最大三文鱼养殖工船等。这些创新举措使得中集集团逐步实现了"大海洋"战略的全面覆盖，努力形成了一个完整的产业链布局。

根据《深圳市海洋经济发展"十四五"规划》，到2025年，深圳的海洋产值预计将达到4000亿元，占全市GDP约10%。这一目标不仅体现了深圳对海洋经济的重视，也预示着其将成为全球海洋中心城市，引领海洋经济的新潮流。

海工装备领域是高端装备制造业的试金石，面临着技术挑战、资金投入及激烈的国际竞争。然而，对中集集团而言，这一充满挑战的领域具有更深远的意义。它不仅关乎企业的未来发展，更是国家制造业转型升级的重要一环。通过不断创新与投资，中集集团将继续在海洋产业中发挥重要作用，为中国实现海洋强国目标贡献力量。

4. 中集集团与深圳的互利共生

中集集团与深圳的关系是相互促进、共同发展的典范。作为深圳的重要企业，中集集团承载了这座城市发展的历史记忆与进取精神，见证了深圳从小渔村到国际化大都市的转变历程。中集集团在现代物流产业的发展中发挥了重要作用，为深圳形成以海空港为龙头的现代物流发展格局作出了贡献。

2023年，深圳被认定为国家物流枢纽，这标志着深圳在全球物流中心建设中的地位进一步提升。中集集团作为这一进程的重要参与者，将继续与深圳共同推进现代化国际大都市的建设，促进区域经济的发展。

中集集团的成功不仅是企业自身的成就，更是深圳改革开放精神的体现。未来，中集集团将继续致力于技术创新与市场拓展，为深圳和中国的经济发展作出更大贡献。企业与城市的共同繁荣，将为中国的经济转型和高质量发展注入新动力。

第六章 深圳制造业高质量发展蓝图

一 推进制造业高质量发展的思路

(一) 夯实制造业高质量发展创新之基

1. 人才是创新的根基

创新的关键在于人才。尽管深圳已出台一系列政策吸引国内外创新人才，但由于缺乏大型科研平台与载体，加之新兴产业发展对应用型人才需求的激增，高端人才供给仍难以满足科技创新的需求。

构建"引得进、留得住、用得好"的人才生态是制造业高质量发展的首要任务。深圳推动本土高等教育体系创新改革，支持深圳大学、南方科技大学等高校瞄准世界一流，推进"双一流"建设。

2. 创新制度供给，促进产学研用融通

深圳的科技创新优势与特色在于其与产业的紧密结合，培育出了一批世界一流的高科技产业。深圳的成功科技企业并非始于理想化的技术成果转化，而是以市场需求为导向，首先打造出能够赢得市场的产品，以确保企业的生存。之后，通过产学研合作，企业精准引入适宜技术，不断提升产品性能与品质，实现稳健发展。这种务实的创新模式，使深圳企业始终与市场脉搏共振，而不仅仅是追逐前沿科技。

1987年，深圳出台《深圳市人民政府关于鼓励科技人员兴办民间科技企业的暂行规定》，掀起了科技人才创业的热潮。1993年，深圳面对中外合资企业中无形资产评估的难题，创立了全国首个无形资产评估事务所并制定了相关管理办法，开创了一个全新行业。1994年，深圳市科技局发布《深圳市技术入股暂行规定》和《深圳市技术分红暂行规定》，打通了无形资产入股的堵点，促进了民间科技企业的新一轮繁荣。以中兴通讯和迈瑞为代表的民营企业在1995年崭露头角，引发社会的强烈反响。面对"国有资产流失"的质疑,深圳市科技局巧妙运用立法建议手段,推动《深圳经济特区企业技术秘密保护条例》出台,有效保护了民营科技企业的合法权益。

1999 年,为破解技术供给瓶颈,深圳创办了高交会,集技术交易、产品展示与创业投资于一体,颠覆了传统技术市场模式,搭建了高科技产业资源整合的重要平台。深圳的创新历程表明,其成功并未受到传统"唯技术论"观念的制约。自改革开放以来,深圳的创新成功并非单纯的技术胜利,而是在市场化进程中,通过制度创新扫清体制机制障碍,激发企业家的创新激情,鼓励企业自行解决技术问题或通过产学研合作实现高效创新。

3. 创新引擎:新质生产力

2023 年 9 月,习近平总书记在黑龙江考察时提出了"新质生产力"的概念,强调要加快新质生产力的形成,增强发展新动能。新质生产力不仅具备高科技、高效能、高质量等特征,更重要的是其创新性是先进生产力的真实体现。

深圳的"20+8"产业集群与新质生产力相得益彰。这些产业集群中的很多产业都是未来的新兴领域。2024 年 3 月,深圳"20+8"产业集群升级至 2.0 版本,新增了低空经济与空天产业集群,为深圳制造业的高质量发展奠定了坚实基础。

未来,深圳的基础设施建设和规则机制的融合发展都将提速。发展新质生产力并非要忽视或放弃传统产业,而是要避免盲目跟风和产业泡沫化,不要陷入单一模式的误区。培育新质生产力需要在智能化、数字化、绿色化等方面发力。深圳对于未来发展的谨慎思考,正体现在对发展新质生产力的选择与取舍上。

(二)制造业领军人才培育:匠心铸造深圳"智"造

自 2014 年起,中国开始加大对技能型人才的培养力度。2019 年,多个国家部门联合制定了《国家产教融合建设试点实施方案》,推动了技能型人才资源的结构性改革。同时,国务院办公厅发布了《职业技能提升行动方案(2019—2021 年)》,旨在到 2021 年底将技能劳动者占就业人员总量的比例提升至 25%以上,高技能人才占比提升至 30%以上。

1. 观念更新：解构学历偏见

深圳作为中国特色社会主义先行示范区，亟须在职业教育领域进行观念革新，摒弃学历至上的社会观念。应深化教育体制改革，倡导职业教育与普通教育并重。二者之间应建立起相互尊重与平等互动的关系。职业教育体系的革新，使之兼具优质技术技能培训与升学深造的双重功能，拓宽学生的学历晋升空间。

积极塑造正面的社会舆论环境。政府、媒体及社会各方力量应携手共进，大力弘扬职业技能教育的社会价值和重要意义，树立全新的教育观和人才观。

深圳应积极推动职业院校与企业的深度融合。鼓励双方建立长效合作机制，深圳企业界也需与时俱进，调整用人观念和评价体系，在招聘录用、职位晋升等环节，不仅考量应聘者的学历背景，更要重视其实际技能、工作经验和技术资质。

强化法治保障同样关键。深圳应通过完善相关法律法规，严格禁止任何形式的就业歧视行为，确保包括专科毕业生在内的各类毕业生享有平等的就业权，从法律层面消除对技能型人才的歧视，营造一个公平、开放和包容的就业市场环境。

2. 提升待遇：畅通职业晋升通道

深圳在打造制造业领军技能型人才队伍时，亟须改变现状，关键在于疏通职业晋升路径，大幅提升制造业人才待遇。

一方面，深圳通过改革职业技能等级认定体系，对在生产一线展现出卓越技艺、显著业绩，特别是在攻克重大工艺技术难关方面作出突出贡献的高技能人才，应打破常规，允许其突破原有职级晋升限制，快速晋升等级。

另一方面，从经济待遇角度出发，深圳需要制定和实施一系列旨在提高制造业高技能人才收入水平的政策，力求显著缩小与其他高收入行业的待遇差距，以此激励更多人才积极投身制造业的发展浪潮。鼓励企业建立以绩效为导向的薪酬体系，对那些在技术创新、技术改造等方面取得重大突破的领军人才，企业不仅应提高其基本薪酬，还可从科技成果产业化收益中提取一定比例，采用奖金、股权激励等方式对其进行额外奖励，从而实现真正的"按劳分配、优绩优酬"。

3. 职业教育改革：启航中国制造的未来

教育部、人力资源和社会保障部、工业和信息化部联合印发的《制造业人才发展规划指南》指出，中国制造业 10 大重点领域 2025 年将接近3000 万人，缺口率高达 48%，而且随着企业自动化程度不断提升，对技能人才的要求也越来越高。[1]

"20+8" 产业集群作为深圳经济高质量发展的重要引擎，在制造业转型升级方面，急需大量的制造业领军技能型人才。

德国的职业教育体系以其双元制模式著称，即企业和职业教育学院共同承担培训责任。在这个模式下，学生与企业签订合同，其中 70% 的时间用于实际工作，30% 的时间用于学校学习，而学校不收取学费。

双元制模式下，学生在企业和学校之间交替学习，兼顾理论与实践，课程设置合理，60% 的时间用于专业课程教育，40% 的时间用于通识教育。德国的企业中有 2/3 的人员都接受过双元制的职业技能培训，员工的实践技能与其所学的理论充分融合。[2]

与德国的双元制职业教育相比，国内的职业教育更多地被视为一种社会的兜底教育，认同度相对较低，尤其是在高等教育扩招之后，这种情况更加显著。

探索"深圳模式"的职业教育，加强对制造业领军"新工匠"的培养，促进深圳制造业高质量发展。

（三）综合优势凝练：构建全方位的竞争壁垒

1. 用好大市场

2024 年 3 月，新华社发表了一系列题为《中国大市场观察》的文章。这些报道揭示了一些令人惊叹的事实：肯德基中国门店数量已超过美国本土门店数量，九成以上的智利车厘子销往中国，苹果公司超过 3/4 的主要供应商在中国，中国数字支付规模占全球总规模近一半。[3]

---

[1] 姚凯：《不断强化制造强国的人才支撑》，中华网，http://www.china.com/opinion/think/2023-03/27/content_85193522.html。

[2] 《民银智库：德国与日本职业教育模式的启示与借鉴》，雪球网，https://xueqiu.com/9008778237/136353444。

[3] 《中国大市场观察》，新华网，http://www.news.cn/fortune/20240302/a35bb719e2b241d-89f468ef60e64e369/c.html。

在中国市场，每天都发生着惊人的变化。平均每天有超过 2.7 万家企业诞生，超过 8 万辆汽车下线，超过 350 亿元的商品在网上售出，超过 3 亿个包裹被快递送出。单从物流数据来看，2023 年我国快递业务量已达 1300 多亿件，约占全球快递总量的六成以上。这个巨大的市场潜力无限。①

中国市场的韧性更是令人瞩目。我们拥有 41 个工业大类、207 个工业中类、666 个工业小类，成为唯一拥有联合国产业分类中全部工业门类的国家。制造业增加值占全球的比重约 30%，我们还拥有全球最大的高速铁路网、高速公路网以及世界级的港口群。②

这个市场充满了活力。我们拥有全球最大的银行体系，外汇储备居世界第一位。超过 1.8 亿户经营主体，拥有专业技能或受过高等教育的人才超过 1.7 亿人。③

2023 年中国国内生产总值超过 126 万亿元，同比增长 5.2%，中国仍然是全球增长的主要引擎。从需求潜力来看，我们已经构建起全球最大、最具潜力的市场。④ 因此，培育深圳制造业高质量发展的综合竞争优势，首先应善用我们的大市场。

2. 深圳：制度创新的摇篮

深圳，不仅以"深圳速度"著称，还以其独特的"深圳经验"为人津津乐道。深圳经验在于打造了市场化、法治化、国际化的营商环境。这一经验的积累贯穿了深圳 40 多年的改革开放历程。

在过去的 40 多年里，深圳通过改革，成功地将原本由计划主导的国家工业化转变为市场主导的工业化。这一转变推动了市场竞争，激发了企业活力；同时，深圳通过开放，将自身融入了全球经济体系，加速了产业结构升级，实现了经济的快速增长。2018 年，华为创始人任正非在接受新华网采访时也指出，深圳市政府之所以改革成功，在于政府基本不干预企业

---

① 《中国大市场观察》，新华网，http：//www.news.cn/fortune/20240302/a35bb719e2b241d-89f468ef60e64e369/c.html。

② 《中国大市场观察》，新华网，http：//www.news.cn/fortune/20240302/a35bb719e2b241d-89f468ef60e64e369/c.html。

③ 《中国大市场观察》，新华网，http：//www.news.cn/fortune/20240302/a35bb719e2b241d-89f468ef60e64e369/c.html。

④ 《2023 年全年国内生产总值同比增长 5.2%》，中国政府网，https：//www.gov.cn/yaowen/liebiao/202401/content_6926714.htm。

的具体运作。他认为，法治化和市场化是非常重要的，政府只需建好这两个方面的"堤坝"，因为政府手中的市场信息不可能比像华为这样的大企业更充分。①

国际化是增强制造业竞争力、推动转型升级的重要途径。深圳被誉为"中国硅谷"，但其国际化水平仍有待提升。当前，国际人才竞争已进入"白热化"阶段，吸引国际人才成为亟待解决的问题。为此，深圳一方面需要在人才政策上"松绑"，加大开放力度，例如通过"技术移民"等措施吸引优秀科技人才；另一方面需要提供更多的配套服务，如为国际人才解决子女教育、住房等问题，以确保国际人才留得住。

深圳一直是改革的"试验场"。作为中国的经济特区，深圳尝试了许多改革措施。这些经验不仅对中国其他地区具有借鉴意义，也对其他国家的发展提供了有益启示。

3. 凡工商发达之地，必是文化兴盛之邦

英国城市学家迪耶·萨迪奇曾言："只有能够吸引人们前往的时候，一座城市才可能兴盛。人们来到这座城市，不是因为不得不去，而是因为他们渴望去到那里。"②

中国社会科学网曾发表文章《深圳移民文化的张力与超越》，其中提到深圳以移民迁出地的文化划分，岭南文化占据了超过40%的比例，而楚湘、巴蜀、桂系、赣、中原、云贵、徽、三秦、闽南等文化也在这里相互融合。③

深圳，作为一个年轻的城市，在改革开放的大潮中崛起。很多深圳人都是外来移民，这一特点成为深圳最独特的优势。改革开放以来，深圳一直被视为最具前沿性的地方，吸引了大批怀揣梦想的年轻人。

同样，深圳的发展史也是一部由移民书写的城市史诗。1979年，宝安县更名为深圳，彼时人口仅约35万人。至2023年，深圳常住人口已增至1766.18万人。这座城市的大部分居民都是外来移民，这是深圳区别于其他

---

① 《"28年只对准一个城墙口冲锋"——与任正非面对面》，新华网，http：//www.xinhuanet.com//politics/2016-05/09/c_1118830653.htm。
② 〔英〕迪耶·萨迪奇：《城市的语言》，张孝铎译，东方出版社，2020。
③ 《深圳移民文化的张力与超越》，中国社会科学网，https：//www.cssn.cn/ztzl/jzz/rwln/wh/tswh/202209/t20220923_5541357.shtml。

城市的最大优势。他们乘改革开放的春风而来，是时代潮流的感知者与塑造者，怀抱理想，勇闯未来。①

20世纪80年代，深圳人的平均年龄仅为23岁，而至2023年，这一数字虽增至32.5岁，但深圳依旧保持着青春活力。②

深圳人如同"生于他乡来此寻找目标的人"，他们为城市带来了勃勃生机与无限可能。移民文化，无疑是深圳最宝贵的财富。它塑造了深圳的包容气质，激发了深圳的创新活力，也铸就了深圳制造业在全球竞争中的独特优势。

二 发展策略

（一）开放导向策略

深圳是一个充满活力、充满创新的城市，开放已经成为深圳的一个重要特征。开放，如同刻在深圳这座城市的基因之中，是推动制造业高质量发展的关键因素。③

1. 制度型开放

深圳是我国经济活力最强、开放度最高的城市之一。2023年深圳进出口总额为3.87万亿元、同比增长5.9%，其中出口额同比增长12.5%，总量连续31年位居内地城市首位。2023年深圳GDP实现3.46万亿元，若把进出口总额与GDP进行对比，深圳的外贸依存度接近112%，远高于全国31.8%的平均水平，深圳是我国外向度最高的区域之一。④

深圳在制度型开放实践上拥有丰富的应用场景和坚实基础。这得益于其庞大的经济规模和良好的产业结构。这片沃土孕育了一批具有世界级影响力的领军企业，诸如华为、比亚迪、腾讯、中国平安、招商银行、大疆等，它们在各自领域内展现出强大的创新能力与国际市场竞争力。

---

① 《人口·深圳概览》，深圳市人民政府新闻办公室官网，https：//www.sz.gov.cn/cn/zjsz/gl/content/post_11411604.html。
② 《深圳人依然"年轻"》，深圳市卫生健康委员会官网，https：//wjw.sz.gov.cn/ztzl/szjmjkbps/jdhxyd/content/post_9952800.html。
③ 《综研观察｜从"全球侧看深圳"——以制度型开放为重点，聚焦打造具有全球影响力的经济中心城市》，腾讯网，https：//mp.weixin.qq.com/s/Tkg8EngHpdkke8E0qHIl_A。
④ 《2023年进出口3.87万亿元 深圳实现外贸出口31连冠》，广东省人民政府官网，https：//www.gd.gov.cn/hdjl/hygq/content/post_4335559.html。

深圳有能力在制度型开放的道路上先行探索，打造一个有利于制造业高质量发展的制度环境。

2."香港+"

香港，作为高度国际化的都市，其法律服务、国际仲裁、港口管理、消费者权益保护等领域，皆孕育出被国际社会广泛接纳和赞许的规则与标准。这些"软件"优势，不仅构成了香港的竞争力基石，更是中国下一发展阶段亟须汲取的宝贵经验。

在此背景下，"深圳+香港"的深度合作模式应运而生，旨在充分发挥双方优势，共同应对国际竞争。

深圳，紧邻香港，拥有得天独厚的地缘优势。它将借鉴香港在互联互通、基础设施建设和商业环境等方面的国际化经验，尤其是在金融、科技创新、人才培养等关键领域，通过"就高不就低"、双向互认、单向认可等灵活机制，与香港实现规则与机制的深度融合。

"香港+"理念，旨在系统梳理并借鉴香港、澳门的成熟规则体系，结合深圳实际需求进行创新性融合。比如，深圳可引入香港尚待完善的新能源、互联网等领域的规则，实现与国际高标准规则的精准对接。

3.人才国际化

深圳目前虽"移民众多"，却"国际化不足"，尤其是知识型人才的国际化水平偏低，这主要是因为移民群体的同质化现象以及劳动力市场国际化机制的不完善。

根据科尔尼管理咨询公司2020年的全球调查，深圳在商业活动、人力资源、信息交换、文化体验、政治参与五项国际化指标上的综合排名仅为第75位，明显落后于北京（第5位）、香港（第6位）、上海（第12位）和广州（第63位）。尽管深圳在外贸总额及其占GDP比重上表现出色，长期居于全国前列，但其国际化程度并未与其经济开放度同步。[①]

深圳，这座因改革而崛起、因改革而繁荣的城市，其开放的姿态使其顺利融入全球经济体系。然而，当前深圳的国际化步伐并未能与开放的步伐保持同步。

---

① 《立足全球看深圳在全球城市网络中的定位》，科尔尼管理咨询公众号，https：//mp.weixin.qq.com/s/-4MBO2ZHhGBnJtExiFdR1g。

面对这一挑战，深圳必须坚守改革初心，矢志不渝地推进人才国际化战略，通过构建科学完备的国际人才引进制度，为这座城市的未来发展注入澎湃动力。

（二）创新导向策略

1. 创新生态系统

人才是创新驱动与制造业升级的核心驱动力。美国通过优先开发和汇聚全球精英，确立了持久的全球创新领导地位。深圳在高层次制造业人才引进方面面临激烈的国际竞争，需挖掘潜力，弥补短板，以吸引更多高质量人才赋能制造业升级。相较于新加坡广泛的海外人才网络布局，深圳目前仅在美国洛杉矶、比利时布鲁塞尔、日本东京和澳大利亚悉尼设有 4 个海外人才联络处，而新加坡已在全球设立 8 个类似机构，有效招揽全球英才。深圳亟须拓宽高层次及国际化人才引进渠道，提升全球人才资源配置能力，为制造业的高质量发展提供更强有力的智力支持。

资金是创新生态系统的血液。充足且合理的资金流动可以激活整个创新链条，从基础研究、技术研发，到成果转化、市场推广，乃至规模化生产，每一个环节都离不开资金的有效供给与支持。目前，深圳基础研究经费占研发经费比重仅刚刚超过 3%。深圳亟须加大政府基础研究投入，引导企业加大基础研究工作，优化基础研究经费投入结构，探索政企共同参与基础科学研究的模式、方法、路径。

科技中介服务是创新生态系统的重要催化器，深圳科技服务业的空间布局失衡，对其优化势在必行。深圳科技中介服务机构规模普遍偏小，且网络协作机制尚不健全，导致规模经济有限。业务定位不明晰、机构种类不够多样，反映出业态层次还需深化。人才短板明显，尤其是缺乏高水平的专业科技中介服务人员，这些都是行业发展瓶颈。因此，深圳迫切需要构建社会化、市场化、专业化、国际化的科技中介服务体系，推动制造业向技术密集型和知识密集型方向转型升级。

2. 中小企业：创新的蚂蚁雄兵

在中国经济版图中，中小企业扮演着举足轻重的角色，它们展现出强大的生命力和社会价值——它们贡献了全国超过一半的税收，创造了六成以上的 GDP，孕育了七成以上的技术创新成果，承担了八成以上的城镇就业重任，数量占到了企业总数的九成以上。这些有力地证明了中小企业不仅是经济增长的重要支柱，更是驱动创新和技术革新的主力军。深圳须坚定立场，矢志不渝地推动中小企业创新发展。

首先，建立健全并优化服务中小企业的法律法规体系，营造公正平等的竞争环境，简化市场准入程序，加强知识产权保护，合理设计税收优惠政策，建立高效公正的纠纷解决机制。

其次，设立国家级或省级专门服务中小企业的机构至关重要。这类机构应致力于提供全方位、专业化的政策指引、信息服务、技术援助、培训咨询等，为中小企业的发展保驾护航。

再次，加大对中小企业的资金扶持力度。通过设立专项发展基金、提供贷款担保、实行税收减免、资助研发创新等多种金融支持措施，撬动更多社会资本投入中小企业，切实解决其融资难、融资贵的问题，为中小企业源源不断输送"血液"。

最后，推动中小企业科技进步与技术转移。建立技术转移服务平台，深化产学研一体化，加速科技成果向中小企业的转移和产业化应用，同时激励大型企业和科研机构向中小企业开放先进技术，对其技术转让并提供咨询服务，使中小企业在技术迭代的浪潮中增强市场竞争力和适应性变革。

（三）产业导向策略

1. 深圳"20+8"产业集群2.0版

深圳"20+8"产业集群是深圳市政府制定的战略规划，旨在推动产业结构升级和经济发展转型。该战略明确了20个主导产业和8个战略性新兴产业，以引领深圳未来的发展方向。

借助改革开放的东风，珠三角地区，包括深圳在内，蓬勃发展起来，其产业具有明显的"外循环"特征。建立"20+8"产业集群有助于推动深圳更多地聚焦基础研究，促进"原创技术"的蓬勃发展。

深圳经历了全面应用产业发展阶段，践行了"什么都做、什么都有"的理念，也因此成为世界制造业中心之一。今后，深圳更需要升级产业，专注发展拥有"原创技术"的先进制造业和高端制造业。

目前，深圳大多数产业处于世界第二梯队，"20+8"产业集群建设将对深圳制造业整体升级发挥积极作用。深圳不仅是推动城市产业发展的引领者，更应成为我国制造业发展的领航者。

纽约湾区、东京湾区等地都高度重视培育和壮大产业集群。只有通过集群化的产业发展，各个产业链之间才能够实现互相配合、高效分工，才能提升产业和经济的韧性。集群化产业还能带来规模效应，从而保证经济的多元化发展。这种集聚效应不仅有助于促进技术创新和资源优化配置，还能吸引更多的人才和投资，促进整个地区的经济繁荣。因此，培育和发展产业集群已成为许多国际大都市的重要战略之一。

在"20+8"产业集群政策落实过程中，政府要做好"搭台者"角色。坚持企业和市场的主体地位，降低企业创新和发展的成本，促进产业集聚和创新合作，刺激挖掘市场活力与发展潜力。同时，政府还应加强监管，确保市场秩序的公平和稳定，保障企业参与的公平性和获得感。

2. "四链融合"和新质生产力

近年来，深圳将"四链融合"视为创新驱动发展的核心，即创新链、产业链、资金链和人才链在市场机制下相互作用，有效配置各类要素，实现科技、产业、金融和人才的协同发展。

深圳拥有众多龙头企业，但其创新生态中尚未充分实现创新链、产业链、资金链和人才链的深度融合。硅谷之所以成为全球科技创新的中心之一，部分原因就在于其成功实现了四链融合。四链融合是加速推进制造业高质量发展的关键一招。

3. 产业标准：制造业高质量发展话语权

深圳在面对新一轮科技革命的历史机遇时，标准体系的建设成为决定其在全球产业链中获得更大话语权的重要一步。

一方面，完善标准体系，构建深圳优势产业协作的统一标准。积极推进标准管理体制创新，简化标准的制定和修订流程，并建立健全科技成果快速转化为技术标准的政策与机制，加大技术标准创新基地的建设力度，确保新技术能迅速转化为生产力并得以广泛应用。

另一方面，聚焦"20+8"产业集群建设，持续在优势领域内构建先进的标准体系，大力推行"深圳标准"认证，以此驱动企业追求更高质量的发展标准。积极探索"技术研发—专利申请—专利标准化—标准国际化"的协同发展路径。

（四）区域发展导向

1. 粤港澳大湾区

深圳是粤港澳大湾区四大中心城市之一，作为区域发展的核心引擎，应增强对周边区域发展的辐射带动效应；发挥作为经济特区、全国性经济中心和国家创新型城市的引领作用，加快建成现代化、国际化城市，成为具有世界影响力的创新创意之都。

2. 深圳都市圈

深圳都市圈位于粤港澳大湾区东部，包括东江流域内的多个城市。其在2022年的地区生产总值约为4.9万亿元，在全国和广东省的占比达4.05%和37.96%。人均GDP达14.3万元，经济密度约3亿元/平方公里。[①]

培育深圳都市圈不仅是推动城市群高质量发展的关键手段，也是制造业高质量发展的重要机遇所在。

首先，深圳都市圈作为粤港澳大湾区的重要组成部分，肩负着区域经济发展的重要使命。通过深圳都市圈的整体规划和发展，可以实现资源的优化配置、产业的互补发展，进一步提升整个区域的竞争力和影响力。

其次，深圳都市圈汇聚了丰富的人才资源、科技创新基础和产业优势，为制造业发展提供了良好的环境和广阔的市场空间。深圳都市圈内各城市的协同发展，可以加强产业链条的完善，提高制造业的技术水平和附加值，推动制造业向高端化、智能化和绿色化方向发展。因此，培育深圳都市圈不仅有利于城市群的整体发展，也将为制造业的高质量发展提供重要支撑和动力。

3. 20大先进制造业园区

对于寸土寸金的深圳来说，优化产业空间是稳住制造业的"金字招牌"。2022年6月6日，深圳市发布了《深圳市20大先进制造业园区空间布局规划》。这个规划明确了20个先进制造业园区的空间布局，总面积约300平方公里。每个园区都有自己独特的产业定位和资源优势，以实现错位协同发展为目标。

---

① 《最新最全最干货！深圳都市圈十问十答来了》，广东省人民政府官网，https：//www.gd.gov.cn/zwgk/zcjd/mtjd/content/post_4303647.html。

4. 香港北部都会区

2021年10月6日，时任香港特别行政区行政长官林郑月娥在《施政报告》中宣布了香港将在北部打造一个300平方公里的都会区，并与深圳合作，构建"双城三圈"战略布局。

深港科技创新协同机制是关键。深港两地建立联合决策与执行、共同投入、共享收益的机制，以推动产业、科创、交通、人才、生态、平台等领域的实质性进展，并打破要素流动的障碍。

科创产业是北部都会区发展的重中之重。促进深圳先进制造业园区与香港科学园等的合作，将深圳先进制造产业链延伸至北部都会区，支持其先进制造产业、高端制造产业的发展。这种合作将促进技术创新的跨境流动，加速科技成果的转化和应用。同时，北部都会区将形成一个创新生态系统，为企业提供更广阔的创新平台和资源，推动整个区域的科技创新和产业升级。

充分发挥香港金融服务的优势。在深圳前海、福田、罗湖和南山等区，应建立现代服务业体系试点，包括金融服务、生产性服务和商业商务等，以进一步推动制造业集群、科技创新平台和现代服务中心之间的合作。通过区域协同发展和明确产业布局，实现产业体系的深度融合，从而推动整个价值链的发展。

（五）制造业与服务业融合发展战略

随着产业分工细化和规模经济的发展，生产性服务业不断从企业内部分离和独立出来。生产性服务业在产品生产和服务提供过程中扮演重要角色，是现代服务业的重要组成部分，尤其是科技服务业在推动制造业高质量发展中发挥着催化剂的作用。

2016年和2020年，工业和信息化部联合相关部门分别出台了《发展服务型制造专项行动指南》和《关于进一步促进服务型制造发展的指导意见》，鼓励制造业企业增加服务要素在投入和产出中的比重，有效推动了制造业的转型升级。深圳企业在服务型制造方面进行了诸多探索，但仍需持续推进服务型制造发展，助力制造业实现高质量发展。

1. "工业第一城"需要服务业高质量发展

深圳，作为"工业第一城"，在服务型制造领域已展开诸多实践。其制造业正奋力攀登价值链高端，服务型制造推动制造业高质量发展仍在持续。然而，深圳服务业虽根基扎实，却面临双重压力。一方面，面对 2000 多万名深圳市民及粤港澳大湾区庞大的生活消费群体，深圳高端服务供应尚存缺口，与周边城市的消费互动有待增强。另一方面，深圳的战略性新兴产业与未来产业对生产性服务业高度依赖，深圳在源头性科技创新、高端人才储备以及制造业所需的高端专业服务等方面仍存短板，亟待提升。

2023 年 12 月，中国银行的研究报告《美国的再工业化和制造业复兴研究》揭示了美国制造业的新面貌：制造业与服务业深度交织，从单一产品制造向集服务、研发、设计于一体的复合业态转变，业务边界延伸至研发、物流、营销、客服及产品支持等多元化领域。这一趋势在数据中得到证实：美国服务业中，专业、科学和技术服务板块占 GDP 的比例从 2010 年的 7%升至 2023 年的 7.9%，从业者已超 990 万人，未来就业增长预期高达10.9%。尽管美国制造业产值占比下降，生产性服务业增加值占比却持续上扬，目前服务业企业中超过一半为生产性服务业企业，众多制造业巨头成功转型为服务型制造企业或系统集成商。[1]

制造业服务化无疑是未来的大趋势，对照深圳现状，其在科技服务业的短板尤为突出。这既是挑战，也是机遇。深圳应把握服务业与制造业融合的战略契机，弥补不足，强化科技创新与高端人才培养，提升专业服务供给能力，以期在新的产业变革中抢占先机，推动"工业第一城"实现更高层次的跃升。

2. 推动服务业与制造业融合发展

我国将交通运输仓储、金融业、租赁和商务服务、科学研究和技术服务四大行业界定为生产性服务业。在深圳，生产性服务业虽在 GDP 中的比重持续上升，但结构失衡问题突出：金融业占比过高，而租赁和商务服务与科学研究和技术服务占比相对较低。

生产性服务业与制造业始终相互依存，随着制造业向高端化、智能化、数字化、绿色化转型升级，生产性服务业的赋能作用愈发显著。深圳凭借坚实的产业基础，在新一代信息技术产业中展现出强劲竞争力。众多行业

---

[1] 《美国的再工业化和制造业复兴研究》，中国银行官网，https：//www.bocusa.com/zh-hans/meiguodezaigongyehuahezhizaoyefuxingyanjiu。

领军企业如华为、中兴通讯、腾讯、宇龙、海思半导体及华星光电等的出现与发展，不仅壮大了深圳新一代信息技术产业，更在智能化、数字化、绿色化转型方面树立了典范。

融合是现代服务业与先进制造业协同发展的核心。实现融合需从两个方面着手：一是推动制造业服务化，引导企业转型为综合解决方案供应商，鼓励其提供社会化、专业化的全行业服务；二是推动服务业制造化，促使生产性服务业向制造环节深入渗透，以提升行业附加值和劳动生产率。

服务业与制造业深度融合意味着深圳服务业将更加聚焦于服务实体经济。这一趋势的形成，既源于生产性服务业自身发展水平的局限，也与制造业对先进生产性服务业有效需求不旺盛密切相关。因此，强化服务业与制造业融合，既要着力提升生产性服务业的发展层次，也要同步推动制造业升级。服务业与制造业融合，意味着未来深圳的服务业在产业选择上是服务于实体经济发展的。

3. 引进外资

引入优秀的外资服务公司将推动深圳科技服务业的发展，并具有强大的示范效应。

推动服务业高质量发展，对外开放是关键。深圳应采取"以开放促发展"的战略，充分利用 RCEP 生效的机遇，审慎制定服务贸易领域外资准入规则，积极引入全球优质服务企业。同时，鼓励本土服务企业与外资企业深度交流与合作，形成良性的竞合关系，共同提升服务业的整体品质与水平。

随着产业国际化进程的加速，企业对专业服务的需求日益凸显。在走向全球市场的征途中，企业急需财务、税务、法律、知识产权等领域的专业支持。深圳可以依托前海等开放平台，引进具有国际优势的商务服务资源，为本土企业的全球化之路提供有力支撑。

图书在版编目（CIP）数据

转型与升级：制造业高质量发展之路／范伟军，张
国平著． -- 北京：社会科学文献出版社，2025.5.
ISBN 978-7-5228-5404-5

Ⅰ.F426.4

中国国家版本馆 CIP 数据核字第 2025TF9835 号

转型与升级：制造业高质量发展之路

著　　者／范伟军　张国平

出 版 人／冀祥德
组稿编辑／任文武
责任编辑／徐崇阳
责任印制／岳　阳

出　　版／社会科学文献出版社·生态文明分社（010）59367143
　　　　　　地址：北京市北三环中路甲 29 号院华龙大厦　邮编：100029
　　　　　　网址：www.ssap.com.cn
发　　行／社会科学文献出版社（010）59367028
印　　装／三河市龙林印务有限公司

规　　格／开本：787mm×1092mm　1/16
　　　　　　印张：12.25　字数：200 千字
版　　次／2025 年 5 月第 1 版　2025 年 5 月第 1 次印刷
书　　号／ISBN 978-7-5228-5404-5
定　　价／88.00 元

读者服务电话：4008918866